高职高专“十三五”规划教材

形势与政策

第6版

主　编　蒋晓云　池云霞

副主编　刘　杰　张建写

参　编　房丽娟　王玉娟　咸立双　李月波　冯艳菊
　　　　王梅平　张秋英　王英华　刘志辉　翟炜从

机 械 工 业 出 版 社

本书依据中宣部、教育部下发的“高校形势与政策教育教学要点”，结合当前国内外形势以及高等教育改革形势和大学生成长的特点而编写。本书在介绍当前国内外经济政治形势、国际关系以及国内外热点事件的基础上，阐明了我国政府的基本原则、基本立场与应对政策；采用专题式的编写方法，涉及国际和国内时政热点 12 个专题；努力体现权威性、前沿性，注重理论与实际的结合、历史与现实的结合、稳定性与变动性的结合、学习知识与发展能力的结合，在相关问题的解读和分析上下功夫，力求达到知识传递与思想深化的双重效果。

凡选购本书的教师和学生，请关注“德与行学习平台”公众号，我们会不定期发送有趣、有价值的文章，扩展知识面，还可以通过在线测试，检验自己的学习效果。

希望本书能够成为大学生学习形势与政策课程的好帮手，也希望它能够为“形势与政策”课教师从事教学提供参考，同时为从事国内外形势与政策研究的人员提供借鉴。

图书在版编目（CIP）数据

形势与政策/蒋晓云，池云霞主编．—6 版．—北京：机械工业出版社，2017.8（2018. 1重印）
高职高专“十三五”规划教材

ISBN 978-7-111-57627-3

Ⅰ. ①形…　Ⅱ. ①蒋…　②池…　Ⅲ. ①时事政策教育—高等职业教育—教材
Ⅳ. ①G711

中国版本图书馆 CIP 数据核字（2017）第 189601 号

机械工业出版社（北京市百万庄大街 22 号　邮政编码 100037）
策划编辑：孔文梅　　责任编辑：孔文梅　乔　晨
责任校对：黄兴伟　潘　蕊　　封面设计：鞠　杨
责任印制：李　昂
北京宝昌彩色印刷有限公司印刷
2018 年 1 月第 6 版第 4 次印刷
184mm×260mm · 10.5 印张 · 240 千字
标准书号：ISBN 978-7-111-57627-3
定价：29.00 元

凡购本书，如有缺页、倒页、脱页，由本社发行部调换

电话服务
服务咨询热线：010-88379833
读者购书热线：010-88379649

网络服务
机 工 官 网：www.cmpbook.com
机 工 官 博：weibo.com/cmp1952
教育服务网：www.cmpedu.com
金　书　网：www.golden-book.com

前　言

Preface

《中共中央宣传部、教育部关于进一步加强高等学校学生形势与政策教育的通知》（教社政[2004]13 号）指出：形势与政策教育是高等学校学生思想政治教育的重要内容。形势与政策课程是高校思想政治理论课的重要组成部分，是对学生进行形势与政策教育的主渠道、主阵地，是每个学生的必修课程，在大学生思想政治教育中担负着重要使命。

形势与政策课的主要任务是帮助大学生正确分析判断国内外形势，深刻理解党和国家的路线、方针、政策，增强民族自信心和社会责任感，坚定不移地走中国特色社会主义道路，为全面建成小康社会而奋发学习、健康成长。

本书帮助学生全面深入学习贯彻党的十八大、十八届三中全会、四中全会、五中全会和六中全会精神，立足中国，放眼世界。在国内部分，介绍了实现中华民族伟大复兴的中国梦，培育和践行社会主义核心价值观，在稳中求进的总基调下指引我国国民经济的发展态势，解读了我国强农、惠农的新政策，描绘了推进生态文明、建设“美丽中国”的美好愿景，剖析了我国周边安全热点问题特别是南海问题、推动“一带一路”的建设等。在国际部分，介绍了全球化背景下国家安全现状，阐述了中国外交新发展等 12 个专题。

本书采用专题式的编写方法，注重理论与实际的统一、历史与现实的统一、稳定与变动的统一，认真分析事物的来龙去脉，详细解读我国在相关问题上的政策。本书在编写过程中，力求把最新、最近发生的大事，把党的最新方针政策全面准确地体现在书中。在编写中参阅和引用了一些专家学者的研究成果，在此一并表示感谢。

本书由河北工业职业技术学院蒋晓云、池云霞担任主编，刘杰、张建写担任副主编，参加编写的还有房丽娟、王玉娟、咸立双、李月波、冯艳菊、王梅平、张秋英、王英华、刘志辉、翟炜从。全书由蒋晓云、池云霞负责审稿、定稿。

凡选购本书的教师和学生，请关注“德与行学习平台”公众号，我们会不定期发送有趣、有价值的文章，扩展知识

前　言

Preface

面，还可以通过在线测试，检验自己的学习效果。

为方便教学，本书还配备电子课件等教学资源。凡选用本书作为教材的教师请登录 www.cmpedu.com，注册为会员后可免费下载，咨询电话：010-88379375。

由于编写时间仓促，加之作者水平有限，疏漏之处在所难免，恳请读者批评指正。

编　者

目录

Contents

目　录

Contents

目　录

Contents

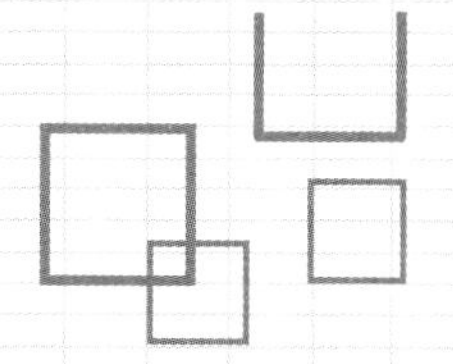

导言

科学分析形势　正确把握政策

“形势与政策”课是高校思想政治理论课课程体系中的一门重要的课程。2004 年 11 月，中宣部、教育部发布的《中共中央宣传部、教育部关于进一步加强高等学校学生形势与政策教育的通知》中，阐述了形势与政策教育的地位和作用，指出：“形势与政策是高校思想政治理论课的重要组成部分，是对学生进行形势与政策教育的主渠道、主阵地，是每个学生的必修课程，在大学生思想政治教育中担负着重要使命，具有不可替代的重要作用。”

一、“形势与政策”课的主要内容

“形势与政策”课要始终坚持以马克思列宁主义、毛泽东思想、邓小平理论、“三个代表”重要思想和科学发展观为指导，要着重进行马克思主义形势观、政策观教育；进行党的基本理论、基本路线、基本纲领和基本经验教育；进行我国改革开放和社会主义现代化建设的形势、任务和发展成就教育；进行党和国家重大方针政策、重大活动和重大改革措施教育；进行当前国际形势与国际关系的状况、发展趋势和我国的对外政策、世界重大事件及我国政府的原则立场教育。

（一）马克思主义形势观和政策观教育

这是在分析形势和理解政策方面必须认识的马克思主义世界观和方法论。形势是指客观事物发展的状况和趋势，是社会各领域事物的现状和发展态势的综合反映。形势有两层含义：第一层含义是指客观事物发展的现状（现在），这是事物的静态状况；第二层含义是指客观事物发展的趋势（未来），这是事物的动态状况。从形势空间看，有国际形势、地区形势、国内形势等；从形势内容看，有政治形势、经济形势、军事形势、外交形势、文化教育形势、科技形势等。形势具有客观性、现实性、动态性、多样性等特点。政策是党和国家在一定历史时期为实现特定奋斗目标制定的行动依据和规范，是根据客观形势所制定的主观指导性行动准则。广义上所讲的政策，包括一个国家的基本路线、基本政策、具体政策等，其中，基本政策是某一领域（经济、科技、文化、教育、民族、军事、外交）全局性、战略性的政策。政策按领域可分为对外政策和对内政策，其中，对外政策是党和国家处理国家之间和政党之间关系的行动准则；对内政策是党和国家领导自己内部各方面工作的行动准则，可分为经济政策、政治政策、社会政策、科技政策、文化政策、教育政策、军事政策等。政策具有原则性、灵活性、现实性、长远性的特点。形势是制定政策的客观依据，又是检验政策的客观标准，政策对形势具有主观能动性，对客观形势的发展有强大的推动作用。

形势政策观是世界观的重要组成部分，不同的人以不同的形势观分析作为客观事物的形势，就会得出不同的结论。“形势与政策”课程的根本任务就是要教育学生掌握和运用科学的世界观和方法论。观察和认识形势就是一个以形势作为认识对象的思维过程，要求站在辩证唯物主义和历史唯物主义的立场，坚持实事求是的思想路线，以唯物辩证法作为思想武器判断和把握形势的本质和发展趋势。具体要求：首先，应该尊重客观事实，一切从实际出发，既不能从原则、本本出发，也不能从主观想象出发，反对各种形式的唯心主义。为此，要脚踏实地地对形势进行深入的调查研究，掌握大量的、合乎实际的感性材料，在此基础上对形势做出准确判断。其次，学会用普遍联系与全面发展的观点来观察分析形势，以辩证的思维方法把握事件之间的各种复杂的联系，透过复杂的社会现象发现其内在本质、规律和社会历史发展的必然趋势，正确看待历史与现实的关系、全局与局部的关系，努力学会从规律性上认识和把握形势，包括国际与国内、宏观与微观、经济政治与社会、一般态势与具体热点问题趋势。

（二）基本形势与基本政策教育

这是“形势与政策”课的基本内容，肩负大学生政治人格塑造的重任。基本形势可以分为国际形势和国内形势，国际形势的主要内容有当代世界政治、经济格局及其总体发展趋势，国际关系及中国政府的外交原则、立场，中国在国际事务中的地位与作用等。我国的国情国力，政府在处理复杂的国际关系时的基本外交原则和立场，重要会议精神，国家的重大改革举措，我国改革开放和社会主义现代化建设的形势、发展成就等构成了基本的国内形势。基本政策教育包括党的基本理论、基本路线、基本纲领和基本经验教育，党和国家的重大方针政策、重大改革措施教育。通过对国内、国际客观形势的科学分析和认识，认清时代的潮流，把握历史的脉搏，明确大学生所肩负的历史使命。通过学习党和国家对内、对外方针政策，更好地理解党和国家方针政策的科学性和正确性，增强在党的领导下建设中国特色社会主义的信心和信念。

（三）时事政治热点分析

国内外热点问题是形势与政策教育中重要的组成部分。形势的发展变化是必然性与偶然性的统一，热点问题是受偶然性因素影响而发生突然性的较大变化，产生了一些影响较大的问题。这些问题也是形势的一部分，是大学生所普遍关注的。通过对热点问题的解析，使大学生从“知其然”到“知其所以然”，使大学生了解热点问题的来龙去脉，把握党和政府的原则立场，引导大学生理性、冷静地看待热点问题。

二、学习“形势与政策”课的意义

古人语“风声、雨声、读书声，声声入耳；家事、国事、天下事，事事关心”，孙中山先生指出：“天下大势，浩浩荡荡，顺之者昌，逆之者亡。”这两句话指出了认清形势的重要性。“政存国兴”“政去国亡”，强调的都是政策对兴邦治国的重要性。古有“识时务者为俊杰”之说。当今所说的“识时务”，就是大家要顺应形势、把握政策。

“形势与政策”课将为大学生提供一个看中国、看世界的窗口。形势与政策教育坚持以马克思主义为指导，紧密结合建设中国特色社会主义的实际，帮助学生认清国内外形势，引导学生全面准确地理解党的路线、方针和政策，从而自觉、积极地投身改革开放和现代化建设伟大事业之中。

（一）学习“形势与政策”课是大学生承担历史责任的要求

能否正确认识国际国内形势，能否正确理解党和国家的路线、方针、政策，关系到大学生能否成为中国特色社会主义事业的合格建设者和可靠接班人的问题。大学生肩负着重要的历史使命——全面建设小康社会，不断推进中国特色社会主义事业，实现国家的富强、民族的振兴、人民的幸福。大学生肩负的历史责任是由国内外形势、中华民族伟大复兴的历史任务，以及党和国家的路线、方针、政策决定的。学习“形势与政策”，可以更好地使大学生明确自己所承担的时代责任。只有认识形势及其发展趋势，才能明确时代责任。随着世界多极化和经济全球化的深化，各种思想文化相互激荡，东西方在意识形态领域里的斗争更为激烈。时代责任是在洞悉形势及其发展趋势的基础上对自身历史使命的自觉认同。只有树立正确的政策观，才能正确理解党和国家的路线、方针、政策，才能积极主动担当历史责任。

（二）学习“形势与政策”课是提高大学生综合素质的基本途径

科学分析形势，正确把握政策，有助于提高大学生的思想政治素质。通过对形势的科学分析，对政策的正确理解，可以帮助大学生认识世界、了解国情，正确选择自己的人生发展道路，将自己的个人理想与祖国的发展联系起来，将个人价值与社会主义核心价值体系结合起来，全面提高政治思想素质，成为社会主义现代化建设事业的合格人才。学习“形势与政策”课可以提高大学生分析形势、把握政策的能力。通过对“形势与政策”课的学习，大学生可以初步掌握科学分析形势的立场、观点、方法，可以初步掌握制定政策的原则、依据，提高政策水平，以便适应将来工作岗位对人才判断形势、制定政策的要求。

三、学习“形势与政策”课的方法

（一）以马克思主义理论为指导

“形势与政策”的学习，建立在广博深厚的科学知识的基础上，特别是马克思主义基本原理。首先，观察分析形势要有正确的立场，就是人民根本利益的立场、党的立场，这是正确观察和分析形势的根本要求。其次，观察形势应遵循实事求是、普遍联系、发展变化的基本原则，坚持“三个有利于”作为判断形势发展的标准，运用归纳演绎、综合分析、历史与逻辑统一的辩证思维方法和比较分类、实践调查等科学方法分析形势。了解制定政策需要从中国国情出发，从人民利益出发，要坚持马克思主义的指导，要坚持群众性、实践性、民主性、科学性、针对性、明确性、可行性、实效性、系统性、连续性原则。

（二）理论联系实际

学习“形势与政策”课，一方面要有正确理论的指导，另一方面要从实际出发，坚持理论与实际密切结合的科学方法。我们观察形势、理解政策要坚持以马克思主义为指导。学习“形势与政策”课的目的，是要正确认识国内外形势，深刻理解党的政策，从而为坚持建设中国特色的社会主义而奋斗。学习中要遵循理论联系实际的根本原则，密切结合国内外大事，联系社会主义现代化建设与改革开放的实际和我们个人学习生活的实际，运用马克思主义的立场、观点、方法观察形势，正确理解党和政府的各项方针政策。

（三）勤于思考，经常讨论

积极主动参加有关的专题报告会，阅读报纸、杂志，收听广播，收看电视，通过民主讨论、参观访问等多种形式、多种途径的活动，随时关心时事政治，注意搜集和掌握大量的、准确的事实材料，把对“形势与政策”的学习建立在大量丰富真实的客观材料基础上，勤于思考，经常讨论。这样可以达到取长补短、弄清是非、提高分析形势政策能力的目的。

拓展阅读

中共中央宣传部、教育部关于进一步加强高等学校学生形势与政策教育的通知

教社政〔2004〕13号

党的十三届四中全会以来，各级宣传、教育部门和高等学校积极推进形势与政策教育，取得了很大成绩。但是，面对新世纪新阶段的新情况、新问题，形势与政策教育教学还存在一些亟待加强的地方。为贯彻落实《中共中央国务院关于进一步加强和改进大学生思想政治教育的意见》（中发〔2004〕16号），不断增强形势与政策教育的针对性和实效性，现就进一步加强高等学校学生形势与政策教育的有关要求通知如下：

（1）形势与政策教育是高等学校学生思想政治教育的重要内容。形势与政策课是高校思想政治理论课的重要组成部分，是对学生进行形势与政策教育的主渠道、主阵地，是每个学生的必修课程，在大学生思想政治教育中担负着重要使命，具有不可替代的重要作用。

形势与政策教育要坚持以马克思列宁主义、毛泽东思想、邓小平理论和“三个代表”重要思想为指导，牢固树立和认真落实科学发展观，紧密结合全面建设小康社会的实际，针对学生关注的热点问题和思想特点，帮助学生认清国内外形势，教育和引导学生全面准确地理解党的路线、方针和政策，坚定在中国共产党领导下走中国特色社会主义道路的信心和决心，积极投身改革开放和现代化建设伟大事业。

要根据新世纪新阶段面临的新情况新问题，加强形势与政策教育教学的针对性。当前和今后一个时期，要着重进行党的基本理论、基本路线、基本纲领和基本经验教育；进行我国改革开放和社会主义现代化建设的形势、任务和发展成就教育；进行党和国家重大方针政策、重大活动和重大改革措施教育；进行当前国际形势与国际关系的状况、发展趋势和我国的对外政策、世界重大事件及我国政府的原则立场教育；进行马克思主义形势观、政策观教育。

（2）要定期编写形势与政策教育宣讲提纲，建立形势与政策教育资源库。为高等学校形势与政策课教学第一线提供内容丰富、针对性和时效性强的教学资料是一项重要的基础性工作，要持之以恒地抓下去，常编常新。教育部根据中宣部关于形势与政策教育的部署，加强高等学校形势与政策课教材和教学资料的建设。每年制定两期形势与政策课教学要点，于春、秋两季学期开学前印发全国各地教育部门和高等学校，作为教学参考资料。组织编写制作及时反映国内外形势最新动态的《时事报告》（大学生版）和《时事》VCD作为学生学习辅导资料。要把《时事报告》作为教师教学必备参考资料。省级教育行政部门要把中宣部、教育部等有关部门不定期下发的形势教育文字、音像资料，及时送到各高等学校，组织好广大师生学习。各高等学校可根据中宣部、教育部的要求，结合本地本校学生关注的热点问题和思想特点，编写教学参考资料。教育部和省级教育部门以及高校之间要加强协作，逐步形成中央和地方两级教育教学资料信息网络。要在调研基础上，积极创造条件，力争在 3 年内建立形势与政策教育资源库，实现资源共享。

（3）要以规范化制度化建设为重点，加强形势与政策课教学管理。形势与政策课按平均每学期 16 周、每周 1 学时计算。本科四年期间的学习，计 2 个学分；专科期间的学习，计 1 个学分。各地宣传和教育部门，要认真组织和督促实施。各高等学校要从编制教学计划、明确教学要求、建立教学组织、开展集体备课、建立成绩档案、反馈教学信息等方面，全面加强课程建设。要强化形势与政策课教学管理，实行学年考核制，每学年考核一次，该课程总成绩为各学年考核平均成绩，一次计入学生成绩册。考核工作由学校教务部门统一安排。要充分考虑本课特点，主要考核学生对国内外形势的认识和对党的路线、方针、政策的理解。考核方法要灵活，可采用开卷考试、写论文等形式。

（4）积极探索新形势下开展形势与政策教育的新方式和新途径。要根据教学的需要和学生的特点，采取灵活多样的教学方式。要努力做到系统讲授与形势报告、专题讲座相结合，请进来与走出去相结合，课堂教学与课外讨论、交流相结合，正面教育与学生自我教育相结合。要建立高等学校学生形势报告会制度。每年春、秋两季学期开学后或在国内外发生重大事件时，在北京组织几场大型形势报告会，请中央领导或中央、国家机关有关部门负责同志为高等学校学生做报告，并制作成文字、音像制品发到全国各地，发挥辐射和带动作用。各地要建立相应的报告会制度，邀请省级党政主要负责同志结合本地区发展的实际，每年为高等学校做形势报告，使学生更直接地了解改革开放和经济社会发展的新成就新变化。要抓住重大节日、纪念日、重大事件发生的时机，挖掘教育资源，通过座谈会、研讨会等方式，广泛开展宣传教育活动，切实增进教育效果。要通过对教育系统特别是学生先进典型和英雄人物事迹的宣传，充分发挥先进典型和英雄人物在思想政治教育中的引导、示范和辐射作用。要把形势与政策教育与“三下乡”“青年志愿者”等活动结合起来，使学生在社会实践中接受教育。要积极运用互联网这一现代信息技术，丰富教育资源，创新教学方法，拓展教育空间。各综合教育网站和各校园网站要设立形势与政策教育的网页、专栏，组织开展各种形式的网上教学、讨论等活动。

（5）要建设一支以精干的专职教师为骨干，以思想政治教育工作队伍为主体，专兼结合的教师队伍。要配备高素质的专职教师负责形势与政策课的教学和研究工作。形势与政策课专职教师，要纳入思想政治理论课教师编制。学校党政领导、学生辅导员和班主任、思想政治理论课教师、哲学社会科学相关学科的教师都要积极承担一定的形势与政策教学任务。也可聘请地方党政领导、知名企业家、社会各条战线的先进人物担任特约报告员。

要加强教师培训工作。要逐步建立健全中央和地方两级形势与政策课教师培训机制。教育部要继续坚持在每年春、秋两季学期开学前，集中培训全国高等学校形势与政策课骨干教师。各地教育部门也要创造条件开展教师培训。各高等学校要为教师进修、提高、查阅文件提供方便。各地各高等学校要创造条件，有计划地安排形势与政策课教师进行国内外考察，使教师不断开阔眼界，丰富教学素材。要充分考虑这门课难度大、变化快、备课耗时多的特点，合理计算专兼职教师的教学工作量。

（6）要建立健全形势与政策教育领导体制和工作机制。中宣部、教育部负责高等学校学生形势与政策教育工作的全面指导。省级宣传和教育部门要根据中宣部、教育部的有关指导性意见，加强领导，结合当地实际，部署每一学期的教学工作，并组织落实教师培训等。高等学校要建立健全党委统一领导，党委宣传部与思想政治理论课教学管理机构牵头负责，教务部门、学生工作部、团委直接参与的教育教学领导体制和工作机制，制定教育教学计划，组织实施教学活动。要加强督查工作，形成定期或不定期地教学检查和督导的工作机制。

建立和完善高等学校形势与政策教育保障机制。要把形势与政策教育作为学生思想政治教育的重要组成部分，确保所需各项经费落到实处。学校要为形势与政策教育提供必要的场所和设备。要充分利用校园网主题教育网站或网页，畅通校内有线广播、电视，及时宣传报道党和国家的重大方针政策、新闻事件等，加强正面引导。要把形势与政策课作为重点课程加强建设，作为考核评估高等学校教学质量和水平的重要指标，纳入高等学校党建工作和思想政治教育工作评估体系。

（7）要加强高等学校形势与政策教育研究工作。重点研究马克思主义形势观和政策观等基本理论、基本观点，研究学生关注的热点、难点问题，密切关注国内外大事，及时准确把握动态，不断增强教育教学的敏锐性和时效性。各地教育部门和高等学校要鼓励和组织教师开展科学研究，在国家、地方和高校设立相关研究科研课题予以支持，并为研究成果的发表提供园地。

成人高等学校及其他高等教育机构的学生形势与政策教育请参照本通知执行。

（http://www.moe.gov.cn/publicfiles/business/htmlfiles/moe/moe_772/201001/xxgk_80567.html 教育部网站）

思考题

1. 什么是马克思主义形势观？
2. 什么是马克思主义政策观？
3. 试述学习形势与政策的意义。
4. 试述学习形势与政策的方法。

参考文献

[1] 中宣部，教育部．中共中央宣传部、教育部关于进一步加强高等学校学生形势与政策教育的通知（教社政[2004]13 号）[J]．中华人民共和国教育部公报，2005（Z1）：54-56．

[2] 王凌，赵连文，谢晓娟．马克思主义形势与政策观研究[M]．北京：中国社会科学出版社，2011．

[3] 陈红儿，王珉，何增光．形势与政策[M]．杭州：浙江教育出版社，2008．

[4] 魏林，程早霞，吴庆文．“形势与政策”课的课程体系建设[J]．思想理论教育导刊，2000（2）：36-37．

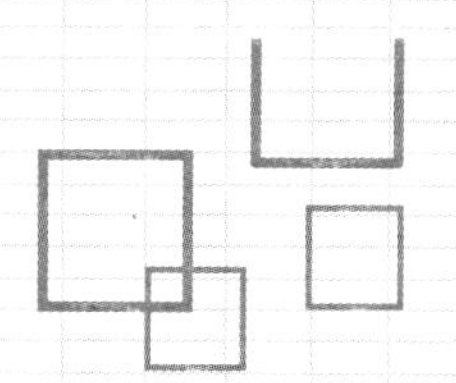

专题一

实现中华民族伟大复兴的中国梦

2012 年党的十八大召开后，新一届中央领导集体参观了中国国家博物馆《复兴之路》展览，中共中央总书记习近平首次阐述“中国梦”，他指出实现中华民族伟大复兴，就是中华民族近代以来最伟大的梦想。2013 年 3 月 17 日，在十二届全国人大一次会议闭幕式上，新当选的国家主席习近平再次阐述“中国梦”，指出：“实现中华民族伟大复兴的中国梦，就是要实现国家富强、民族振兴、人民幸福。”号召人们为实现“中国梦”而努力奋斗。

一、百年追梦与民族自强

梦想是一种奇妙的东西。对于个人，它是人生的追求；对于社会，它是进步的源泉；对于国家，它是发展的动力。在中华民族伟大复兴的背后，是千年的回响、百年的渴望。

（一）“中国梦”记录着中华民族从饱受屈辱到赢得独立解放的非凡历史

中华民族是一个善于制造梦想并勇于追求和实现梦想的民族。早在战国时期《礼记》中就提出了“大同”思想，“大同”社会是历代志士仁人竭力追求的梦想。中华文明以其独有的特色和辉煌走在了世界文明发展的前列，为世界文明发展进步做出过巨大的贡献。从夏、商、周开始，到现在五千多年，整个中华民族植根于亚洲东部大陆，繁衍生息，没有迁徙。中华民族创造了最辉煌的文明，历史上有“文景之治”“开元盛世”“康乾盛世”。中华文明从未断代，一脉相承。直到 18 世纪末期，中国的经济规模仍是世界上最大的，相当于 20 世纪末期美国经济总量在世界经济总量中的比重。然而，随着资本主义生产方式的兴起，随着近代工业革命脚步的加快，中国很快落伍了。

1840 年鸦片战争，中国被打败，击破“天朝上国”迷梦。中华民族失去了往日辉煌，逐步沦为半殖民地半封建社会，任人宰割。一系列的侵略战争接踵而至，一系列的不平等条约被迫签订，中华民族遭受的屈辱与苦难举世罕见。从此，争取民族独立、人民解放，实现国家富强、人民幸福，成为近代以来中国的两大历史任务。实现民族独立、国家富强成为现实的中国梦想，其中凝聚了几代中国人的夙愿，体现了中华民族和中国人民的整体利益。

百年屈辱，百年渴望。为了实现国家富强、民族振兴之梦，多少仁人志士苦苦求索、孜孜探寻。从林则徐、魏源努力“睁开眼睛看世界”，到李鸿章、曾国藩实行“洋务运动”，从康有为、梁启超力行“戊戌变法”，到孙中山领导的辛亥革命，历经一次次的探索，民族复兴之梦从未泯灭。中国共产党自 1921 年诞生之日起，就开始带领全国各族人民努力探索中华民族复兴之路，追逐中国梦。中国共产党经历了一次又一次血与火的考验。从大革命失败的血雨腥风到井冈山的星火燎原，从第五次反“围剿”失败到经历万里长征后在抗日烽火中再起，面对日本侵略，建立以国共合作为基础的抗日民族统一战线，经过艰苦卓绝的 14 年抗争，终于取得了近代以来反抗外敌入侵的第一次完全胜利。党领导人民用了 28 年时间，为实现民族独立和人民解放进行艰苦卓绝的斗争。

从 1840 年起，中华民族为实现“中国梦”，整整走过了 109 年，才迈出了赢得民族独立、人民解放的第一步。在这百余年的前 80 年间，中国人民始终在黑暗中探索。只有中国共产党的诞生和奋斗，才把中国从黑暗引向了光明，结束了近代以后中国内忧外患、积贫积弱的悲惨命运，开启了中华民族不断发展壮大、走向伟大复兴的历史征程。

（二）“中国梦”承载着为开创中国特色社会主义道路艰辛探索的伟大使命

新中国成立后，以毛泽东同志为核心的第一代中央领导集体带领全党全国各族人民实现了从新民主主义到社会主义的过渡，实现了民族独立和人民解放，在一个经济文化落后的东方大国，为改变国家贫穷落后面貌，开始了在社会主义道路上实现中华民族伟大复兴的历史征程。建立了社会主义民主政治制度，实行人民民主专政，建立了人民代表大会制度和中国共产党领导的多党合作和政治协商制度、民族区域自治制度，以及以公有制为主体的社会主义经济制度，为实现国家繁荣富强和人民共同富裕的历史使命进行了艰辛探索。尽管在探索过程中经历了“大跃进”“文化大革命”等严重曲折，但党在社会主义建设时期取得的独创性理论成果和巨大成就，为新的历史时期开创中国特色社会主义提供了宝贵经验、理论准备和物质基础。

开创中国特色社会主义道路的伟大历程同样记载着追梦的艰辛。“文化大革命”十年浩劫，国民经济几乎到了崩溃的边缘。党的十一届三中全会成为中国共产党领导中国人民实现伟大复兴进程中一次重要历史转折，做出了把全党和全国人民的工作重心转移到社会主义现代化建设上来的战略决策，开创了改革开放和中国特色社会主义事业。改革开放 30 多年来，我国进入社会主义现代化建设新时期，开辟了实现国家繁荣富强和人民共同富裕的中国特色社会主义道路，神州大地发生惊世巨变，创造出令世人惊叹的中国奇迹，为民族复兴中国梦的继续奋斗奠定了坚实基础。

（三）“中国梦”展现中国特色社会主义似锦前程

中国共产党从逐梦到提出战略目标，再到真正制定逐梦战略目标经历了一个发展过程。1949 年新中国的成立，掀开了为实现国家繁荣富强、人民共同富裕而奋斗的新篇章。1961 年，毛泽东在同英国元帅蒙哥马利谈话时指出：“在我国，要建设起强大的社会主义经济，我估计要花 100 多年。”这是中国共产党人提出的新的中国梦。1984 年，邓小平同志会见参加中外经济合作问题讨论会全体中外代表时谈道：我们第一步是实现翻两番，需要 20 年，还有第二步，需要 30 年到 50 年，恐怕是要 50 年，接近发达国家的水平。两步加起来，正好 50 年至 70 年。这是他提出的改革开放的中国梦。随着改革开放的深入，党的十八大提出了“两个百年”奋斗目标：一个是在中国共产党成立一百年时全面建成小康社会；另一个是在新中国成立一百年时建成富强、民主、文明、和谐的社会主义现代化国家。这两个百年目标必将成为我们夺取中国特色社会主义新胜利的两座里程碑。

从20世纪80年代党的十三大提出现代化发展“三步走”战略，到党的十五大上将其具体化，提出“两个百年目标”，从“翻一番实现温饱”到“翻一番达到小康”，从21世纪中叶“达到中等发达国家水平”到“建成社会主义现代化国家”，从“总体小康”到“全面小康”，从“建设小康”到“建成小康”再到“富强、民主、文明、和谐的社会主义现代化国家”奋斗目标。中华民族实现国家繁荣富强和人民共同富裕，建设中国特色社会主义的伟大实践正在逐步完成，实现中华民族伟大复兴的道路已经找到，中国人民正在建设中国特色社会主义道路上追逐前进，实现“中国梦”的道路越走越宽广。

二、“中国梦”的思想内涵

习近平总书记指出，中国梦的基本内涵是实现国家富强、民族振兴、人民幸福。中国梦是国家情怀、民族情怀、人民情怀相统一的梦，既包含了全面建成小康社会的目标，也包含了建设社会主义现代化国家的目标，还包含了实现中华民族伟大复兴的目标。

（一）“中国梦”是国家的梦

“中国梦”是国家的梦，国家富强是“中国梦”的首要内涵。中华文化历来以社会与国家为中心。鸦片战争后的百年屈辱史证明：国家不强盛，百姓权利和生命财产安全根本得不到保障。改革开放30多年实践也证明，国家强大，人民才会富裕，生活才能安逸。因此，“中国梦”首先是国家富强，就是要实现综合国力进一步跃升，成为富强、民主、文明、和谐的社会主义现代化国家，中国特色社会主义事业进一步发展和完善，经济更加发达、政治更加民主、文化更加繁荣、社会更加和谐、生态更加美好。

国家梦是现代化的梦，就是建设中国特色社会主义，总任务是实现社会主义现代化和中华民族伟大复兴。

国家梦是全面发展的梦。党的十八大将中国特色社会主义总布局从经济、政治、文化、社会建设“四位一体”升华为还包括生态文明建设的“五位一体”，标志着中华文明格局开启了向物质文明、政治文明、精神文明、社会文明和生态文明全面发展的更高阶段演进。

国家梦是社会和谐的梦。党领导全国各族人民共圆“中国梦”的根本目的，就是要实现好、维护好、发展好最广大人民的根本利益，进而提升全社会的幸福指数，从根本上讲，就是要进一步提升社会和谐的水平。

国家梦是强军梦。富国与强军，是发展中国特色社会主义、实现民族复兴的两大基石。强国梦包含着强军梦，强军梦支撑着强国梦。当今时代，我国面临生存安全和发展安全问题、传统安全威胁和非传统安全威胁相互交织，国家安全问题的综合性、复杂性、多变性日益增强，要求国防和军队现代化建设必须有一个大的发展。没有国防的强大，就没有全面小康和国家富强。

（二）“中国梦”是民族的梦

“中国梦”是中华民族的梦。实现民族复兴、超越盛世，使中华民族再次处于世界领先的地位，再次以高昂的姿态屹立于世界先进民族之林。实现中华民族伟大复兴，是中华民族近代以来最伟大的梦想。这个梦想，它凝聚和寄托了几代中国人的夙愿，体现了中华民族和中国人民的整体利益，是每一个中华儿女的共同期盼。“中国梦”是中华民族近代以来最伟大的梦想，深深反映了中华民族世代不懈奋斗、追求进步的光荣传统，也深深体现了今天中国人的理想。“中国梦”揭示了国家和民族发展的必然走向，确立了党和国家事业发展的新的历史坐标，昭示了实现中华民族伟大复兴的信心和抱负。

中华民族伟大复兴，一是民族的复兴。中华民族是一个有着几千年悠久历史的伟大民族。中华民族自秦汉就进入盛世，古代中国曾作为世界上头号富强大国达 1 500 年之久，不仅疆域辽阔，而且对世界文明的贡献巨大。16 世纪以前，影响人类生活的重大科技发明约有 300 项，其中 175 项是中国人的发明。正是这些重大的发明，使中国的农耕、纺织、冶金、手工制造技术长期处于世界先进水平。直到 18 世纪末期，中国的经济规模仍然是世界上最大的，且对外贸易出口量巨大。当时西方国家中最富强的英国销往中国的商品总值，尚不足以抵消中国卖给英国的茶叶一项；全世界 50 万以上人口的大城市当时共有 10 个，中国就占了 6 个。但是近代，帝国主义的入侵，西方列强的瓜分，使中国成为积弱积贫的半殖民地半封建国家。仅仅五六十年时间，几乎所有的西方和东方列强通过战争，对中国进行疯狂掠夺，与中国签订了数百个不平等条约，从此民族复兴就成为中华民族的梦想。二是现实的超越。党的十八大明确指出，建设中国特色社会主义的总任务，是实现社会主义现代化和中华民族伟大复兴，为全面建成小康社会而奋斗。提出“两个百年”发展战略，第一个是中国共产党成立一百周年时全面建成小康社会，第二个是新中国成立一百周年时建成富强、民主、文明、和谐的社会主义现代化国家，赶上中等发达国家水平，之后继续发展，要赶上和超过世界上最发达的国家。这是一个更长远的目标。

（三）“中国梦”是人民的梦

国家富强之梦、民族复兴之梦，归根到底就是造就人民幸福之梦。人民幸福就是人民权利保障更加充分，人人得享共同发展，人民共同享有人生出彩的机会，共同享有梦想成长的机会，共同享有同祖国和时代一起成长与进步的机会。

只有人民实现了幸福梦，国家才算真正富强，民族才算真正复兴。人民幸福之梦既是一个整体概念，也是一个个体概念。就整体而言，它需要从宏观上创造条件，使每个中国人都过上幸福美好的生活；就个体而言，每个中国人都可以有不同于他人的成功与梦想，国家可以从微观上创造条件使每个人实现与众不同的梦想，使每个人都有人生出彩的机会。“中国梦”是每个中国人的梦，每个中国人都是中华民族大家庭的一员，每个人都有自己的梦想，都在为自己的梦想而努力奋斗；“中国梦”是人民平等共享人生出彩机会的梦，提供给每个人实现自我价值的机会，反映了人民对平等参与、平等发展的权利的追求。“中国梦”反映的是人民的呼声、人民的期待，是人民大众的小康追求，是人民幸福的梦，“中国梦”的最终价值归属是实现人的全面发展。党的十八大明确把“促进人的全面发展”纳入中国特色社会主义道路的内涵之中，并且强调，“不断在实现发展成果由人民共享、促进人的全面发展上取得新成效。”

“中国梦”是全体中国人民幸福的人生梦。“中国梦”要落实到实现家庭幸福、家庭圆满、个人出彩、个人成功、个人幸福上，就是说要落实到每个家庭、每个中国人身上。一切为了人民，一切依靠人民，是中国梦人民维度的内涵，反映了中国梦的价值特征。强国为了富民，强国才能富民。没有人民富裕幸福，发展就不算成功，复兴就不算完成。每个人的发展和命运，既是社会发展和历史命运的映照，同时也汇成了社会发展的主流，构成了历史命运的基调。

习近平总书记强调，中国梦是民族的梦，也是每个中国人的梦。民族梦必须同个人梦融合起来、统一起来，梦想才有生命，梦想才有根基，梦想才有力量。

“中国梦”对于每一个中国人而言，就是能够获得更好的教育、更稳定的工作、更满意的收入、更丰富的文化、更可靠的社会保障、更高水平的医疗卫生服务、更舒适的居住条件、更优美的环境、更均等的机会，就是能够让我们的孩子们成长得更好、工作得更好、生活得更好。进一步说，就是要通过加强民主法治、政治文明建设，让中国人民过上更加富裕、更有尊严的生活，实现每个人自由而全面的发展。

30 多年改革开放的实践，为每一个社会成员创造了更多的竞争机会。日益民主宽松的社会环境，给人们提供了可以实现人生价值和人生出彩机会的良好土壤。日益开放的社会，让每一个人有了更多发展机遇、更多成功路径。走向民主的社会，让每一个人有了更多选择的权利、更多保障依靠。迅猛发展的社会信息，让每一个人有了更多表达渠道、更多施展的舞台。宏大的国家梦正日益演绎为个人梦，并在每个人的努力奋斗中、在时代的不断进步中，慢慢生根、开花、结果。

2011 年，姚明在退役发布会上感言：“感谢这个伟大、进步的时代，使我有机会去实现自己的梦想和价值。”在中国梦的雄壮交响乐中，无论是实现国家民族的繁荣富强，还是追求普通个体的幸福生活，实现“人的全面发展”始终是最催人奋进的旋律。从站起来，到富起来，再到强起来；从实现总体达到小康水平，到跻身世界第二大经济体，再到构建覆盖全国人民的保障体系……国泰则民安，民富则国强，伟大的中国梦，使个人梦想有了广阔空间。

国家梦、民族梦、人民梦三位一体。中国梦是国家、民族、人民共有、共建、共享的一个梦。国家梦是要使社会主义中国更加繁荣富强，民族梦是要使中华民族在当代世界为人类文明做出更大贡献，人民梦是要使人民主体地位充分保障和不断提高。这就把国家、民族的价值追求与人民的价值追求统一起来，把党的历史使命与近代以来中华民族的伟大梦想统一起来，把中华民族共同坚守的理想信念与夺取中国特色社会主义新胜利的行动纲领统一起来，揭示了中国梦的丰富内涵。

国家梦是民族梦、人民梦的政治前提，只有中国特色社会主义才能让民族振兴、人民幸福；国家梦、民族梦是人民梦的可靠保障；人民梦是国家梦、民族梦的根本目的，正如习近平总书记强调的，中国梦归根到底是人民的梦。“民惟邦本，本固邦宁。”国家强盛、民族兴旺，都要以人民的权利得到保障、利益得到实现、幸福得到满足为条件和目的。为人民创造幸福生活提供良好条件、制度保障、环境空间，做的就是让国家好、民族好的事情，就是马克思主义执政党的根本职责。只有中国梦成为人民梦，梦想才有生命，梦想才有根基，梦想才有力量。国家好、民族好，个人才能好。中国梦是个人梦想的坚实承载。国家强盛了，其国民才有尊严和安全；国家发展了，每个人才有实现梦想的机遇、追逐梦想的舞台。

三、“中国梦”的实现途径

习近平主席在第十二届全国人民代表大会第一次会议上的深刻阐释，无疑道出了当代中国最耀眼的时代主题：实现中国梦必须走中国道路、弘扬中国精神、凝聚中国力量。

（一）走中国道路

梦想连接道路，道路决定命运。实现中国梦必须走中国道路，这就是走中国特色社会主义道路。

中国特色社会主义，承载着几代中国共产党人的理想和探索，寄托着无数仁人志士的夙愿和期盼，凝聚着亿万人民的奋斗和牺牲，是近代以来中国社会发展的必然选择，是发展中国、稳定中国的必由之路。

中国特色社会主义道路，是在改革开放 30 多年的伟大实践中走出来的，是在中华人民共和国成立 60 多年的持续探索中走出来的，是在对近代以来 170 多年中华民族发展历程的深刻总结中走出来的，是在对中华民族 5000 多年悠久文明的传承中走出来的，具有深厚的历史渊源和广泛的现实基础。

中国特色社会主义道路就是在中国共产党领导下，立足基本国情，以经济建设为中心，坚持四项基本原则，坚持改革开放，解放和发展社会生产力，建设社会主义市场经济、社会主义民主政治、社会主义先进文化、社会主义和谐社会、社会主义生态文明，促进人的全面发展，逐步实现全体人民共同富裕，建设富强民主文明和谐的社会主义现代化国家。中国特色社会主义道路，是经过 90 多年艰辛探索、为 30 多年成功实践所证明的正确道路。连续 30 多年的经济高速增长、世界第二的经济总量、13 亿人口的总体小康，在全球性金融危机中一枝独秀的表现，在一系列大事、难事、喜事方面的作为等，充分证明了中国特色社会主义的巨大优越性。特别是随着中国特色社会主义道路、理论体系、制度“三位一体”的确立，我们在未来发展的征程上将越来越自觉、越来越自信。

（二）弘扬中国精神

实现中国梦必须弘扬中国精神。弘扬中国精神就是弘扬以爱国主义为核心的民族精神和以改革创新为核心的时代精神。这是中国梦凝心聚力的兴国之魂、强国之魄。中国历史是一部中华民族爱国主义精神的发展史。古往今来，爱国主义的事例不胜枚举：屈原纵身汨罗江，心系楚国；方志敏受尽酷刑，写就《可爱的中国》……这些爱国主义的先驱可歌可泣的事例，激励了一代又一代人。中国人历来具有家国情怀，古有“齐家治国平天下”的追求，今有“家是最小国，国是千万家”之吟唱。这种精神，弥合了国内各民族、各阶层之间的隔阂，形成了一种强烈的民族归属感、凝聚力、向心力。改革创新始终是激励我们在时代发展中与时俱进的精神力量。30 多年来，从农村改革的兴起，到深圳等特区的创立，从社会主义市场经济体制的发展，到中国特色社会主义多项事业的开拓，改革创新精神造就了历史的巨变，成就了今天的中国。站在新起点上的中国，无论是冲破思想观念障碍，还是打破利益固化藩篱，无论是破解发展难题，还是释放改革红利，都需要继续发扬改革创新精神，这样才能赢得更加光明的前景。

共和国逐梦的征程中，中华民族不断从中国精神中汲取力量，又不断赋予中国精神新的内涵。井冈山精神、长征精神、延安精神、西柏坡精神、大庆精神、雷锋精神、“两弹一星”精神、抗洪精神、奥运精神、航天精神，这些精神是我们中华民族的骄傲，也是我们实现“中国梦”的灵魂。

其中，共产党人是传承中国精神的“火炬手”——

从雷锋、时传祥，到今天的最美基层干部菊美多吉、王淑媛……无数共产党员团结带领人民，与时俱进，不断构筑中国精神新高地，书写中国梦想新篇章。

广袤的大地上，亿万人民也在历史的进程中用行动书写中国精神，丰富中国精神。人们看到了这些令人难忘的场面：男友紧紧搂住女友、母亲用双手护住儿子、姐姐用身躯挡住墙壁……芦山大地震瞬间，人们读懂了“人间大爱”。人们看到了让人感怀的行为：乘电梯、购物、买票、就餐等自觉排队……文明之风深深镌刻在城市精神里。人们看到了无私奉献：中华大地，无数志愿者在行动……

蓬勃发展的中国，人们有更多的梦想，也有更多实现梦想的机会。逐梦中，我们看到了中国精神的传承与升华——

“天下兴亡，匹夫有责”，中国传统文化迸发出强大凝聚力；“团结、奉献、互助、友爱”，现代志愿精神拓展新内涵；“众志成城、和衷共济”，因千万个平民英雄的真情故事而鲜活；“坚守岗位、干好本职”，为爱国主义增添理性的厚度……

（三）凝聚中国力量

实现中国梦必须凝聚中国力量，这就是凝聚中国各族人民大团结的力量，是全体中国人汇聚而成的整体力量。中国梦是伟大的事业，中国梦是宏伟的蓝图。伟大的事业、宏伟的蓝图要有强大的力量来保障。中国力量在战争年代表现为不屈不挠、勇往直前的力量，在和平年代表现为勤俭创业、艰苦奋斗的力量，在改革开放时期表现为奋勇拼搏、开拓创新的力量。

中国梦是民族的梦，也是每个中国人的梦。每个人的前途命运都是与国家和民族的前途命运紧密相连的。中国梦的实现离不开中国人民万众一心的努力，涓流汇海、聚沙成塔，中国力量就是全体中国人心往一处想、劲往一处使，依靠全国各族人民大团结的力量，不断将中国特色社会主义事业推向前进，实现中华民族伟大复兴的梦想。

众志成城华夏魂，沧海桑田中国梦。我们必须在依靠人民、造福人民中实现中国梦。依靠人民与造福人民，本质上体现了马克思主义执政党的内在品格，也揭示了实现中国梦的手段与目的相统一的理论底蕴。造福人民，始终把实现好、维护好、发展好人民群众的利益作为党和国家一切工作的出发点与落脚点。我们要随时随地倾听人民呼声、回应人民期待，保证人民平等参与、平等发展的权利，维护社会公平正义，在学有所教、劳有所得、病有所医、老有所养、住有所居上持续取得新进展，不断实现好、维护好、发展好最广大人民根本利益，使发展成果更多、更公平地惠及全体人民，在经济社会不断发展的基础上，朝着共同富裕方向稳步前进。

凝聚中国力量是实现中国梦的根本途径。中国共产党的成长历史，就是依靠人民的奋斗史。无论是井冈山的南瓜汤、延安的小米饭，还是沂蒙红嫂的乳汁、淮海民众的小车；无论是唐山的振兴、汶川的重建，还是奥运的成功、世博的辉煌，无不体现了党密切联系人民群众的优良传统与作风。实现中华民族伟大复兴的中国梦，要相信人民、尊重人民，更需要发挥人民群众积极性、主动性。

实践证明，用全体中国人汇集起来的磅礴伟力，是克服各种困难、战胜风险挑战的决定性因素，是实现中国梦的强大力量。

四、“中国梦”的实践要求

要圆“中国梦”，要让梦想变成现实，关键在行动，在于实干。邓小平同志曾讲过一句话：不干，半点马克思主义都没有。同样，不干，半点“中国梦”都没有。要想让梦想照进现实只有一句话，就是习近平主席讲的“空谈误国，实干兴邦”。中华民族之所以迎来复兴的曙光，靠的就是一代又一代人的艰辛奋斗和埋头苦干。“中国梦”是干出来的。只有行动第一，实干第二，才能为“中国梦”照进现实打下坚实基础、提供根本保障。

（一）坚持求真务实

改革开放以来，中国梦与中国特色社会主义同行，创造了人间奇迹。中国经济年均增长率接近 10%，是同期世界经济年均增长率的 3 倍多，经济总量跃居世界第二，人均 GDP 迈进中等偏上收入国家行列，4 亿人脱贫，实现了人民生活从贫困到温饱再到小康的历史性跨越。中国特色社会主义的发展，让我们今天比历史上任何时期都更接近中华民族伟大复兴的目标，比历史上任何时期都更有信心、有能力实现这个目标。但是，同时我们也应该清醒地认识到，我国仍处于并将长期处于社会主义初级阶段的国情没有变，人民日益增长的物质文化需要同落后的社会生产之间的矛盾这一社会主要矛盾没有变，我国是世界最大发展中国家的国际地位没有变。这就要求我们牢牢把握我们目前所处的社会发展阶段——社会主义初级阶段这个最大国情和最大实际，这是我们“中国梦”最大的出发点，我们不是在发达国家的基础上建设“中国梦”，也不是在保守落后的环境下建设的，所以我们要求真务实，做到对社会主义初级阶段既不要轻易说跨越，又不能不思跨越。而是一切从实际出发，出实策、鼓实劲、办实事，夙夜在公、勤勉工作，杜绝追求表面文章，不讲实际效果、实际效率、实际速度、实际质量、实际成本的形式主义，需要脚踏实地依靠全体人民的创造性劳动，需要一代又一代中国人为之顽强奋斗、艰苦奋斗、不懈奋斗，一步一个脚印地描绘蓝图、实现梦想。

（二）勇于攻坚克难

实现中华民族伟大复兴的中国梦，是一项光荣而艰巨的事业，不会一蹴而就，也不可能一帆风顺。我们的事业前无古人，通往梦想的道路并不平坦。越往前走，问题会越多、考验也越大，可能会遇到巨大的阻力，遭受巨大的压力，需要蹚过“深水区”、踏过“地雷阵”。需要以更大的政治勇气和智慧，更大的政治觉悟和热情，需要“敢于啃硬骨头、敢于涉险滩”的精神，需要壮士断腕般的决心，突破制约“中国梦”实现的利益固化的藩篱，消除阻碍“中国梦”实现的不正当行为，为“中国梦”的实现扫清障碍、铺平道路。

（三）善于开拓创新

“中国梦”是以开拓创新为支撑的梦想。在社会主义初级阶段的背景下实现中华民族伟大复兴，在经济相对落后的发展中国家的基础上建设现代化，在 13 亿多人口的国度实现共同富裕，在以西方为主导的世界格局中实现大国的和平发展等，所有这些都是过去从来没有过的全新事物、全新探索、全新实践。在这个意义上，“中国梦”也是人类社会前所未有的一个崭新的梦。这就要求我们不能满足于寻常的做法，更不能因循守旧，而要以开拓创新的精神去寻找新方法、探索新路径、积累新经验、采取新举措，用创新走出新路，用创新实现新梦。

把“中国梦”变成现实，还有很长的路。不会一蹴而就，更不能一劳永逸，只有承前启后，继往开来，拼搏进取，真抓实干，通过坚持不懈的努力，中华民族的伟大复兴才不会是海市蜃楼。只有既不妄自菲薄，也不妄自尊大，始终做到不动摇、不懈怠、不折腾、顽强奋斗、艰苦奋斗、不懈奋斗，真抓实干，才能实现“中国梦”。

拓展阅读

习近平：在同各界优秀青年代表座谈时的讲话

青年朋友们，同志们：

今天是五四青年节。在这个属于青春的日子里，很高兴来参加“实现中国梦、青春勇担当”主题团日活动，同各条战线的优秀青年代表一起交流，聆听大家抒发与祖国共奋进、与时代齐发展的青春感受。

首先，我代表党中央，向全国各族各界青年，致以节日的问候！向荣获中国青年五四奖章的青年朋友们，向中国大学生和全国高校辅导员年度人物、中国青年创业奖获得者、全国农村青年致富带头人标兵、“西部计划”优秀志愿者等优秀青年代表，表示热烈的祝贺！向各行各业的先进青年典型，表示由衷的敬意！

我们同青年朋友们到航天城来，就是要实地感受载人航天精神，激励包括广大青年在内的全国各族人民为实现中华民族伟大复兴的中国梦而奋斗。

刚才，不同领域的优秀青年代表做了很好的发言。在你们身上，充分体现了当代青年报效祖国的远大志向、朝气蓬勃的精神风貌、自强不息的意志品格、甘于奉献的思想境界，也充分体现了广大青年对中国特色社会主义的坚定信念、对实现中华民族伟大复兴的必胜信心。

青年最富有朝气、最富有梦想。近代以来，我国青年不懈追求的美好梦想，始终与振兴中华的历史进程紧密相连。在革命战争年代，广大青年满怀革命理想，为争取民族独立、人民解放冲锋陷阵、抛洒热血。在社会主义革命和建设时期，广大青年响应党的号召，向困难进军，向荒原进军，保卫祖国，建设祖国，在新中国的广阔天地忘我劳动、艰苦创业。在改革开放历史新时期，广大青年发出团结起来、振兴中华的时代强音，为祖国繁荣富强开拓奋进、锐意创新。在最近的芦山抗震救灾中，大批青年临危不惧、顽强拼搏，广大青年心系灾区、无私奉献，为抗震救灾做出了重要贡献。

历史和现实都告诉我们，青年一代有理想、有担当，国家就有前途，民族就有希望，实现我们的发展目标就有源源不断的强大力量。

党的十八大描绘了全面建成小康社会、加快推进社会主义现代化的宏伟蓝图，发出了向实现“两个一百年”奋斗目标进军的时代号召。根据党的十八大精神，我们明确提出要实现中华民族伟大复兴的中国梦。现在，大家都在谈论中国梦，都在思考中国梦与自己的关系、自己为实现中国梦应尽的责任。

——中国梦是历史的、现实的，也是未来的。中国梦凝结着无数仁人志士的不懈努力，承载着全体中华儿女的共同向往，昭示着国家富强、民族振兴、人民幸福的美好前景。

——中国梦是国家的、民族的，也是每一个中国人的。国家好、民族好，大家才会好。只有每个人都为美好梦想而奋斗，才能汇聚起实现中国梦的磅礴力量。

——中国梦是我们的，更是你们青年一代的。中华民族伟大复兴终将在广大青年的接力奋斗中变为现实。

在革命、建设、改革各个历史时期，中国共产党始终高度重视青年、关怀青年、信任青年，对青年一代寄予殷切期望。中国共产党从来都把青年看作是祖国的未来、民族的希望，从来都把青年作为党和人民事业发展的生力军，从来都支持青年在人民的伟大奋斗中实现自己的人生理想。

现在，我们比历史上任何时期都更接近实现中华民族伟大复兴的目标，比历史上任何时期都更有信心、更有能力实现这个目标。行百里者半九十。距离实现中华民族伟大复兴的目标越近，我们越不能懈怠，越要加倍努力，越要动员广大青年为之奋斗。

展望未来，我国青年一代必将大有可为，也必将大有作为。这是“长江后浪推前浪”的历史规律，也是“一代更比一代强”的青春责任。广大青年要勇敢肩负起时代赋予的重任，志存高远，脚踏实地，努力在实现中华民族伟大复兴的中国梦的生动实践中放飞青春梦想。

第一，广大青年一定要坚定理想信念。“功崇惟志，业广惟勤。”理想指引人生方向，信念决定事业成败。没有理想信念，就会导致精神上“缺钙”。中国梦是全国各族人民的共同理想，也是青年一代应该牢固树立的远大理想。中国特色社会主义是我们党带领人民历经千辛万苦找到的实现中国梦的正确道路，也是广大青年应该牢固确立的人生信念。

广大青年要坚持用邓小平理论、“三个代表”重要思想、科学发展观武装头脑，把理想信念建立在对科学理论的理性认同上，建立在对历史规律的正确认识上，建立在对基本国情的准确把握上，不断增强道路自信、理论自信、制度自信，增强对坚持党的领导的信念，永远紧跟党，高高举起中国特色社会主义伟大旗帜。

第二，广大青年一定要练就过硬本领。学习是成长进步的阶梯，实践是提高本领的途径。青年的素质和本领直接影响着实现中国梦的进程。古人说：“学如弓弩，才如箭镞。”说的是学问的根基好比弓弩，才能好比箭头，只要依靠厚实的见识来引导，就可以让才能很好发挥作用。青年人正处于学习的黄金时期，应该把学习作为首要任务，作为一种责任、一种精神追求、一种生活方式，树立梦想从学习开始、事业靠本领成就的观念，让勤奋学习成为青春远航的动力，让增长本领成为青春搏击的能量。

广大青年要坚持面向现代化、面向世界、面向未来，增强知识更新的紧迫感，如饥似渴学习，既扎实打牢基础知识又及时更新知识，既刻苦钻研理论又积极掌握技能，不断提高与时代发展和事业要求相适应的素质和能力。要坚持学以致用，深入基层、深入群众，在改革开放和社会主义现代化建设的大熔炉中，在社会的大学校里，掌握真才实学，增益其所不能，努力成为可堪大用、能担重任的栋梁之材。

第三，广大青年一定要勇于创新创造。创新是民族进步的灵魂，是一个国家兴旺发达的不竭源泉，也是中华民族最深沉的民族禀赋，正所谓“苟日新，日日新，又日新”。生活从不眷顾因循守旧、满足现状者，从不等待不思进取、坐享其成者，而是将更多机遇留给善于和勇于创新的人们。青年是社会上最富活力、最具创造性的群体，理应走在创新创造前列。

广大青年要有敢为人先的锐气，勇于解放思想、与时俱进，敢于上下求索、开拓进取，树立在继承前人的基础上超越前人的雄心壮志，“以青春之我……，创建青春之国家，青春之民族”。要有逢山开路、遇河架桥的意志，为了创新创造而百折不挠、勇往直前。要有探索真知、求真务实的态度，在立足本职的创新创造中不断积累经验、取得成果。

第四，广大青年一定要矢志艰苦奋斗。“宝剑锋从磨砺出，梅花香自苦寒来。”人类的美好理想，都不可能唾手可得，都离不开筚路蓝缕、手胼足胝的艰苦奋斗。我们的国家，我们的民族，从积贫积弱一步一步走到今天的发展繁荣，靠的就是一代又一代人的顽强拼搏，靠的就是中华民族自强不息的奋斗精神。当前，我们既面临着重要发展机遇，也面临着前所未有的困难和挑战。梦在前方，路在脚下。自胜者强，自强者胜。实现我们的发展目标，需要广大青年锲而不舍、驰而不息的奋斗。

广大青年要牢记“空谈误国、实干兴邦”，立足本职、埋头苦干，从自身做起，从点滴做起，用勤劳的双手、一流的业绩成就属于自己的人生精彩。要不怕困难、攻坚克难，勇于到条件艰苦的基层、国家建设的一线、项目攻关的前沿，经受锻炼，增长才干。要勇于创业、敢闯敢干，努力在改革开放中闯新路、创新业，不断开辟事业发展新天地。

第五，广大青年一定要锤炼高尚品格。中国特色社会主义是物质文明和精神文明全面发展的社会主义。一个没有精神力量的民族难以自立自强，一项没有文化支撑的事业难以持续长久。青年是引风气之先的社会力量。一个民族的文明素养很大程度上体现在青年一代的道德水准和精神风貌上。

广大青年要把正确的道德认知、自觉的道德养成、积极的道德实践紧密结合起来，自觉树立和践行社会主义核心价值观，带头倡导良好社会风气。要加强思想道德修养，自觉弘扬爱国主义、集体主义、社会主义思想，积极倡导社会公德、职业道德、家庭美德。要牢记“从善如登，从恶如崩”的道理，始终保持积极的人生态度、良好的道德品质、健康的生活情趣。要倡导社会文明新风，带头学雷锋，积极参加志愿服务，主动承担社会责任，热诚关爱他人，多做扶贫济困、扶弱助残的实事好事，以实际行动促进社会进步。

为实现中华民族伟大复兴的中国梦而奋斗，是中国青年运动的时代主题。共青团要在广大青少年中深入开展“我的中国梦”主题教育实践活动，为每个青少年播种梦想、点燃梦想，让更多青少年敢于有梦、勇于追梦、勤于圆梦，让每个青少年都为实现中国梦增添强大青春能量。要用中国梦打牢广大青少年的共同思想基础，教育和帮助青少年树立正确的世界观、人生观、价值观，永远热爱我们伟大的祖国，永远热爱我们伟大的人民，永远热爱我们伟大的中华民族，坚定跟着党走中国道路。要用中国梦激发广大青少年的历史责任感，发扬“党有号召、团有行动”的光荣传统，在党和国家工作大局中找准自身工作的切入点和结合点，组织动员广大青少年支持改革、促进发展、维护稳定。要积极为广大青少年实现梦想提供服务，切实改进作风，深入基层、走进青年，想青年之所想，急青年之所急，代表和维护青少年普遍性利益诉求，努力为广大青少年成长成才创造良好环境。

青年模范人物是广大青少年学习的榜样，肩负着更多社会责任和公众期望，在青少年中乃至全社会都有着很强的示范带动作用。希望青年模范们再接再厉、严于律己、锐意进取，用自身的成长历程、精神追求、模范行动为广大青少年做好表率。

青年兴则国家兴，青年强则国家强。我们党自成立之日起，就始终代表广大青年、赢得广大青年、依靠广大青年。各级党委和政府要充分信任青年、热情关心青年、严格要求青年，为青年驰骋思想打开更浩瀚的天空，为青年实践创新搭建更广阔的舞台，为青年塑造人生提供更丰富的机会，为青年建功立业创造更有利的条件。各级领导干部要关注青年愿望、帮助青年发展、支持青年创业，做青年朋友的知心人，做青年工作的热心人。

青年朋友们，人的一生只有一次青春。现在，青春是用来奋斗的；将来，青春是用来回忆的。人生之路，有坦途也有陡坡，有平川也有险滩，有直道也有弯路。青年面临的选择很多，关键是要以正确的世界观、人生观、价值观来指导自己的选择。无数人生成功的事实表明，青年时代，选择吃苦也就选择了收获，选择奉献也就选择了高尚。青年时期多经历一点摔打、挫折、考验，有利于走好一生的路。要历练宠辱不惊的心理素质，坚定百折不挠的进取意志，保持乐观向上的精神状态，变挫折为动力，用从挫折中吸取的教训启迪人生，使人生获得升华和超越。总之，只有进行了激情奋斗的青春，只有进行了顽强拼搏的青春，只有为人民做出了奉献的青春，才会留下充实、温暖、持久、无悔的青春回忆。

青年朋友们，我坚信，在党的领导下，只要全国各族人民紧密团结，脚踏实地、开拓进取，到本世纪中叶，我们必将建成富强民主文明和谐的社会主义现代化国家，我国广大青年必将同全国各族人民一道共同见证、共同享有中国梦的实现！

（摘自2013年5月4日新华网）

思考题

1．试述“中国梦”的思想内涵。

2．如何实现“中国梦”？

参考文献

[1] 石仲泉．中国共产党与民族复兴的中国梦[R/OL]．[2013-07-01]．http://theory.people.com.cn/n/2013/0701/c40531-22026997.html．

[2] 中共中央宣传部理论局．中国梦 我们的梦[M]．北京：学习出版社，2013．

[3] 辛鸣．中国梦：内涵·路径·保障[N]．人民日报，2013-01-04（7）．

[4] 陈铭杰．中国青年与中国梦[N]．中国青年报，2013-05-14（8）．

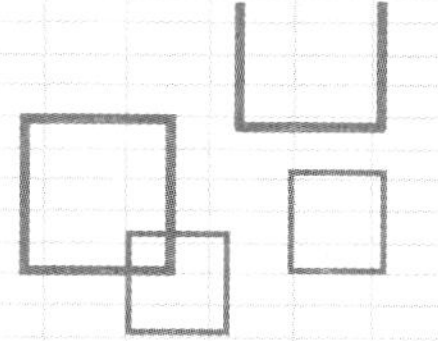

专题二 积极培育和践行社会主义核心价值观

2014年5月4日，习近平总书记在北京大学师生座谈会上的讲话《青年要自觉践行社会主义核心价值观》提出“青年的价值取向决定了未来整个社会的价值取向，而青年又处在价值观形成和确立的时期，抓好这一时期的价值观养成十分重要”。社会主义核心价值观是人生奋斗的梦想之舵，是中华民族的精神之钙，是当代中国的兴国之魂。培育和践行社会主义核心价值观，是党的十八大从坚持和发展中国特色社会主义、巩固全党全国人民团结奋斗共同思想基础的高度提出的一项战略任务。我们要深刻认识这一决策部署的重大意义，全面推进培育和践行社会主义核心价值观的各项工作，为夺取中国特色社会主义新胜利提供正确的价值引领和有力的精神支撑。

一、社会主义核心价值观的提出和主要内容

核心价值观是一定社会形态、社会性质的集中体现，在社会思想观念体系中处于主导地位，决定着社会制度、社会运行的基本原则，制约着社会发展的基本方向。

（一）社会主义核心价值观的提出

2006年党的十六届六中全会第一次提出建设社会主义核心价值体系的战略任务，在全社会树立起了团结奋进的精神旗帜，有力地统一了全党思想、凝聚了社会共识。党的十七大提出：建设社会主义核心价值体系，增强社会主义意识形态的吸引力和凝聚力。党的十七届六中全会提出：社会主义核心价值体系是兴国之魂，决定着中国特色社会主义发展方向。党的十八大适应当代中国社会发展需要和广大人民群众的共同期盼，以社会主义核心价值体系为基础，明确提出：“倡导富强、民主、文明、和谐，倡导自由、平等、公正、法治，倡导爱国、敬业、诚信、友善，积极培育和践行社会主义核心价值观。”一方面为培育和践行社会主义核心价值观提供了基本范畴，另一方面也进一步明确了提炼、概括社会主义核心价值观的基本原则。党的十八届三中全会提出：建设社会主义文化强国，增强国家文化软实力，培育和践行社会主义核心价值观。

（二）社会主义核心价值观的基本内容

党的十八大提出培育和践行社会主义核心价值观的根本任务，强调要倡导富强、民主、文明、和谐，倡导自由、平等、公正、法治，倡导爱国、敬业、诚信、友善。这“三个倡导”24个字，凝练概括了国家的价值目标、社会的价值取向和公民的价值准则，是社会主义核心价值观的基本内容。这个概括，实际上回答了我们要建设什么样的国家、建设什

么样的社会、培育什么样的公民的重大问题。

第一，“富强、民主、文明、和谐”体现了社会主义核心价值观在发展目标上的规定，是立足国家层面提出的价值要求。在社会主义核心价值观中居于最高层次，对其他层次的价值理念具有统领作用。

我国正处于社会主义初级阶段，实现富强、民主、文明、和谐，是我国社会主义现代化国家建设的奋斗目标。在当代中国，倡导富强、民主、文明、和谐，培育社会主义核心价值观，就成为凝聚亿万人民群众智慧和力量的宏伟目标和价值理想。

第二，“自由、平等、公正、法治”体现了社会主义核心价值观在价值导向上的规定，是立足社会层面提出的价值要求，反映了中国特色社会主义社会的基本属性，是我们党矢志不渝、长期实践的核心价值理念。

倡导自由、平等、公正、法治，体现了现代社会的基本精神要素和价值追求。马克思主义追求的终极目标是人的自由而全面的发展，我们党将这一信条奉为圭臬，并在实践上努力将自由、平等、公正和法治循序推进，发扬光大。

第三，“爱国、敬业、诚信、友善”则是立足公民个人层面提出的价值要求，是我国公民的基本价值追求和道德准则，是公民基本道德规范的核心要求，体现了社会主义价值追求和公民道德行为的本质属性。

倡导爱国、敬业、诚信、友善，实际上贯穿了我国公民道德行为的各个环节，涵盖了社会公德、职业道德、家庭美德、个人品德等各个方面，是公民必须恪守的基本道德准则，也是评价公民道德行为选择的基本价值标准，是中华民族传统美德、中国共产党人革命道德和社会主义新时期道德的精华集萃，具有高度的概括性、全面的系统性。

正如国家、集体、个人三者相互依存、不可分割一样，上述三个层面的价值规定也是相互联系、相互依存、相互贯通的关系。社会主义核心价值观的一个显著特征就是体现国家、社会与个人的内在统一，不仅兼顾了国家、社会、个人三者的价值追求，确立了国家、社会、个人三者价值目标的统一基础；也在某种程度上反映了现阶段全国人民价值认同上的最大公约数，实现了国家发展目标、社会价值导向、个人行为准则的基本统一。社会主义核心价值观兼顾了国家政治制度、社会发展目标、传统文化积淀和民间行为规范的融汇与共通，体现了核心价值观的先进性与包容性的高度统一。

（三）社会主义核心价值观与社会主义核心价值体系的关系

社会主义核心价值观是社会主义核心价值体系的内核，体现着社会主义核心价值体系的根本性质和基本特征，反映着社会主义核心价值体系的丰富内涵和实践要求，是社会主义核心价值体系的高度凝练和集中表达，是社会主义核心价值体系的精髓。社会主义核心价值体系是社会主义核心价值观具体的、现实的表现。社会主义核心价值观包括社会主义核心价值体系的内容，社会主义核心价值体系是社会主义核心价值观与我国的具体国情相结合而产生的一个对我国社会主义现代化建设有充分现实意义的一种价值体系。

社会主义核心价值观与社会主义核心价值体系，两者具有内在一致性。坚持社会主义道路是社会主义核心价值观的一个重要内容。我国在构建社会主义核心价值体系中也充分体现了这一点，就是坚持中国特色社会主义共同理想。以爱国主义为核心的民族精神和以改革创新为核心的时代精神是社会主义核心价值体系的重要内容，同时也是社会主义核心价值观的价值导向。社会主义核心价值观必须依托社会主义核心价值体系，反映其精神内核和根本原则。

因此，社会主义核心价值观和社会主义核心价值体系是联系密切的统一体，是一般与具体的关系，社会主义核心价值体系是社会主义核心价值观的具体体现。只有将确立社会主义核心价值观与构建社会主义核心价值体系有机统一起来，才能为科学社会主义的理论与实践提供价值合理性依据，指导社会主义核心价值观的科学建构。

二、培育和践行社会主义核心价值观

（一）中华优秀传统文化是社会主义核心价值观之根

文化是民族的血脉，是人民的精神家园。中华民族生生不息、发展壮大提供了丰富的滋养和沃土，使中华文明绵延几千年而未曾中断。社会主义核心价值观必须扎根中华历史文化土壤，传承中国传统价值的精华。

1．从优秀传统文化中汲取营养

价值观属于文化的范畴，不可能脱离特定的历史文化传统。核心价值观一定是在一个国家、民族长期发展中孕育形成的，反映着这个国家、民族的文化积淀、思想结晶。源远流长、博大精深的中华优秀传统文化，是社会主义核心价值观的深厚源泉。培育和践行社会主义核心价值观，就要从中华优秀传统文化中充分汲取思想道德营养，结合时代要求加以延伸阐发，既使中华民族最基本的文化基因与当代文化相适应、与现代社会相协调，又让社会主义核心价值观之树深深植根于中华优秀的传统文化沃土。

2．继承和发扬优秀传统文化要面向未来

中华优秀传统文化不仅是孔子、孟子等先秦时期的文化，还是以中华文化价值观为核心的文化精神以及体现中华文化生命力、创造力、凝聚力的各种文化成果和文化形式。传承中华优秀传统文化，并不是要恢复封建习俗和生活方式，也不能简单地认为读一点文言文、恢复一些民风民俗、重视保护民间工艺，就是文化复兴。最重要的是，传统文化所体现出来的信仰、价值观，要得以传承和弘扬。

（1）要对传统文化进行梳理，要让人们客观地了解、认识传统文化。

（2）除了国家层面的重视、提倡之外，最有效的途径是将弘扬中华优秀传统文化纳入国民教育体系。

（3）把弘扬传统文化与百姓的日常生活结合起来。

（4）弘扬传统文化，包括以传统道德资源推进道德建设，因此一定要有良好的制度保障。

中华优秀传统文化中的思想精华和道德精髓是社会主义核心价值观的重要思想源泉。必须把传统价值观念作为基本的价值资源，赋予其符合时代要求的新内涵、新诠释，体现中华文化特色，使社会主义核心价值观烙上中华文化的精神印记，展示出浑厚深沉的历史韵味和中国气派。

（二）社会主义核心价值观是当代中国的兴国之魂

社会主义核心价值观是人生奋斗的梦想之舵，是中华民族的精神之钙，是当代中国的兴国之魂。积极培育和践行社会主义核心价值观，对于巩固马克思主义在意识形态领域的指导地位、巩固全党全国人民团结奋斗的共同思想基础，对于促进人的全面发展、引领社会全面进步，对于集聚全面建成小康社会、实现中华民族伟大复兴中国梦的强大正能量，具有重要现实意义和深远历史意义。

（1）是发展中国特色社会主义、实现中华民族伟大复兴的需要。中国特色社会主义是全面发展、全面进步的社会主义。它既需要不断完善经济、政治、文化、社会和生态文明等各方面制度，也需要不断探索社会主义在精神和价值层面的本质规定性；既需要为人们描绘未来社会物质生活方面的目标，也需要为人们指出未来社会精神价值的归宿。培育和践行社会主义核心价值观，是中国特色社会主义的“铸魂工程”，能夯实中国特色社会主义的共同思想基础，凝聚起实现中华民族伟大复兴的中国力量，建设中华民族共有的精神家园、文化强国。

（2）是提升中华民族凝聚力、向心力的需要。任何一个民族、国家要把全社会、全体社会成员的意志和力量凝聚起来，都必须确立与其经济基础、政治制度相适应的核心价值观。现在，我国正处在经济转轨和社会转型的加速期，思想领域日趋多元、多样、多变，各种思潮此起彼伏，各种观念交相杂陈，不同价值取向同时并存，对传统文化精神的生产和传播方式形成了巨大挑战。面对这样的态势，“引领社会思潮”和“凝聚社会共识”越来越艰巨复杂。培育和践行社会主义核心价值观，能够找到全体社会成员在价值认同上的最大公约数，在具体利益矛盾、各种思想差异之上最广泛地形成价值共识，有效引领、整合纷繁复杂的社会思想意识，有效避免利益格局调整可能带来的思想对立和混乱，有效抵制资本主义价值观渗透带来的思想对立和混乱，从而形成团结奋斗的强大精神力量。

（3）是发展社会主义市场经济，实现全面建成小康社会宏伟目标的需要。市场经济是把双刃剑，在促进经济发展的同时，“个人主义”“拜金主义”和“享乐主义”扭曲了人们的世界观、价值观和人生观。近几年的毒奶粉、地沟油事件，道德失范、诚信缺失现象，暴露了市场经济的缺点和消极因素；要在21世纪头20年实现全面建成小康社会的宏伟目标，需要社会主义核心价值观的引导。

三、以理想信念培育和践行社会主义核心价值观

培育和践行社会主义核心价值观，需要在全社会建立起共同的理想信念。如果不解决这个根基问题，社会主义核心价值观就难以最大限度地确立和巩固。因此，在培育和践行社会主义核心价值观的过程中，必须把坚定理想信念作为一个首要任务来抓。

（一）理想信念与社会主义核心价值观的内在统一性

理想信念彰显的是旗帜问题、道路问题，具有根本性、全局性；社会主义核心价值观凸显的是理想信念的具体价值取向问题，具有动态性、开放性。两者相互构建，统一于中国特色社会主义的伟大事业中。

1．目标上的一致性

共产主义和社会主义的理想信念，是我们追求的总体性目标。核心价值观既是理念，也蕴含着现实的目标追求。社会主义核心价值观的现实目标就是实现中华民族伟大复兴的

中国梦，它凝结了中国特色社会主义的要义，体现了社会主义核心价值观的精髓。可见，培育和践行社会主义核心价值观，与理想信念塑造都是中国特色社会主义的灵魂工程，强调的是把先进性要求和广泛性要求结合起来，致力于增强民族自尊心、自信心和自豪感，引导人们把个人的价值追求融入民族振兴、国家发展之中，努力把全体人民的思想意志统一起来，把全民族的智慧力量凝聚起来，为社会主义和共产主义而奋斗。

2．内涵上的相融性

理想信念和社会主义核心价值观都体现了社会主义意识形态的本质要求，体现了社会主义制度在思想和精神层面的质的规定性；积淀着中华民族深厚的文化传统与优良的道德风尚，吸收、借鉴了人类文明的成果，凝结了社会主义先进文化的精华。社会主义核心价值观从国家、社会、公民三个层面，分别阐述了我们的价值目标、取向和标准，三个层面相互联系、相互贯通，各具功能、各有侧重，是现阶段中国社会“最大公约数”的价值共识和基本的价值遵循。社会主义核心价值观为理想信念提供了层次性解读，马克思主义信仰、共产主义理想和社会主义信念升华了我们的价值追求，构筑了我们的精神高地。

3．实践上的契合性

价值观最深层次的内核是信仰、信念，理想信念是培育弘扬社会主义核心价值观的文化土壤，社会主义核心价值观是理想信念活生生的表现形式，也是理想信念的具体化。反过来，社会主义核心价值观建设的内容和领域不断拓展，为理想信念塑造提供了广阔的空间。理想信念源自现实又高于现实，具有崇高性。但理想信念并不是完全抽象的，而总是与一定的社会物质条件相互联系，并通过社会实践才能最终实现。社会主义核心价值观的鲜明特色就是实践性。把理想信念贯穿于社会主义核心价值观建设的各个方面，理想信念就找到了现实落点和日用而不觉的实践平台，并在实践中注入新的时代特质，赋予真切的人文关怀和自觉的担当精神。循着认知、认同和践行的心理发展规律，实现内化于心，外化于行，从而使理想信念获得无比旺盛和坚强的生命力。

（二）理想信念塑造是培育和践行社会主义核心价值观的重中之重

理想信念具有真善美的特征，支配着一个人的思想与行动，在生活、职业、道德、政治等各个层面、各个方面发挥着引领、整合和规范的作用。

1．坚定的理想信念，是培育和践行社会主义核心价值观的“定海神针”

政治上的坚定源于理论上的清醒。我们的理想信念建立在对社会发展规律的科学认识的基础之上，这种理想信念，是国家、民族在发展进程中，也是个人在人生道路上有所依循、知所趋止、顽强进取的定力与韧性所在。因为我们掌握了马克思主义的看家本领，精神上有“压舱石”，思想上有“主心骨”，行动上有“指南针”，做事的立场更加坚定，践行社会主义核心价值观的实践也就更加自觉。

2．坚定的理想信念是培育和践行社会主义核心价值观的动力源泉

理想信念从来不是一个空泛抽象的概念，它总是与国家统一富强的历史使命结合在一起，承载着民族的憧憬和希望，成为激励人们奋进的旗帜。理想越远大，它的精神动力越强大；理想越高尚，人们的追求越有意义。一个人有了坚定的理想信念，才能有高尚的精神境界和坚定追求正义、真理的意志，才能最大限度地发挥人的智慧，释放人的能量；才能以主人翁的姿态，为社会主义和共产主义事业奋斗不息。

3．坚定的理想信念是培育和践行社会主义核心价值观的精神支柱

实践表明，一个人对既有信仰的怀疑乃至抛弃，往往是其他信仰不断诱惑和分化的结果。当前，我国正处于“四个深刻”的变动时期，多样化的社会思潮开始出现并通过多种方式得以广泛传播，迫切要求我们筑牢思想防线，练就“金刚不坏之身”，自觉抵御各种错误思想、观念的影响侵蚀，抵抗住五光十色的各种诱惑。理想信念确立的过程，实际上就是突破“小我”，追求“大我”，达到一个更高人生境界的过程。如果背弃理想信念，迷恋自我，一个人的气象和格局就变得十分渺小，最终失去灵魂与做人的底线；就会在纷繁复杂的现实中政治嗅觉迟钝、政治立场动摇，误入歧途，甚至腐败变质。

（三）把理想信念塑造贯穿于社会主义核心价值观建设的全过程

培育和践行社会主义核心价值观是一个系统工程。必须紧紧抓住理想信念这个“牛鼻子”，找准切入点，通过教育引导、舆论宣传、文化熏陶、实践养成、制度保障等，由易到难、由近及远，使之植根于社会主义核心价值观建设的各个领域和各个环节。

1．抓住关键，解决认知认同的问题

坚定理想信念，践行社会主义核心价值观，只有认知认同才能做到知行合一、言行一致。解决认知认同的问题，教育引导是基础性工作。要把理想信念和社会主义核心价值观结合起来，在全社会广泛开展宣传教育活动，通过多种形式把理想信念和社会主义核心价值观的内容和要求通俗化、大众化。要注重用好文化的力量。优秀的传统文化及其内蕴的价值观，承载着中华民族的精神基因，是社会主义核心价值观的文化之源，也是支撑我们价值观自信的底气与底蕴。我们应当通过创造性转化，让优秀的传统鲜活于当下，为理想信念和社会主义核心价值观涵养发达的文化根系，陶冶情操，启迪良知，净化心灵。要认真学习马克思主义的基本原理和马克思主义中国化最新成果，以理论的彻底性为坚定理想信念和践行社会主义核心价值观提供有力支撑，增强道路自信、理论自信、制度自信，铸就对党的事业无限忠诚的高尚品格。

2．着眼根本，解决立德树人的问题

习近平同志强调：“核心价值观，其实就是一种德，既是个人的德，也是一种大德，就是国家的德、社会的德。”理想信念是立德树人的基石，培育和践行社会主义核心价值观，要紧扣理想信念去展开。培养崇高的精神追求和生命自觉，懂得人生的大方向在哪里，并能在时代的大格局中找准自己的位置，认识到作为生命存在的全部意义和社会价值；通过对社会现实的理性反思和价值构建，通过对社会理想的弘扬和自觉示范，塑造道德人格，成为社会主义道德风尚的引领者、公平正义的维护者；牢记“非知之难，行之惟难；非行之难，终之斯难”的道理，善于明辨是非、善于决断选择，加强道德修养，不断完善自我、超越自我。

3．立足养成，解决融入内化的问题

习近平同志指出：“一种价值观要真正发挥作用，必须融入社会生活，让人们在实践中感知它、领悟它。”实践本身是一种强大的教育力量，不仅产生认知，更是涵养人性和塑造社会理想的源泉。必须立足报效国家、服务人民、奉献社会的广阔平台，忠实践行为理想信念而献身的人生观，把远大的理想化作具体的任务与目标，与本职工作结合，从小事做起，从具体事做起。要树立艰苦奋斗的思想，为党和人民事业乐于奉献，甘愿吃苦。要勇于创新、勇于担当，树立一流的工作标准，争创一流业绩。要淡泊名利、廉洁奉公、无私无畏、勇往直前，心甘情愿、毫无保留地为国家、民族和人民贡献自己的一切力量。这既是践行社会主义核心价值观的内在要求，也是推进理想信念落地生根、开花结果的根本途径。

拓展阅读

青年要自觉践行社会主义核心价值观

“五四运动”形成了爱国、进步、民主、科学的五四精神，拉开了中国新民主主义革命的序幕，促进了马克思主义在中国的传播，推动了中国共产党的建立。“五四运动”以来，在中国共产党领导下，一代又一代有志青年“以青春之我，创建青春之家庭，青春之国家，青春之民族，青春之人类，青春之地球，青春之宇宙”，在救亡图存、振兴中华的历史洪流中谱写了一曲曲感天动地的青春乐章。

北京大学是新文化运动的中心和“五四运动”的策源地，是这段光荣历史的见证者。长期以来，北京大学广大师生始终与祖国和人民共命运、与时代和社会同前进，在各条战线上为我国革命、建设、改革事业做出了重要贡献。

党的十八大提出了“两个一百年”奋斗目标。我说过，现在，我们比历史上任何时期都更接近实现中华民族伟大复兴的目标，比历史上任何时期都更有信心、更有能力实现这个目标。

行百里者半九十。距离实现中华民族伟大复兴的目标越近，我们越不能懈怠、越要加倍努力，越要动员广大青年为之奋斗。

光阴荏苒，物换星移。时间之河川流不息，每一代青年都有自己的际遇和机缘，都要在自己所处的时代条件下谋划人生、创造历史。青年是标志时代的最灵敏的晴雨表，时代的责任赋予青年，时代的光荣属于青年。

五四精神体现了中国人民和中华民族近代以来追求的先进价值观。爱国、进步、民主、科学，都是我们今天依然应该坚守和践行的核心价值，不仅广大青年要坚守和践行，全社会都要坚守和践行。

人类社会发展的历史表明，对一个民族、一个国家来说，最持久、最深层的力量是全社会共同认可的核心价值观。核心价值观，承载着一个民族、一个国家的精神追求，体现着一个社会评判是非曲直的价值标准。

古人说：“大学之道，在明明德，在亲民，在止于至善。”核心价值观，其实就是一种德，既是个人的德，也是一种大德，就是国家的德、社会的德。国无德不兴，人无德不立。如果一个民族、一个国家没有共同的核心价值观，莫衷一是，行无依归，那这个民族、这个国家就无法前进。这样的情形，在我国历史上，在当今世界上，都屡见不鲜。

我国是一个有着 13 亿多人口、56 个民族的大国，确立反映全国各族人民共同认同的价值观“最大公约数”，使全体人民同心同德、团结奋进，关乎国家前途命运，关乎人民幸福安康。

每个时代都有每个时代的精神，每个时代都有每个时代的价值观念。国有四维，礼义廉耻，“四维不张，国乃灭亡”。这是中国先人对当时核心价值观的认识。在当代中国，我们的民族、我们的国家应该坚守什么样的核心价值观？这个问题，是一个理论问题，也是一个实践问题。经过反复征求意见，综合各方面认识，我们提出要倡导富强、民主、文明、和谐，倡导自由、平等、公正、法治，倡导爱国、敬业、诚信、友善，积极培育和践行社会主义核心价值观。富强、民主、文明、和谐是国家层面的价值要求，自由、平等、公正、法治是社会层面的价值要求，爱国、敬业、诚信、友善是公民层面的价值要求。这个概括，实际上回答了我们要建设什么样的国家、建设什么样的社会、培育什么样的公民的重大问题。

中国古代历来讲格物致知、诚意正心、修身齐家、治国平天下。从某种角度看，格物致知、诚意正心、修身是个人层面的要求，齐家是社会层面的要求，治国平天下是国家层面的要求。我们提出的社会主义核心价值观，把涉及国家、社会、公民的价值要求融为一体，既体现了社会主义本质要求，继承了中华优秀传统文化，也吸收了世界文明有益成果，体现了时代精神。

富强、民主、文明、和谐，自由、平等、公正、法治，爱国、敬业、诚信、友善，传承着中国优秀传统文化的基因，寄托着近代以来中国人民上下求索、历经千辛万苦确立的理想和信念，也承载着我们每个人的美好愿景。我们要在全社会牢固树立社会主义核心价值观，全体人民一起努力，通过持之以恒的奋斗，把我们的国家建设得更加富强、更加民主、更加文明、更加和谐、更加美丽，让中华民族以更加自信、更加自强的姿态屹立于世界民族之林。

建设富强、民主、文明、和谐的社会主义现代化国家，实现中华民族伟大复兴，是鸦片战争以来中国人民最伟大的梦想，是中华民族的最高利益和根本利益。今天，我们 13 亿多人的一切奋斗归根到底都是为了实现这一伟大目标。中国曾经是世界上的经济强国，后来在世界工业革命如火如荼、人类社会发生深刻变革的时期，中国丧失了与世界同进步的历史机遇，落到了被动挨打的境地。尤其是鸦片战争之后，中华民族更是陷入积贫积弱、任人宰割的悲惨状况。这段历史悲剧决不能重演！建设富强、民主、文明、和谐的社会主义现代化国家，是我们的目标，也是我们的责任，是我们对中华民族的责任，对前人的责任，对后人的责任。我们要保持战略定力和坚定信念，坚定不移走自己的路，朝着自己的目标前进。

中华文明绵延数千年，有其独特的价值体系。中华优秀传统文化已经成为中华民族的基因，植根在中国人内心，潜移默化影响着中国人的思想方式和行为方式。今天，我们提倡和弘扬社会主义核心价值观，必须从中汲取丰富营养，否则就不会有生命力和影响力。比如，中华文化强调“民惟邦本”“天人合一”“和而不同”，强调“天行健，君子以自强不息”“大道之行也，天下为公”；强调“天下兴亡，匹夫有责”，主张以德治国、以文化人；强调“君子喻于义”“君子坦荡荡”“君子义以为质”；强调“言必信，行必果”“人而无信，不知其可也”；强调“德不孤，必有邻”“仁者爱人”“与人为善”“己所不欲，勿施于人”“出入相友，守望相助”“老吾老以及人之老，幼吾幼以及人之幼”“扶贫济困”“不患寡而患不均”，等等。像这样的思想和理念，不论过去还是现在，都有其鲜明的民族特色，都有其永不褪色的时代价值。这些思想和理念，既随着时间推移和时代变迁而不断与时俱进，又有其自身的连续性和稳定性。我们生而为中国人，最根本的是我们有中国人的独特精神世界，有百姓日用而不觉的价值观。我们提倡的社会主义核心价值观，就充分体现了对中华优秀传统文化的传承和升华。

价值观是人类在认识、改造自然和社会的过程中产生与发挥作用的。不同民族、不同国家由于其自然条件和发展历程不同，产生和形成的核心价值观也各有特点。一个民族、一个国家的核心价值观必须同这个民族、这个国家的历史文化相契合，同这个民族、这个国家的人民正在进行的奋斗相结合，同这个民族、这个国家需要解决的时代问题相适应。世界上没有两片完全相同的树叶。一个民族、一个国家，必须知道自己是谁，是从哪里来的，要到哪里去，想明白了、想对了，就要坚定不移朝着目标前进。

实现我们的发展目标，实现中国梦，必须增强道路自信、理论自信、制度自信，"千磨万击还坚劲，任尔东南西北风"。而这"三个自信"需要我们对核心价值观的认定做支撑。

我为什么要对青年讲讲社会主义核心价值观这个问题？是因为青年的价值取向决定了未来整个社会的价值取向，而青年又处在价值观形成和确立的时期，抓好这一时期的价值观养成十分重要。这就像穿衣服扣扣子一样，如果第一粒扣子扣错了，剩余的扣子都会扣错。人生的扣子从一开始就要扣好。"凿井者，起于三寸之坎，以就万仞之深。"青年要从现在做起、从自己做起，使社会主义核心价值观成为自己的基本遵循，并身体力行大力将其推广到全社会去。

广大青年树立和培育社会主义核心价值观，要在以下几点上下功夫：

一是要勤学，下得苦功夫，求得真学问。知识是树立核心价值观的重要基础。古希腊哲学家说，知识即美德。我国古人说："非学无以广才，非志无以成学。"大学的青春时光，人生只有一次，应该好好珍惜。为学之要贵在勤奋、贵在钻研、贵在有恒。鲁迅先生说过："哪里有天才，我是把别人喝咖啡的工夫都用在工作上的。"大学阶段，"恰同学少年，风华正茂"，有老师指点，有同学切磋，有浩瀚的书籍引路，可以心无旁骛求知问学。此时不努力，更待何时？要勤于学习、敏于求知，注重把所学知识内化于心，形成自己的见解，既要专攻博览，又要关心国家、关心人民、关心世界，学会担当社会责任。

二是要修德，加强道德修养，注重道德实践。"德者，本也。"蔡元培先生说过："若无德，则虽体魄智力发达，适足助其为恶。"道德之于个人、之于社会，都具有基础性意义，做人做事第一位的是崇德修身。这就是我们的用人标准为什么是德才兼备、以德为先，因为德是首要、是方向，一个人只有明大德、守公德、严私德，其才方能用得其所。修德，既要立意高远，又要立足平实。要立志报效祖国、服务人民，这是大德，养大德者方可成大业。同时，还得从做好小事、管好小节开始起步，"见善则迁，有过则改"，踏踏实实修好公德、私德，学会劳动、学会勤俭，学会感恩、学会助人，学会谦让、学会宽容，学会自省、学会自律。

三是要明辨，善于明辨是非，善于决断选择。"学而不思则罔，思而不学则殆。"是非明，方向清，路子正，人们付出的辛劳才能结出果实。面对世界的深刻复杂变化，面对信息时代各种思潮的相互激荡，面对纷繁多变、鱼龙混杂、泥沙俱下的社会现象，面对学业、情感、职业选择等多方面的考量，一时有些疑惑、彷徨、失落，是正常的人生经历。关键是要学会思考、善于分析、正确抉择，做到稳重自持、从容自信、坚定自励。要树立正确的世界观、人生观、价值观，掌握了这把总钥匙，再来看看社会万象、人生历程，一切是非、正误、主次，一切真假、善恶、美丑，自然就洞若观火、清澈明了，自然就能做出正确判断、做出正确选择。正所谓“千淘万漉虽辛苦，吹尽狂沙始到金”。

四是要笃实，扎扎实实干事，踏踏实实做人。道不可坐论，德不能空谈。于实处用力，从知行合一上下功夫，核心价值观才能内化为人们的精神追求，外化为人们的自觉行动。《礼记》中说：“博学之，审问之，慎思之，明辨之，笃行之。”有人说：“圣人是肯做工夫的庸人，庸人是不肯做工夫的圣人。”青年有着大好机遇，关键是要迈稳步子、夯实根基、久久为功。心浮气躁，朝三暮四，学一门丢一门，干一行弃一行，无论为学还是创业，都是最忌讳的。“天下难事，必作于易；天下大事，必作于细。”成功的背后，永远是艰辛努力。青年要把艰苦环境作为磨炼自己的机遇，把小事当作大事干，一步一个脚印往前走。滴水可以穿石。只要坚韧不拔、百折不挠，成功就一定在前方等你。

核心价值观的养成绝非一日之功，要坚持由易到难、由近及远，努力把核心价值观的要求变成日常的行为准则，进而形成自觉奉行的信念理念。不要顺利的时候，看山是山、看水是水，一遇挫折，就怀疑动摇，看山不是山、看水不是水了。无论什么时候，我们都要坚守在中国大地上形成和发展起来的社会主义核心价值观，在时代大潮中建功立业，成就自己的宝贵人生。

现在在高校学习的大学生都是20岁左右，到2020年全面建成小康社会时，很多人还不到30岁；到本世纪中叶基本实现现代化时，很多人还不到60岁。也就是说，实现“两个一百年”奋斗目标，你们和千千万万青年将全过程参与。有信念、有梦想、有奋斗、有奉献的人生，才是有意义的人生。当代青年建功立业的舞台空前广阔、梦想成真的前景空前光明，希望大家努力在实现中国梦的伟大实践中创造自己的精彩人生。

我相信，当代中国青年一定能够担当起党和人民赋予的历史重任，在激扬青春、开拓人生、奉献社会的进程中书写无愧于时代的壮丽篇章！

（摘自习近平《青年要自觉践行社会主义核心价值观——在北京大学师生座谈会上的讲话》，《光明日报》，2014年05月04日第1版）

思考题

1. 谈谈你对社会主义核心价值观“三个倡导”的具体认识。
2. 你认为大学生应当从哪些方面来培育和践行社会主义核心价值观？

参考文献

[1] 习近平．把培育和弘扬社会主义核心价值观作为凝魂聚气强基固本的基础工程[N]．人民日报，2014-02-26（1）．

[2] 刘云山．着力培育和践行社会主义核心价值观[J/OL]．求是，2014（2）.[2014-01-16]．http://www.qstheory.cn/zxdk/2014/201402/201401/t20140114_312677.htm．

[3] 王晓晖．积极培育和践行社会主义核心价值观[J/OL]．求是，2012(23).[2012-12-01].http://www.qstheory.cn/zxdk/2012/201223/201211/t20121127_196766.htm．

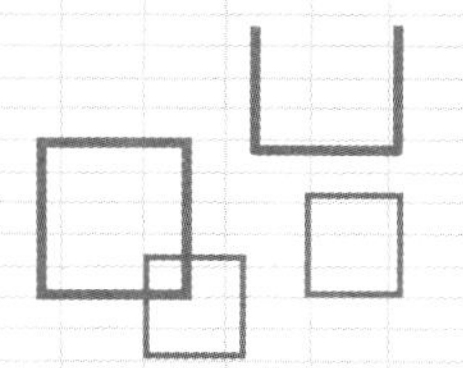
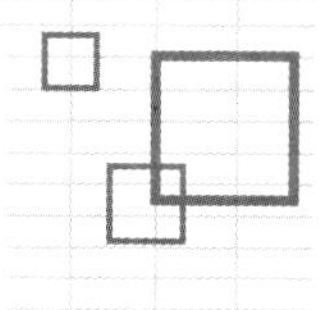

专题三

我国经济形势与政策

如何判断国家的经济形势？人们通常会从经济周期的角度判断当前经济是处于上升阶段还是下降阶段，从宏观经济的经济增长、充分就业、物价稳定、国际收支平衡四个经济目标来判断经济的基本面。市场经济必然产生经济周期，必然引发宏观经济目标的变动，为此，国家就必然对经济进行宏观调控，调控的手段主要有经济手段、法律手段和行政手段。其中，经济手段是国家调控宏观经济的最基本手段，作为经济政策的财政政策、货币政策又是经济手段中最常见的调控措施。学习这些知识将为同学们提供一个终身受益的分析经济形势的工具。要从宏观上把握经济形势，有一个会议应该关注，即每年年终的时候党中央、国务院召开的中央经济工作会议，该会议对经济形势做出基本判断，并对第二年的经济政策给出基调。学习经济形势与政策，对于我们将来就业、投资、消费、经营的策略选择具有重要的指导意义。

一、分析经济形势的理论视角

判断经济形势可以从宏观经济目标的视角，对经济形势进行静态的分析；也可以从经济周期的视角，对经济形势进行动态的分析。

（一）经济形势的静态分析——宏观经济目标的视角

判断一个国家的经济形势，需要分析判断一系列指标。现代主流经济学通常认为，一个国家的宏观经济目标有四个，即经济增长、充分就业、物价稳定和国际收支平衡。

1. 经济增长

根据美国著名经济学家库兹涅茨的解释，一个国家的经济增长，可以定义为给居民提供种类日益繁多的经济产品的能力长期上升，这种不断增长的能力是建立在现今技术以及所需要的制度和思想意识之相应调整的基础上的。经济增长表现为一个国家人均产出水平的持续增加，通常依靠国内生产总值（GDP）来衡量。所谓国内生产总值，是指一个国家或地区在一定时期内（通常是一年或者一季度）所生产的全部最终产品和劳务的价值总量。改革开放以来，我国年均经济增长率超过 9.5%，虽然 2014 年的经济增长率为 7.4%，2015 年的经济增长率为 6.9%，2016 年的经济增长率为 6.7%。但看中国经济，不能只看增长率，中国经济体量不断增大，现在 7%左右的经济增量已相当可观，聚集的动能是过去两位数的增长都达不到的。中国目前已经成为世界上经济总量第二大国。

2．充分就业

劳动力能否充分就业，是判断一个国家经济形势变化的重要指标之一。从理论上讲，失业是指一个国家想参加工作的、符合劳动条件的劳动力未能找到一个有报酬的工作。在市场经济国家的实际生活中，由于季节变换、产业结构调整等各种原因，总会存在一些劳动力找不到工作或者放弃寻找工作的情况。一个国家经济发展的常态是存在一个大于 0 的失业率，同样一个国家基本上不可能实现 100%的就业率。消灭了周期性失业时的就业状态就是充分就业。经济正常发展情况下充分就业率应该是 95%以上。

3．物价稳定

物价稳定不是指每种商品的价格固定不变，而是指价格指数的相对稳定，即不出现严重的通货膨胀。一般来说，年通货膨胀率在 3%以内被认为是物价稳定状态。消费者物价指数（Consumer Price Index，CPI）是反映与居民生活有关的商品及劳务价格统计出来的物价变动指标，通常作为观察通货膨胀水平的重要指标。一般说来，当CPI >3%的增幅时，称为通货膨胀；当 CPI>5%的增幅时，称为严重的通货膨胀。造成通货膨胀的最主要因素是货币供给量过多，即纸币发行量超过商品流通中实际需要的货币量而引起的纸币贬值、物价上涨现象。其他因素也会影响物价，包括：①成本上升的影响。近年来我国经济快速发展，资源消费需求持续增加，各类资源型产品价格升高，并引起劳动力、土地等价格的相应上涨。②输入型通货膨胀。进口商品价格上涨，也会导致国内物价上涨。进口商品价格的上涨，称为输入型价格上涨，或者称为输入型通货膨胀。③垄断供给也会导致物价上涨。④其他因素。自然灾害给农产品生产带来很大困难，加剧供需矛盾；农产品的长途运输和较多的流通环节增加了成本，推动物价上涨；部分游资借市场秩序不规范之机，借题炒作，出现“豆你玩”“蒜你狠”等现象，炒高了某些商品价格，成为物价上涨的主要推手。

4．国际收支平衡

国际收支平衡主要表现为一个国家汇率稳定与外汇储备适度增长，亦称“外汇平衡”，是指国家的外汇收入与外汇支出保持合理的比例。在开放经济条件下，国际收支顺差和逆差都是不可持续的，因此，努力实现国际收支平衡是对外经济交往的重要组成部分。

国际收支持续失衡对一国经济的影响：

（1）国际收支持续逆差对国内经济发展的影响：

1）导致外汇储备大量流失，外汇短缺。外汇短缺，造成外汇汇率上升，本币汇率下跌。一旦本币汇率过度下跌，会削弱本币在国际上的地位，导致该国货币信用的下降，国际资本大量外逃，引发货币危机。

2）导致该国获取外汇的能力减弱，影响该国发展生产所需的生产资料的进口，使国民经济增长受到抑制，进而影响一国的国内财政，以及人民的充分就业。

3）还可能使该国陷入债务危机。

（2）国际收支持续顺差对国内经济发展的影响：

1）会破坏国内总需求与总供给的均衡，使总需求迅速大于总供给，冲击经济的正常增长。

2）在外汇市场上表现为有大量的外汇供应，这就增加了外汇对本国货币的需求，导致外汇汇率下跌，本币汇率上升，提高了以外币表示的出口产品的价格，降低了以本币表示的进口产品的价格，导致国内商品和劳务在国际市场上缺乏竞争优势。

3）可能影响其他国家的经济发展，导致国际贸易摩擦。

4）一些资源型国家如果发生过度顺差，意味着国内资源的持续性开发，会给这些国家今后的经济发展带来隐患。

（二）经济形势的动态分析——经济周期的视角

经济周期是指总体经济活动的扩张和收缩交替反复出现的过程，也称经济波动。每一个经济周期都可以分为上升和下降两个阶段。上升阶段也称为繁荣，最高点称为顶峰。然而，顶峰也是经济由盛转衰的转折点，此后经济就进入下降阶段，即衰退。衰退严重则经济进入萧条，衰退的最低点称为谷底。当然，谷底也是经济由衰转盛的一个转折点，此后经济进入上升阶段。经济从一个顶峰到另一个顶峰，或者从一个谷底到另一个谷底，就是一次完整的经济周期。

一个最简单的经济周期分为四个阶段，即繁荣、衰退、萧条、复苏。经济周期的四个阶段各有自己的特点。①繁荣：国民收入与经济活动高于正常水平的一个阶段。其特征是生产迅速增加，投资增加，信用扩张，价格水平上升，就业增加，公众对未来乐观。顶峰是繁荣的极其盛大时期，也是由繁荣转向衰退的开始。②衰退：是从繁荣到萧条的过渡时期，这时经济开始从顶峰下降，但仍未低于正常水平。③萧条：国民收入与经济活动低于正常水平的一个阶段。其特征是生产急剧减少，投资减少，信用紧缩，价格水平下降，失业严重，公众对未来悲观。谷底是萧条的最严重时期，也是由萧条转向复苏的开始。④复苏：是从萧条到繁荣的过渡时期，这时经济开始从谷底回升，但仍未达到正常水平。

对于经济周期原因的解释主要有内生论和外生论。内生论的代表是凯恩斯主义，认为经济周期表明市场调节的不完善性，在短期中如果仅仅依靠市场调节，出现周期性波动就是必然的。凯恩斯主义主要从社会的总供给和总需求的角度分析经济周期。外生论以真实经济周期理论为代表，认为市场机制本身是完善的，经济周期源于经济体系之外的一些真实因素的冲击，这种冲击称为“外部冲击”。引起冲击的是一些真实因素，包括技术进步、自然灾害、恐怖袭击、政治事件、突发事件等。市场经济无法预测这些因素的变动与出现，也无法自发地迅速做出反应，经济发生周期性波动。目前外因对于中国经济发展的影响不是很大，所以我们主要以凯恩斯主义为主，结合真实经济周期理论对我国经济周期进行分析。

（1）投资波动是我国经济周期性波动的重要原因。投资波动是指不同年份投资总量增长率出现不同程度的上升或下降。在我国，投资波动始终是决定总体经济波动的重要因素。

（2）消费波动也是影响国民经济波动的重要因素。当消费波动变动 1 个百分点时，引起社会总产值同向波动 0.36 个百分点。消费能有效地拉动复苏时期的经济增长，延长繁荣时期的经济景气时间，萧条时期如果仅靠投资需求的扩张而没有消费需求的拉动，经济很难复苏、繁荣。

（3）农业对经济波动的影响主要是通过农产品（粮食）、原材料、劳动力、市场等途径来实现的。若农产品丰收，市场供给比较充足，价格比较稳定时，对工业品的成本影响不大，企业便会增加投资，扩张生产，而且农民会自动将资金和劳动力转移至工业或其他非农业部门，从而促进经济繁荣。粮食或其他农产品歉收时，就必然影响当期和下期的投资和工业生产，农产品生产波动有着明显的“超前性”。

我国的宏观经济越来越受到世界经济的影响，国外需求对我国的经济周期运行也起到一定的影响。

二、我国经济的调控手段和政策

宏观调控是国家从经济运行的全局出发，运用经济、法律、行政等手段，对经济运行状态和经济关系进行干预和调整，从总量上和结构上进行调节、控制，及时纠正经济运行中的偏离宏观目标的倾向，以保证国民经济的持续、快速、协调、健康发展。

宏观调控主体，行使宏观调控权的经济管理部门主要是国家发展和改革委员会、财政部、中国人民银行这三大部门。宏观调控手段包括经济手段、法律手段和必要的行政手段。

（一）经济手段

政府在自觉运用价值规律的基础上借助经济杠杆的调节作用，对国民经济进行宏观调控，综合运用经济计划、经济杠杆和经济手段引导和调节经济活动和经济运行。经济计划是指国家通过国民经济和社会发展计划，引导和调控经济运行。经济杠杆是指通过价格、工资、利率、汇率、税收、信贷等，实现对国民收入分配和再分配，从宏观上调节社会总供给和总需求的关系，从微观上调节商品生产经营者的经济活动，促进国民经济快速、协调和可持续发展。经济手段具有战略性、宏观性、指导性和间接性的特点。经济手段一般通过宏观经济政策实现，主要包括财政政策、货币政策、收入政策和产业政策。

财政政策是指政府运用税收和财政支出等手段，通过对国民收入的分配和再分配实现经济总供给和总需求平衡，分为扩张性财政政策和紧缩性财政政策。在经济停滞和衰退时期，政府采取扩张性财政政策，通过减税措施，给个人和企业多留些可支配收入，以刺激消费需求，从而增加生产和就业。在经济过热、通货膨胀率上升太高时，政府可以采用增税、减少政府支出等紧缩性财政政策来控制物价上涨，抑制投资需求和消费需求，从而有效地减少社会总需求。

货币政策是指通过控制和调节货币供应量保持社会总供给和总需求平衡，分为扩张性货币政策和紧缩性货币政策。扩张性货币政策通过放松银根、扩大货币供应量来刺激需求的增加。紧缩性货币政策通过紧缩银根、减少货币供应量来抑制需求的增加。在进行宏观调控时，中央银行通过法定准备金率、再贴现率和公开市场业务三大货币政策手段，调节货币供应量，有效地缓解经济波动。

收入政策是指政府为了降低物价的上涨速度而采取的强制性或非强制性的限制工资和价格的政策。其目的在于影响或控制价格、货币工资和其他收入的增长率，是货币政策和财政政策以外的一种政府行为。

产业政策是政府根据经济发展需要，促进各产业部门均衡发展而采取的政策措施及手段的总和。产业政策的目的是优化产业结构，主要包括产业结构政策、产业组织政策和产业布局政策。产业结构政策旨在纠正产业结构扭曲和推动产业结构升级。产业组织政策的目标，就是要使产业组织合理化，以提高产业内企业的活力和效率。产业布局政策是政府调节产业区域分布的政策，以保持区域经济的协调发展。

（二）法律手段

法律手段是指国家依靠法律的强制力量来规范经济活动，保障经济政策目标的手段。法律手段对经济主体具有普遍的约束力和严格的强制性，对经济运行的调节具有相对的稳定性和明确的规定性。

（三）行政手段

行政手段是指行政管理部门以行政手段来调控经济运行。行政手段包括行政命令、行政指标、行政规章制度和条例。行政手段具有强制性、快速性特点。行政手段的运用，应当保持在必要的范围内。对社会主义市场经济的调节，以经济手段、法律手段为主，行政手段为辅。

三、当前的宏观经济形势与宏观经济政策

（一）经济发展新常态

科学认识当前形势，准确研判未来走势，必须历史地、辩证地认识我国经济发展的阶段性特征，准确把握经济发展新常态。

从消费需求看，过去我国的消费具有明显的模仿型排浪式特征，现在模仿型排浪式消费阶段基本结束，个性化、多样化消费渐成主流，保证产品质量安全、通过创新供给激活需求的重要性显著上升，必须采取正确的消费政策，释放消费潜力，使消费继续在推动经济发展中发挥基础作用。

从投资需求看，经历了 30 多年高强度大规模开发建设后，传统产业相对饱和，但基础设施互联互通和一些新技术、新产品、新业态、新商业模式的投资机会大量涌现，这对创新投融资方式提出了新要求，必须善于把握投资方向，消除投资障碍，使投资继续对经济发展发挥关键作用。

从出口和国际收支看，国际金融危机发生前国际市场空间扩张很快，出口成为拉动我国经济快速发展的重要动能，现在全球总需求不振，我国低成本比较优势也发生了转化，同时我国出口竞争优势依然存在，高水平引进来、大规模走出去正在同步发生，必须加紧培育新的比较优势，使出口继续对经济发展发挥支撑作用。

从生产能力和产业组织方式看，过去供给不足是长期困扰我们的一个主要矛盾，现在传统产业供给能力大幅超出需求，产业结构必须优化升级，企业兼并重组、生产相对集中不可避免，新兴产业、服务业、小微企业作用更加凸显，生产小型化、智能化、专业化将成为产业组织新特征。

从生产要素相对优势看，过去劳动力成本低是最大优势，引进技术和管理就能迅速变成生产力，现在人口老龄化日趋发展，农业富余劳动力减少，要素的规模驱动力减弱，经济增长将更多依靠人力资本质量和技术进步，必须让创新成为驱动发展新引擎。

从市场竞争特点看，过去主要是数量扩张和价格竞争，现在正逐步转向质量型、差异化为主的竞争，统一全国市场、提高资源配置效率是经济发展的内生性要求，必须深化改

革开放，加快形成统一透明、有序规范的市场环境。

从资源环境约束看，过去能源资源和生态环境空间相对较大，现在环境承载能力已经达到或接近上限，必须顺应人民群众对良好生态环境的期待，推动形成绿色、低碳、循环发展新方式。

从经济风险积累和化解看，伴随着经济增速下调，各类隐性风险逐步显性化，风险总体可控，但化解以高杠杆和泡沫化为主要特征的各类风险将持续一段时间，必须标本兼治、对症下药，建立健全化解各类风险的体制、机制。

从资源配置模式和宏观调控方式看，全面刺激政策的边际效果明显递减，既要全面化解产能过剩，也要通过发挥市场机制作用探索未来产业发展方向，必须全面把握总供求关系新变化，科学进行宏观调控。

这些趋势性变化说明，我国经济正在向形态更高级、分工更复杂、结构更合理的阶段演化，经济发展进入新常态，正从高速增长转向中高速增长，经济发展方式正从规模速度型粗放增长转向质量效率型集约增长，经济结构正从增量扩能为主转向调整存量、做优增量并存的深度调整，经济发展动力正从传统增长点转向新的增长点。

（二）宏观经济形势分析

在以习近平同志为核心的党中央领导下，各地区、各部门认真贯彻落实党中央、国务院决策部署，坚持稳中求进工作总基调，以新发展理念引领经济发展新常态，深入推进供给侧结构性改革。2017 年，国民经济延续了 2016 年下半年以来稳中有进、稳中向好的发展态势，积极变化不断增加，主要指标好于预期，实现了良好开局，为完成全年发展预期目标打下了扎实基础。

初步核算，2017 年一季度国内生产总值 180 683 亿元，按可比价格计算，同比增长 6.9%。分产业看，第一产业增加值 8 654 亿元，同比增长 3.0%；第二产业增加值 70 005 亿元，增长 6.4%；第三产业增加值 102 024 亿元，增长 7.7%。从环比看，一季度国内生产总值增长 1.3%。

1．种植结构优化调整，农业生产总体稳定

据全国 11 万农户种植意向调查显示，2017 年全国稻谷意向种植面积减少 0.3%，小麦减少 0.8%，玉米减少 4.0%，大豆增长 8.1%，棉花减少 0.7%。目前，全国冬小麦长势良好，一、二类苗播种面积比重达到 84.8%。一季度，猪牛羊禽肉产量 2 249 万吨，同比增长 0.2%，其中猪肉产量 1 468 万吨，增长 0.2%。生猪存栏 41 095 万头，同比增长 0.1%；生猪出栏 19 149 万头，增长 0.2%。

2．工业增速明显加快，企业利润快速增长

一季度，全国规模以上工业增加值同比实际增长 6.8%，增速比 2016 年同期加快 1.0 个百分点，比 2016 年全年加快 0.8 个百分点。分经济类型看，国有控股企业增加值增长 6.2%，集体企业增长 0.5%，股份制企业增长 6.9%，外商及港澳台商投资企业增长 6.9%。分三大门类看，采矿业增加值同比下降 2.4%，制造业增长 7.4%，电力、热力、燃气及水生产和供应业增长 8.9%。工业结构继续优化，高技术产业和装备制造业增加值同比分别增长 13.4%和 12.0%，增速分别比规模以上工业快 6.6 和 5.2 个百分点，比 2016 年全年快 2.6 和 2.5 个百分点。规模以上工业企业产销率达到 97.2%。

3．服务业较快增长，景气度持续较高

一季度，全国服务业生产指数同比增长 8.3%，增速比 2016 年同期加快 0.1 个百分点。其中，信息传输、软件和信息技术服务业，交通运输、仓储和邮政业保持较快增长态势，批发零售业和住宿餐饮业增速明显回升。

4．固定资产投资稳中有升，商品房待售面积继续减少

一季度，全国固定资产投资（不含农户）93 777 亿元，同比增长 9.2%，增速比 2016 年全年加快 1.1 个百分点，比 2017 年 1—2 月份加快 0.3 个百分点。其中，国有控股投资 33 087 亿元，增长 13.6%；民间投资 57 313 亿元，增长 7.7%，比 1—2 月份加快 1.0 个百分点，占全部投资的比重为 61.1%。分产业看，第一产业投资 2 335 亿元，增长 19.8%；第二产业投资 35 094 亿元，增长 4.2%，其中制造业投资 29 325 亿元，增长 5.8%；第三产业投资 56 349 亿元，增长 12.2%。基础设施投资 18 997 亿元，增长 23.5%。高技术产业投资增长 22.6%，增速快于全部投资 13.4 个百分点。

一季度，全国房地产开发投资 19 292 亿元，同比增长 9.1%，增速比 2016 年全年加快 2.2 个百分点；全国商品房销售面积 29 035 万平方米，增长 19.5%，其中住宅销售面积增长 16.9%。全国商品房销售额 23 182 亿元，增长 25.1%，其中住宅销售额增长 20.2%。3 月末，全国商品房待售面积 68 810 万平方米，比 2 月末减少 1 745 万平方米。

5．市场销售基本稳定，网上零售保持较快增长

一季度，社会消费品零售总额 85 823 亿元，同比增长 10.0%，增速比 2016 年全年回落 0.4 个百分点。按经营单位所在地分，城镇消费品零售额 73 398 亿元，增长 9.7%；乡村消费品零售额 12 426 亿元，增长 11.9%。按消费类型分，餐饮收入 9 196 亿元，增长 10.8%；商品零售额 76 627 亿元，增长 9.9%，其中限额以上单位商品零售额 35 248 亿元，增长 7.9%。消费升级类商品增长较快，文化办公用品增长 14.8%，通信器材增长 11.0%，体育娱乐用品类增长 17.3%，家具增长 12.6%，建筑及装潢材料增长 14.8%。

6．进出口较快增长，外贸结构改善

一季度，进出口总额 61 986 亿元，同比增长 21.8%。其中，出口 33 268 亿元，增长 14.8%；进口 28 718 亿元，增长 31.1%。进出口相抵，顺差 4 549 亿元。一般贸易进出口比重提升，一季度一般贸易进出口增长 23.2%，占进出口总额的 56.2%，比 2016 年同期提高 0.6 个百分点。

7．居民消费价格温和上涨，工业品价格涨势放缓

一季度，全国居民消费价格同比上涨 1.4%，涨幅比 2016 年同期回落 0.7 个百分点。其中，城市上涨 1.5%，农村上涨 1.1%。分类别看，食品烟酒价格同比下降 0.8%，衣着上涨 1.2%，居住上涨 2.4%，生活用品及服务上涨 0.6%，交通和通信上涨 2.0%，教育文化和娱乐上涨 2.5%，医疗保健上涨 5.1%，其他用品和服务上涨 3.6%。

一季度，工业生产者出厂价格同比上涨 7.4%。3 月份，工业生产者出厂价格同比上涨 7.6%，涨幅比 2 月份回落 0.2 个百分点，环比上涨 0.3%。一季度，工业生产者购进价格同比上涨 9.4%；3 月份同比上涨 10.0%，环比上涨 0.5%。

8．居民收入与经济增长同步，城乡收入差距继续缩小

一季度，全国居民人均可支配收入 7 184 元，同比名义增长 8.5%，扣除价格因素实际增长 7.0%，收入增速比 GDP 增速高 0.1 个百分点。按常住地分，城镇居民人均可支配收入 9 986 元，扣除价格因素实际增长 6.3%；农村居民人均可支配收入 3 880 元，扣除价格因素实际增长 7.2%。

9．供给侧结构性改革深入推进，经济结构持续优化

“三去一降一补”取得新进展。一季度，规模以上工业产能利用率为 75.8%，比 2016 年四季度提高 2.0 个百分点。原煤产量同比下降 0.3%。3 月末，商品房待售面积同比下降 6.4%，降幅比 2016 年年末扩大 3.2 个百分点。工业企业资产负债率及成本下降，2 月末规模以上工业企业资产负债率为 56.2%，同比下降 0.6 个百分点；短板领域投资加快，一季度生态保护和环境治理业、公共设施管理业、农业、水利管理业投资分别增长 48.1%、27.4%、24.6%和 18.3%，分别快于全部投资 38.9、18.2、15.4 和 9.1 个百分点。

产业结构继续优化，一季度第三产业增加值占国内生产总值的比重为 56.5%，高于第二产业 17.8 个百分点。需求结构继续改善，一季度最终消费支出对国内生产总值增长的贡献率为 77.2%。新动能快速成长，一季度战略性新兴产业增加值同比增长 10.3%，增速比规模以上工业高 3.5 个百分点。节能降耗稳步推进，一季度单位国内生产总值能耗同比下降 3.8%。

总的来看，一季度国民经济保持了稳中向好的发展势头，经济增速略有回升，结构调整持续推进，创新发展步伐加快，民生改善扎实有效，积极因素累积增多，经济运行开局良好。但也要看到，国际环境仍然错综复杂，国内结构性矛盾还比较突出，巩固持续向好态势尚需进一步努力。下阶段，要紧密团结在以习近平同志为核心的党中央周围，切实贯彻落实中央经济工作会议精神和政府工作报告部署，坚持稳中求进工作总基调，贯彻落实新发展理念，以推进供给侧结构性改革为主线，适度扩大总需求，有效引导社会预期，深化创新驱动发展，促进经济持续向好，实现经济平稳健康发展。

（三）宏观经济政策分析

中央经济工作会议提出，坚持稳中求进工作总基调，继续实施积极的财政政策和稳健的货币政策。稳中求进，离不开宏观政策的基调稳定和精准发力。积极的财政政策和稳健的货币政策已延续多年，但每年的内涵和着力点不尽相同。

1．2017 年经济工作总体布局

坚持稳中求进工作总基调，牢固树立和贯彻落实新发展理念，适应把握引领经济发展新常态；坚持以提高发展质量和效益为中心；坚持宏观政策要稳、产业政策要准、微观政策要活、改革政策要实、社会政策要托底的政策思路；坚持以推进供给侧结构性改革为主线，适度扩大总需求，加强预期引导，深化创新驱动，全面做好稳增长、促改革、调结构、惠民生、防风险各项工作，促进经济平稳健康发展和社会和谐稳定。

2．当前我国的经济政策

党的十八大以来，我们初步确立了适应经济发展新常态的经济政策框架。第一，做出经济发展进入新常态的重大判断，把认识、把握、引领新常态作为当前和今后一个时期做好经济工作的大逻辑。第二，形成以新发展理念为指导、以供给侧结构性改革为主线的政策体系，引导经济朝着更高质量、更有效率、更加公平、更可持续的方向发展，提出引领我国经济持续健康发展的一套政策框架。第三，贯彻稳中求进工作总基调，强调要保持战略定力，坚持问题导向、底线思维，发扬钉钉子精神，一步一个脚印向前迈进。

（1）积极的财政政策。财政政策要更加积极有效，预算安排要适应推进供给侧结构性改革、降低企业税费负担、保障民生兜底的需要。现在经济企稳回升基础尚不牢固，需要更加有效的财政政策支持。经济增长仍面临很多不确定性，积极的财政政策能够从供给和需求两端共同发力稳增长：在供给侧，通过营改增、资源税改革、小微企业税收优惠等措施，激发新的发展活力；在需求侧，通过政府购买服务、政府与社会资本合作等方式，增强投资对经济增长的拉动作用。

（2）稳健的货币政策。货币政策要保持稳健中性，适应货币供应方式新变化，调节好货币闸门，努力畅通货币政策传导渠道和机制，维护流动性基本稳定。由于市场面临的不确定性会大大增加，货币政策也要增强灵活性，及时应对可能出现的复杂状况和变化。

一方面，经济下行压力依然存在。制造业投资和民间投资仍有可能处于较低水平，基础建设投资上行空间也不是很大。投资还在继续对经济运行发挥关键作用，货币政策不能贸然收紧。另一方面，需求增加带来价格上涨。市场的流动性还比较充裕，货币政策不能太过宽松。主要经济体的经济政策和货币政策趋于分化，外部风险越来越大，这会增加政策操作难度，对政策的灵活性提出了更高要求。

3．深化供给侧结构性改革的任务

（1）深入推进“三去一降一补”。落实已部署的各项任务，根据新情况、新问题完善政策措施，推动五大任务有实质性进展。去产能方面，要继续推动钢铁、煤炭行业化解过剩产能。要抓住处置“僵尸企业”这个牛鼻子，严格执行环保、能耗、质量、安全等相关法律法规和标准，创造条件推动企业兼并重组，妥善处置企业债务，做好人员安置工作。要防止已经化解的过剩产能死灰复燃，同时用市场、法治的办法做好其他产能严重过剩行业去产能工作。去库存方面，要坚持分类调控，因城因地施策，重点解决三、四线城市房地产库存过多问题。要把去库存和促进人口城镇化结合起来，提高三、四线城市和特大城市间基础设施的互联互通，提高三、四线城市教育、医疗等公共服务水平，增强对农业转移人口的吸引力。去杠杆方面，要在控制总杠杆率的前提下，把降低企业杠杆率作为重中之重。要支持企业市场化、法治化债转股，加大股权融资力度，加强企业自身债务杠杆约束等，降低企业杠杆率。要规范政府举债行为。降成本方面，要在减税、降费、降低要素成本上加大工作力度。要降低各类交易成本特别是制度性交易成本，减少审批环节，降低各类中介评估费用，降低企业用能成本，降低物流成本，提高劳动力市场灵活性，推动企业降本增效。补短板方面，要从严重制约经济社会发展的重要领域和关键环节、从人民群众迫切需要解决的突出问题着手，既补硬短板也补软短板，既补发展短板也补制度短板。要更有力、更扎实推进脱贫攻坚各项工作，集中力量攻克薄弱环节，把功夫用到帮助贫困群众解决实际问题上，推动精准扶贫、精准脱贫各项政策措施落地生根。

（2）深入推进农业供给侧结构性改革。要把增加绿色优质农产品供给放在突出位置，狠抓农产品标准化生产、品牌创建、质量安全监管。要加大农村环境突出问题综合治理力度，加大退耕还林还湖还草力度。要积极稳妥改革粮食等重要农产品价格形成机制和收储制度。抓好玉米收储制度改革，做好政策性粮食库存消化工作。细化和落实承包土地“三权分置”办法，培育新型农业经营主体和服务主体。深化农村产权制度改革，明晰农村集体产权归属，赋予农民更加充分的财产权利。统筹推进农村土地征收、集体经营性建设用地入市、宅基地制度改革试点。要严守耕地红线，推动藏粮于地、藏粮于技战略加快落地，保护和提高粮食综合生产能力。广辟农民增收致富门路。

（3）着力振兴实体经济。要坚持以提高质量和核心竞争力为中心，坚持创新驱动发展，扩大高质量产品和服务供给。要树立质量第一的强烈意识，开展质量提升行动，提高质量标准，加强全面质量管理。引导企业形成自己独有的比较优势，发扬“工匠精神”，加强品牌建设，培育更多“百年老店”，增强产品竞争力。实施创新驱动发展战略，既要推动战略性新兴产业蓬勃发展，也要注重用新技术新业态全面改造提升传统产业。要建设法治化的市场营商环境，加强引进外资工作，更好地发挥外资企业对促进实体经济发展的重要作用。要更加重视优化产业组织，提高大企业素质，在市场准入、要素配置等方面创造条件，使中小微企业更好地参与市场公平竞争。

（4）促进房地产市场平稳健康发展。要坚持“房子是用来住的、不是用来炒的”的定位，综合运用金融、土地、财税、投资、立法等手段，加快研究建立符合国情、适应市场规律的基础性制度和长效机制，既抑制房地产泡沫，又防止出现大起大落。要在宏观上管住货币，微观信贷政策要支持合理自住购房，严格限制信贷流向投资投机性购房。要落实人地挂钩政策，根据人口流动情况分配建设用地指标。要落实地方政府主体责任，房价上涨压力大的城市要合理增加土地供应，提高住宅用地比例，盘活城市闲置和低效用地。特大城市要加快疏解部分城市功能，带动周边中小城市发展。要加快住房租赁市场立法，加快机构化、规模化租赁企业发展。加强住房市场监管和整顿，规范开发、销售、中介等行为。

四、经济周期不同阶段的策略选择

在经济停滞和衰退时期，总供给大于总需求，企业开工不足，工人失业增加，经济发展缓慢，政府采取扩张性财政政策，通过减税措施来增加个人和企业收入，以刺激投资需求和消费需求，通过增加建设投资来刺激社会需求。在经济过热时期，总供给小于总需求，过度需求造成通货膨胀，政府采取紧缩性财政政策，通过提高税率、增加税收的措施来减少企业收入和个人收入，抑制投资需求和消费需求，通过减少建设投资来抑制社会需求。

（一）投资策略选择

经济周期由繁荣、衰退、萧条到复苏，循环往复。投资策略必须依据经济周期确定，不同的经济周期投资的侧重点是不一样的。在上升阶段，可多投资成长型的股票、房地产等；在下降阶段，侧重银行存款、债券和黄金等。具体来讲，在经济复苏阶段，社会经济不断发展，投资者应更多更快地增加自己的财富。繁荣阶段财富增加最快、幅度最大，投资者应该把增加的资产变成自己实实在在获得的财富。衰退阶段宏观经济萎缩，投资收益率不断下降，甚至是负的，投资者要尽量持有现金。萧条阶段资产价格低廉，把现金转换成资产的时机到了。以股票投资为例，经济衰退股票价格逐渐下跌，危机时期股价跌至最低点，经济复苏时股价又逐步上升，繁荣时股价上涨至最高点。根据经济周期投资股票的策略是：衰退期以保本为主，投资者多采取储蓄存款和短期证券等形式，避免投资损失，以待复苏时适时进入股市；繁荣期，大部分产业及公司经营改善和盈利增加，不懂股市知识而盲目跟进的散户，往往也能从股票投资中赚钱。

（二）消费策略选择

对消费行为影响最大的是消费价格，影响消费价格的重要因素是通货膨胀，通货膨胀是经济周期的基本现象，因此经济周期在很大程度上影响消费行为的选择。政府的反通货膨胀政策的选择取决于通货膨胀的类型，对于成本拉动型通货膨胀往往针对不同部门采取不同政策进行结构调整。对于需求拉动型通货膨胀，政府就必须采取紧缩性宏观经济政策（往往会加息）来抑制总需求增长。在复苏阶段消费者具有较好的未来预期，消费信心较高。但是繁荣阶段往往也是通货膨胀时期，此时超出自己能力的消费，如果是贷款消费又遇到政府加息政策，消费的成本大大提高。在衰退阶段尽管还贷计划没变，但由于收入预期下降，利息加重，债务负担也会越来越沉重。在萧条阶段宏观经济增长速度放缓，企业效益不佳且竞争加剧，但是消费品质量好、种类多、性价比高，消费者应该抓住时机消费，此时利率较低可以贷款消费。以购房为例，房地产业周期与宏观经济周期波动趋势基本一致，繁荣时期房价上涨，国家就会加息，一旦经济进入衰退期，房价下跌，贷款购房者有可能出现负资产，美国次级贷款危机就是例证。反之，在衰退阶段，房价较低，国家还会采取扩张性的货币政策如减息，如果是短期贷款购房，基本上是一路春风。1996—2003 年我国八次降息，此期间贷款购房，不仅房价低廉，而且利息负担较小。

（三）就业策略选择

劳动者应该依据经济周期的不同阶段做出相应的就业选择。在衰退期，需求减少影响生产，部分行业会进行结构调整，企业减薪裁员也不可避免。面对“潜在失业”的压力，在业者保持一份稳定的工作是最佳的选择，只有收入稳定，自己的资产才不会因为通货紧缩而受到影响。在经济衰退时期，多数行业的不景气将使众多企业很难扩大生产，择业者要找到一份适合的工作也不易。对于失业者，即使是差强人意的工作也要接受。在复苏和繁荣时期，经济扩张导致企业对劳动力需求的增加，劳动者就业环境相对宽松，在业劳动者工资上涨，择业劳动者岗位转换比较容易，失业劳动者就业机会扩大。

（四）经营策略选择

如果对宏观经济采取自由放任政策，经济活动就会出现大起大落。为了实现经济又好又快的发展，国家对经济不断地进行宏观调控。一般说来，在萧条阶段国家会实施扩张性的财政政策和货币政策，鼓励企业投资，通过减税、降低利率来刺激消费，为企业创造较好的发展环境；在繁荣时期国家会实行紧缩性的调控措施，防止经济过热和通货膨胀；在复苏和衰退阶段往往采取稳健的经济政策。因此，在不同的经济周期企业应该选择不同的经营策略，例如：在复苏阶段企业应该不断地扩大生产，来满足市场不断增长的需求；在繁荣阶段企业不但要利用有利的市场赚取更多的利润，还要开始考虑经济衰退时期的对策；衰退阶段市场的需求开始减少，企业要不断减产，还应考虑产品更新换代、技术升级；萧条阶段企业生产降低到最低点，企业应该研究如何调整结构、技术创新和复苏生产。

拓展阅读

历届中央经济工作会议提出的主要任务回顾

中央经济工作会议是中共中央、国务院召开的规格最高的经济会议，主要任务是：总结一年来的经济工作，分析当前国际、国内经济情况，制定下一年的经济发展规划和部署下一年的经济工作。中央经济工作会议是我们了解国家宏观经济形势与经济政策的最基本的依据。

1995年中央经济工作会议于1995年12月5—7日召开，会议围绕经济体制改革和经济增长方式转变提出了1996年的四项主要工作任务：继续加强农业基础地位，力争农业和农村经济有新的发展；切实加快国有企业改革步伐，务求取得明显进展；继续加强和改善宏观调控，创造良好的经济环境和经济秩序；努力提高对外开放水平，积极参与国际合作和竞争。

1996年中央经济工作会议于1996年11月21—24日召开，提出1997年要抓住宏观经济环境比较有利的时机，把经济工作的重点切实放在推进经济体制改革和转变经济增长方式上来，提出了六项工作任务：继续加强农业基础地位，促进农业持续稳定增长；切实加强企业管理，这不仅是深化企业改革的要求，也是企业工作中的当务之急；加大经济结构调整力度，逐步解决“大而全、小而全”和低水平重复建设问题；继续保持良好的宏观经济环境，进一步规范和整顿经济秩序；适应对外开放的新形势，努力提高对外贸易和利用外资的水平；继续改善城乡居民物质文化生活，促进经济和社会协调发展。

1997年中央经济工作会议于1997年12月9—11日召开，指出1998年经济工作主要任务是：加强农业基础地位，全面发展农村经济；打好国有企业改革攻坚战，改善国有企业经营状况；积极调整和优化经济结构，加速实现国民经济合理化布局，提高国民经济整体素质和效益；继续加强和改善宏观调控，为改革和发展提供更为有利的宏观经济环境；进一步扩大对外开放，不断提高对外开放水平；切实安排好群众生活，维护城乡社会稳定。

1998年中央经济工作会议于1998年12月7—9日召开，指出1999年经济工作三项重点是：稳定和加强农业；深化国有企业改革；搞好金融工作。

1999年中央经济工作会议于1999年11月15—17日召开，对2000年的经济工作做了全面部署，提出了五项主要任务：继续实施促进经济发展的一系列政策措施，扩大国内需求；大力调整经济结构，促进产业优化升级；加快科技进步，提高技术创新能力；深化以国有企业改革为中心环节的经济体制改革；进一步改善人民生活。

2000年中央经济工作会议于2000年11月28—30日召开，会议部署了2001年的主要任务：坚持扩大内需的战略方针，加强和改善宏观调控；把加强农业和增加农民收入放在经济工作的突出位置；加快体制改革和科技进步，推进经济结构的战略性调整；做好加入世界贸易组织的各项准备工作，迎接对外开放新阶段；注意关心和解决好人民生活问题；加强精神文明建设，促进社会全面进步。

2001年中央经济工作会议于2001年11月27—29日召开，指出2002年必须着重抓好以下几个方面的工作：坚持扩大内需的方针，继续实施积极的财政政策和稳健的货币政策；调整农业结构，深化农村改革，努力增加农民收入；进一步推进经济结构的战略性调整，着力抓好企业技术改造；不断深化经济体制改革，为加快发展和扩大开放创造良好的体制环境；以加入世界贸易组织为契机，进一步扩大对外开放；积极扩大就业，努力改善人民生活。

2002 年中央经济工作会议于 2002 年 12 月 9—10 日召开，会议提出，要围绕保持经济稳定增长和完善社会主义市场经济体制两大任务，着重把握好以下四个方面：坚持扩大内需的方针，继续实施积极的财政政策和稳健的货币政策；加快结构调整，提高经济增长的质量和效益；进一步推进改革开放，为发展提供强大动力；加强就业和社会保障工作，努力提高人民生活水平。

2003 年中央经济工作会议于 2003 年 11 月 27—29 日召开，会议提出，要从发展全局的高度，着重把握好以下几点：保持宏观经济政策的连续性和稳定性；把解决好“三农”问题作为全党工作的重中之重；紧紧抓住结构调整这条主线；不失时机地深化经济体制改革；充分利用国际国内两个市场、两种资源；认真解决好关系人民群众切身利益的问题。

2004 年中央经济工作会议于 2004 年 12 月 3—5 日召开，会议提出 2005 年的主要任务：继续加强和改善宏观调控，确保经济平稳较快发展；继续加大对“三农”的支持力度，保持农业和农村发展的好势头；大力推进结构调整，促进经济增长方式转变；着力推进经济体制改革，建立健全全面协调可持续发展的制度保障；统筹国内发展和对外开放，增强国际竞争力；坚持以人为本，努力构建社会主义和谐社会。

2005 年中央经济工作会议于 2005 年 11 月 29 日—12 月 1 日召开，会议部署了下年经济工作八项主要任务：稳定宏观经济政策，保持经济平稳较快增长的良好势头；扎实推进社会主义新农村建设，进一步做好“三农”工作；全面增强自主创新能力，不断推进产业结构调整；大力节约能源资源，加快建设资源节约型、环境友好型社会；继续推动东中西良性互动，促进区域经济协调发展；加快推进体制改革，完善落实科学发展观的体制保障；积极实施互利共赢的开放战略，进一步提高对外开放水平；着力解决人民群众最关心、最直接、最现实的利益问题，推动和谐社会建设。

2006 年中央经济工作会议于 2006 年 12 月 5—7 日召开，会议提出了 2007 年经济工作八项主要任务：坚持加强和改善宏观调控，保持和扩大经济发展的良好势头；坚持以发展农村经济为重点，扎实推进社会主义新农村建设；坚持以节约能源资源和保护生态环境为切入点，积极促进产业结构优化升级；坚持提高自主创新能力，加快建设创新型国家；坚持落实区域发展总体战略，推进城镇化健康发展；坚持深化体制改革，加快形成落实科学发展观的体制机制保障；坚持互利共赢的开放战略，提高对外开放水平；坚持以人为本，不断促进社会和谐。

2007 年中央经济工作会议于 2007 年 12 月 3—5 日召开，会议提出了 2008 年经济工作的主要任务：完善和落实宏观调控政策，保持经济平稳较快发展的好势头；切实加强农业基础地位，增强农业和农村经济发展活力；提高自主创新能力，推进产业结构优化升级；加大攻坚力度，确保节能减排取得重大进展；促进区域协调发展，积极稳妥推进城镇化；全面深化改革，完善推动科学发展、促进社会和谐的体制机制；提高开放型经济水平，开创对外开放新局面；着力改善民生，促进社会和谐。

2008年中央经济工作会议于2008年12月8—10日召开，会议提出了2009年经济工作的重点任务：加强和改善宏观调控，实施积极的财政政策和适度宽松的货币政策；巩固和发展农业农村经济好形势，保障农产品有效供给、促进农民持续增收；加快发展方式转变，推进经济结构战略性调整；深化改革开放，完善有利于科学发展的体制机制；着力解决涉及群众利益的难点热点问题，切实维护社会稳定。

2009年中央经济工作会议于2009年12月5—7日召开，会议提出了2010年经济工作的主要任务：提高宏观调控水平，保持经济平稳较快发展；加大经济结构调整力度，提高经济发展质量和效益；夯实“三农”发展基础，扩大内需增长空间；深化经济体制改革，增强经济发展动力和活力；推动出口稳定增长，促进国际收支平衡；着力保障和改善民生，全力维护社会稳定。

2010年中央经济工作会议于2010年12月10—12日召开，会议提出了2011年经济工作的主要任务：加强和改善宏观调控，保持经济平稳健康运行；推进发展现代农业，确保农产品有效供给；加快经济结构战略性调整，增强经济发展协调性和竞争力；完善基本公共服务，创新社会管理机制；加大改革攻坚力度，推动经济发展方式转变；坚持互利共赢的开放战略，拓展国际经济合作空间。

2011年中央经济工作会议于2011年12月12—14日召开，会议提出了2012年经济工作的主要任务：继续加强和改善宏观调控，促进经济平稳较快发展；坚持不懈抓好“三农”工作，增强农产品供给保障能力；加快经济结构调整，促进经济自主协调发展；深化重点领域和关键环节改革，提高对外开放水平；大力保障和改善民生，加强和创新社会管理。

2012年中央经济工作会议于2012年12月15—16日召开，会议提出了2013年经济工作的主要任务：加强和改善宏观调控，促进经济持续健康发展；夯实农业基础，保障农产品供给；加快调整产业结构，提高产业整体素质；积极稳妥推进城镇化，着力提高城镇化质量；加强民生保障，提高人民生活水平；全面深化经济体制改革，坚定不移扩大开放。

2013年中央经济工作会议于2013年12月10—13日召开，会议提出了2014年经济工作的主要任务：切实保障国家粮食安全；大力调整产业结构；着力防控债务风险；积极促进区域协调发展；着力做好保障和改善民生工作；不断提高对外开放水平。

2014年中央经济工作会议于2014年12月9—11日召开，会议提出了2015年经济工作的主要任务：努力保持经济稳定增长；积极发现培育新增长点；加快转变农业发展方式；优化经济发展空间格局；加强保障和改善民生工作。

2015年中央经济工作会议于2015年12月18—21日召开，会议提出了2016年经济工作的主要任务：积极稳妥化解产能过剩；帮助企业降低成本；化解房地产库存；扩大有效供给；防范化解金融风险。

2016年中央经济工作会议于2016年12月14—16日在北京举行，会议指出，继续深化供给侧结构性改革：深入推进“三去一降一补”；深入推进农业供给侧结构性改革；着力振兴实体经济；促进房地产市场平稳健康发展。

思考题

1．2017年经济工作的主要任务是什么？
2．如何判断一个国家的宏观经济形势？
3．分析我国经济的几种调控手段。
4．讨论经济周期不同阶段的策略选择。

参考文献

[1] 闫坤，张鹏．“稳中求进”框架下货币和财政政策选择[N]．经济参考报，2012-05-10.
[2] 温家宝．关于当前的宏观经济形势和经济工作[J]．求是，2011（17）：3-8.
[3] 王国刚．坚持实施稳健货币政策[N]．经济日报，2012-01-16.
[4] 刘杰．浅谈应对经济周期的策略选择[J]．商场现代化，2008（5）：389.
[5] 中央宣传部理论局．从怎么看到怎么办——理论热点面对面[M]．北京：学习出版社，人民出版社，2011.
[6] 中华人民共和国国家统计局．一季度国民经济运行开局良好 [EB/OL][2017-04-17]．http://www.stats.gov.cn/tjsj/zxfb/201704/t20170417_1484963.html.

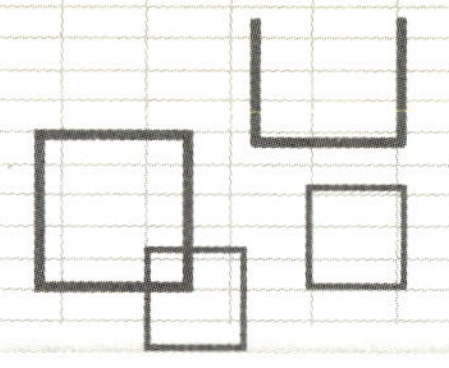

专题四 加快转变经济发展方式，推进经济结构战略性调整

党的十八大提出，要适应国内外经济形势新变化，加快形成新的经济发展方式，把推动发展的立足点转到提高质量和效益上来，着力激发各类市场主体发展新活力，着力增强创新驱动发展新动力，着力构建现代产业发展新体系，着力培育开放型经济发展新优势，使经济发展更多依靠内需特别是消费需求拉动，更多依靠现代服务业和战略性新兴产业带动，更多依靠科技进步、劳动者素质提高、管理创新驱动，更多依靠节约资源和循环经济推动，更多依靠城乡区域发展协调互动，不断增强长期发展后劲。党中央、国务院提出深入贯彻落实科学发展观、加快经济发展方式转变的重点、基本思路，为我国的经济转型指明了方向和道路。调整经济结构、转变发展方式，对于推进我国经济可持续发展、提高经济发展质量、推动经济社会协调发展具有重大意义。

一、转变发展方式的理论依据

我国在 1995 年制定“九五”计划时，就正式提出要实现经济增长方式的转变。党的十七大报告指出，实现未来经济发展目标，关键要在加快转变经济发展方式、完善社会主义市场经济体制方面取得重大进展。2010 年的《政府工作报告》中就提出“转变经济发展方式刻不容缓”。“转变经济发展方式”成为当年两会的核心和代表热议的主题。党的十八届五中全会提出，要以发展理念转变引领发展方式转变，以发展方式转变推动发展质量和效益提升，坚持稳中求进，统筹推进经济建设、政治建设、文化建设、社会建设、生态文明建设和党的建设，确保如期全面建成小康社会，为实现第二个百年奋斗目标、实现中华民族伟大复兴的中国梦奠定更加坚实的基础。《中共中央关于制定国民经济和社会发展第十三个五年规划的建议》（以下简称《建议》）中指出，“十三五”时期，是全面建设小康社会的关键时期，是深化改革开放、加快转变经济发展方式的攻坚时期。适应、把握、引领经济发展新常态，着力推进供给侧结构性改革，推动产业结构升级，必须以加快转变经济发展方式为主线，坚持把经济结构战略性调整作为加快转变经济发展方式的主攻方向。

（一）经济发展方式转变的内涵

经济发展方式的转变，一方面，包含了经济增长方式的转变，即从粗放的数量扩张型的经济增长方式转变为集约的效率提升型的经济增长方式；另一方面，也包含了经济结构的调整与优化。从经济资源配置的角度来看，经济增长方式转变关系到资源的利用效率，而经济结构优化则关系到资源的配置效率。经济增长强调的是财富“量”的增加，经济发展强调的是经济“质”的提高。经济增长方式，一般是指通过改善生产要素组合来实现经济增长的模式。经济发展方式不仅包括经济增长，还包括经济结构、城乡结构、区域结构的优化，经济发展成果的合理分配，经济发展与自然的和谐等。

（二）经济转型的概念

调整经济结构，转变经济发展方式的实质就是经济转型。经济转型是指一个国家或地区的经济结构和经济制度在一定时期内发生的根本变化。具体地讲，经济转型是经济体制的更新，是经济增长方式的转变，是经济结构的提升，是支柱产业的替换，是国民经济体制和结构发生的一个由量变到质变的过程。任何一个国家在实现现代化的过程中都会面临经济转型的问题。即使是市场经济体制完善、经济非常发达的西方国家，其经济体制和经济结构也存在着现存经济制度向更合理、更完善经济制度转型的过程，也存在着从某种经济结构向另一种经济结构过渡的过程。

经济转型可以分为体制转型和结构转型。体制转型是指从高度集中的计划再分配经济体制向市场经济体制转型。体制转型的目的是在一段时间内完成制度创新。结构转型的目的是实现经济增长方式的转变，从而在转型过程中改变一个国家和地区在世界和区域经济体系中的地位。经济结构包括产业结构、技术结构、市场结构、供求结构、企业组织结构和区域布局结构等。因此，结构转型又包括产业结构调整、技术结构调整、市场结构调整、供求结构调整、企业组织结构调整和区域布局结构调整等。

新中国成立以来我国已经发生了三次经济转型：第一次大转型是社会根本制度的转型，是指从新民主主义社会向社会主义社会的全面转型；第二次大转型是经济体制的转型，是从计划经济体制向市场经济体制的转型；第三次大转型主要是发展方式的转型。我国经济处于从速度效益型经济向质量效益型经济、从低端经济向高端经济、从制造经济向创新经济、从制造业经济向服务业经济、从外需经济向内需经济转型的时期。

二、转变发展方式的现实基础

转变经济发展方式是我国经济发展的迫切要求。从国际上看，国家之间的竞争基本上就是发展方式的竞争。从国内看，人口老龄化加快，劳动力低成本优势减弱，能源资源约束强化，我国原有发展方式不可持续。近年来，我国积极推进经济发展方式转变，取得了一定进展，但是我国发展方式依然是粗放型的，效率总体不高，代价过高过大，发展的不平衡、不协调、不可持续矛盾仍十分突出。

（一）经济发展的动力结构失衡

投资、消费和出口被称为拉动经济的三驾马车，我国经济发展主要依靠投资扩大和出口拉动，消费需求明显不足，拉动经济增长的“三驾马车”不平衡、不协调，消费对经济增长的拉动作用较弱。

经济发展主要依靠投资特别是政府投资，除了投资效率下降、银行的呆账坏账上升以外，还会产生下列问题：如果投资管理不慎就会出现没有社会效益和经济效益的“政绩工程”；政府作为投资主体，资源配置影响力较大，可能损害市场配置资源的能力，从而造成“国进民退”，不利于社会主义市场经济的完善。

我国的外贸依赖度非常高，特别是沿海地区的经济主要依赖于出口。当国际市场对中国产品有巨大需求时，经济发展过度依赖出口，造成了大量外汇占款。外汇占款是银行收购外汇资产而相应投放的本国货币。我国贸易顺差大量存在迫使中央银行不得不大量发行人民币收购外汇，一方面导致了国内通胀，另一方面大量外汇在对外投资特别是购买美国国债难以实现增值保值，结果成为“烫手的山芋”。当国际金融危机到来，我们出口受阻时，依赖出口的企业收缩经营规模甚至倒闭，导致国民经济增长速度下滑和失业人口增加，带来了一系列经济和社会生活问题。因此经济增长过度依赖出口存在两种风险：出口顺畅时可能诱发通胀，出口受阻时可能产生滞胀。

生产是消费的基础，消费反作用于生产。经济增长的最终动力来自于消费，没有消费需求，社会生产总产品无法实现价值转化，最终造成社会资源的浪费。2016 年全年最终消费支出对国内生产总值的贡献率为 64.6%；对比 2015 年的 66.4%有所下降。国际货币基金组织副总裁朱民 2013 年 1 月 16 日在经济学人峰会上表示，从 1990 年到现在，发达国家消费占 GDP 的比例上升，由 76%升至 85%。与发达国家相比，我国目前消费需求拉动经济的动力仍然不足。

（二）经济增长方式的不可持续

粗放型经济增长方式是在技术水平较低的情况下，主要依靠人力、物力、财力等生产要素的增加来驱动经济增长。我国是一个人均资源相对匮乏的国家，人均耕地、淡水、森林、草原分别只有世界平均水平的 1/3、1/4、1/5 和 1/2，因此，经济快速增长与国内资源供给相对不足的矛盾日益突出。粗放型经济增长方式能源资源的消耗速度超过了经济增长速度，能源资源利用率低，单位产品的能耗普遍高于世界平均水平。2012 年 6 月，时任国家能源局副局长吴吟在第十五届科博会中国能源战略高层论坛做主题发言时表示：“我国能源效率总体仍偏低。国内生产总值占全世界 GDP 9%左右，而能源消费翻了一番。目前我国单位 GDP 能耗是世界平均水平的 2.5 倍，美国的 3.3 倍，也高于巴西、墨西哥等发展中国家。”按照简单的测算，2020 年我们国家要消耗 55 亿吨标煤，2030 年要消费 75 亿吨标煤，相当于目前经济合作与发展组织（OECD）国家消费总量的总和，他们总和也就是 75 亿吨标煤，这势必影响我国经济的可持续发展。全社会从业人员劳动生产率比较低，在财经中国 2012 年年会上，全国人大常委会原副委员长蒋正华在主旨演讲中表示，中国的各个产业部门跟德国的产业部门相比，劳动生产率偏低，最低的一个产业部门，中国的劳动生产率只有德国的 7%。亚洲开发银行发布《亚洲发展展望 2013》报告认为，中国的劳动生产率水平仍然较低。在可获得数据的最近几年，中国年度劳动生产率为每人 3 700 美元，远远低于韩国的每人 27 800 美元和新加坡的每人 51 200 美元。

2016 年,最终消费支出对 GDP 的贡献率达 64.6%。战略性新兴产业、高技术制造业发展势头良好，高技术产业增加值增长 10.8%，比规模以上工业快 4.8 个百分点。服务业引领带动作用增强，第三产业增加值占 GDP 的比重为 51.6%，比 2015 年提高 1.4 个百分点。这些都表明经济结构不断优化。

（三）产业结构的依然不合理

中国经济主要是依赖第二产业来支撑，现在资源和环境约束日益加剧，已经成为制约中国经济发展最大的瓶颈。

2014 年我国 GDP 首破 60 万亿元，达到 636 463 亿元，同比增长 7.4%。分季度看，一季度同比增长 7.4%，二季度同比增长 7.5%，三季度同比增长 7.3%，四季度同比增长 7.3%。分产业看，第一产业增加值 58 332 亿元，比 2013 年增长 4.1%；第二产业增加值 271 392 亿元，增长 7.3%；第三产业增加值 306 739 亿元，增长 8.1%。从环比看，四季度国内生产总值增长 1.5%。

2015 年，面对错综复杂的国际形势和不断加大的经济下行压力，党中央、国务院保持战略定力，统筹谋划国际国内两个大局，坚持稳中求进的工作总基调，主动适应引领新常态，以新理念指导新实践，以新战略谋求新发展，不断创新宏观调控，深入推进结构性改革，扎实推动“大众创业、万众创新”，经济保持了总体平稳、稳中有进、稳中有好的发展态势。

初步核算，2016 年全年国内生产总值 744 127 亿元，按可比价格计算，比 2015 年增长 6.7%。分季度看，一季度同比增长 6.7%，二季度增长 6.7%，三季度增长 6.7%，四季度增长 6.8%。分产业看，第一产业增加值 63 671 亿元，比 2015 年增长 3.3%；第二产业增加值 296 236 亿元，比 2015 年增长 6.1%；第三产业增加值 384 221 亿元，比 2015 年增长 7.8%。

我国的经济结构调整取得一定进步，但是，我国产业结构不合理的问题仍然十分突出，严重制约着经济的整体增长和总体效益的提高。从农业来看，我国农业基础依然薄弱，“三农”问题长期没有得到彻底解决，不仅影响农民收入水平和消费水平的提高，而且影响农村市场的开拓，进一步制约着其他产业乃至整个国家经济的快速增长。从工业来看，我国工业增加值占国内生产总值的比重过高，超出发达国家工业化时期的最高值。从服务业来看，西方发达国家的服务业占到 GDP 的 70%，它的生产性服务业又占服务业的 70%。2016 年服务业占 GDP 比重已上升为 51.6%，比 2015 年提高 1.4 个百分点。但是，服务业难以满足产业结构升级的需要，难以满足人民生活水平提高的需要。产业结构不合理，加大了资源环境压力和就业压力，也制约着国民经济整体效益的提高和经济的持续发展。

（四）创新驱动任重道远

目前，国际学术界把具备创新综合指数明显高于其他国家、科技进步贡献率在 70%以上、全社会研究开发投入占国内生产总值的比重在 2%以上、对外技术的依存度在 30%以下等特点的这一类国家称为创新型国家。

根据国家统计局发布的《2016 年国民经济和社会发展统计公报》数据显示，2016 全年研究与试验发展（R&D）经费支出 15 500 亿元，比 2015 年增长 9.4%，2016 年我国研发经费投入强度（研发经费与 GDP 之比）为 2.08%，与发达国家 3%～4%的水平相比仍有较明显的差距。

面对国内外复杂严峻的局面，面对经济下行和三期叠加（增长速度换档期，结构调整阵痛期，前期刺激政策消化期）的压力，我国要顺利实现从要素驱动向创新驱动的转变，就必须正视当前自主创新所面临的各种实际问题，破除各种制约创新能力提升的障碍。

（五）经济社会发展不协调

我国工业化水平已达到中期阶段，但城市化率仍处在较低的水平。经济发展与教育、科技、文化、医疗卫生、环境保护发展不协调，收入差距较大，基本保障和公共服务发展不足，社会事业发展严重滞后于经济发展。

随着我国总体发展水平的不断提升，城乡之间、区域之间发展不平衡和社会不同阶层之间收入差距较大的问题也越来越凸显出来。城市与农村二元经济的结构没有得到根本改变，城乡发展不协调问题十分突出。区域发展很不平衡，中国西部地区的发展远滞后于东部地区的发展。经济增长的成果人民共享问题有待改善，当前贫富差距扩大，收入分配关系不合理问题突出。社会保障、住房、医疗、教育等领域存在着诸多亟待解决的十分突出的问题。

三、经济新常态下转变经济发展方式

加快转变经济发展方式是国家经济发展战略大局。1995 年中国共产党十四届五中全会提出“经济增长方式从粗放型向集约型转变”，2007 年 10 月召开的党的十七大明确地提出了转变经济发展方式的战略任务，十八大报告进一步强调“以科学发展为主题，以加快转变经济发展方式为主线，是关系我国发展全局的战略抉择。”

（一）经济新常态最核心的内涵是转变经济发展方式

2014 年 5 月习近平在河南考察时首次提出“新常态”概念，所谓新常态，就是指新的普遍性表现形式，经济的新常态就是经济发展表现出不同于以往的新的持续性和普遍性的发展形态。这种形态主要有三个方面的特点：①经济增长速度由高速增长转入中高速或者中速增长；②经济结构不断优化升级，发展成果惠及更广大民众；③从要素驱动、投资驱动转向创新驱动。第一个特征已经是事实；而后两个特征是期望目标，需要经过努力才能实现。在经济增速放缓、产能过剩的情况下，传统的通过规模扩张获取效益的发展模式已经不能适应“新常态”发展要求。随着经济增速放缓，成本高、效率低的问题也就显现出来，这就倒逼经济发展方式要转型升级，经济发展的效益就必须通过提高效率、降低成本来实现。经济新常态背景下，只有通过转变发展方式才能实现结构优化、创新驱动，进而实现发展成果惠及更广大民众。因此可以说，经济新常态最核心的内涵就是转变经济发展方式。

（二）经济新常态下转变经济发展方式的要求

在我国经济转入中高速增长的新常态下，转变经济发展方式，不能像过去那样单纯地从资源、劳动、技术等生产要素优化配置或单纯从企业、政府、社会等主体协同参与等角度探寻解决之道，必须从制度层面进行系统的理论研究和设计。

1. 推动发展方式转变的根本动力在于技术创新与制度创新

制度创新是促进技术创新，尤其是重大技术创新的重要前提，因此实现创新驱动，进而实现发展方式转变一定要建立“具有活力和竞争性，同时又具有秩序和公正性”的社会制度。在新常态下要通过完善社会主义市场经济体制、完善收入分配制度、完善社会公共服务体制、改善公共治理结构，为发展方式转变提供制度保障。应在市场竞争机制、现代企业制度、价格形成机制、社会诚信体系等方面加强制度建设。

2．转变经济发展方式中政府与市场关系与政府职能研究

党的十八届三中全会创造性地提出市场在资源配置中起决定性作用，同时提出要加快转变政府职能，把如何处理好政府与市场关系问题作为转变发展方式的核心问题。

我国经济发展方式转变不畅，重要的体制原因是政府职能未根本转变，政府与市场作用边界不清。加快政府职能转变要明确政府职责，科学地进行宏观调控，从制度上更好地发挥市场在资源配置中的决定性作用，使政府更有效地进行社会治理，推进行政审批制度的改革，构建有效的政府规制体系，促进产业政策的优化调整，实现经济发展方式的转变。

经济发展方式转变能否实现依赖于政府转型，而政府转型有两个向度，即政府从“主导市场经济”转向“服务市场经济”、从“经济建设型”转向“公共服务型”，这是发展方式转变的前提和关键。要推进经济发展方式转变进程，必须充分发挥政府“有形之手”和市场“无形之手”的作用，将二者结合起来。

3．转变经济发展方式，必须依靠新的经济增长驱动形式

科技创新成为转变经济发展方式的重要驱动已经成为共识。我国经济进入由高速增长转向中高速增长阶段，这个阶段我国必须大力实施“创新驱动战略”，以便在低成本要素投入的优势丧失前，实现由技术模仿和技术引进的经济发展方式向以技术创新为主导的经济发展方式转换。

实现发展方式转变的关键在于推动创新驱动，要通过解放思想、促进教育进步、制度改革、发挥企业自主性等方式推动自主创新。

四、调整经济结构、转变发展方式的意义

国务院发展研究中心宏观经济部部长余斌说过:“在经过了 30 多年的持续高速增长之后，我国原有增长动力逐步减弱，传统竞争优势逐步丧失，唯有通过经济结构调整、转变经济发展方式，成功实现增长动力的转换，培育起新的竞争优势，才能保持国民经济持续稳定发展。”

历经 30 余年改革开放快速发展的中国，必须向更新、更高的层次转型和跨越，而经济结构调整是转换增长动力、培育新的竞争优势，从而推动我国经济在更长时期内保持平稳较快发展的根本途径。

（一）推进经济可持续发展

新中国成立 60 多年来特别是改革开放 30 多年来，我国经济发展取得了辉煌成就，在经济总量迅速扩大的同时，经济结构不断得到调整和优化。但经济结构不合理的深层次矛盾和问题始终存在。李克强同志在“关于调整经济结构促进持续发展的几个问题”中，提出了转变发展方式的必然性。

（1）推进经济结构调整是顺应后国际金融危机时期世界经济发展趋势的必然要求。首先，世界经济总体上出现回暖迹象，但是各种形式的保护主义抬头，对我国外需形成较大制约。其次，发达国家过度依赖虚拟经济的增长模式受到很大冲击。世界经济原有增长

模式难以为继，发展格局面临深度调整。第三，世界科技创新孕育新突破，产业升级步伐加快。第四，我国经济结构调整面临的外部压力有所加大。加快经济发展方式转变和经济结构调整，进一步做好应对气候变化、能源资源合作等方面的工作，有利于保持和平发展的外部环境。

（2）推进结构调整是解决国内经济发展深层次矛盾的根本举措。从需求结构看，主要是内需与外需、投资与消费失衡，长期依赖投资、外需拉动经济增长，不利于国民经济良性循环；从产业结构看，农业基础薄弱、工业大而不强、服务业发展滞后，产业结构不合理加大了资源环境压力和就业压力，也制约着国民经济整体素质的提高和经济的持续发展；从城乡和区域结构看，城镇化发展滞后、中西部地区发展滞后、城乡和区域之间生活条件和基本公共服务差距较大，不仅关系到内需扩大和发展空间拓展，也关系到社会和谐稳定；从要素投入结构看，主要是资源消耗偏高，经济发展与资源环境的矛盾。解决上述这些矛盾是我国现代化建设中需要长期面对的重大挑战。

（3）推进经济结构调整是巩固当前经济回升向好势头的迫切需要。我国经济增长的内生动力不足，巩固和发展经济回升向好的势头，需要挖掘需求潜力；同时，针对部分行业尤其是一些高耗能、高排放行业产能过剩的情况，也需要及时淘汰落后产能，防止重复建设。这方面动手越早损失越小，动手越晚代价越大。调整经济结构，有利于保持经济平稳较快发展。

总之，经济结构调整是促进经济又好又快发展的有效保证。要把调整经济结构作为转变经济发展方式的重要内容，从解决对国民经济影响较大的结构性问题入手，既为当前保持经济平稳较快发展提供支撑，又为实现未来发展目标创造条件。

（二）提高经济发展质量

国家发改委宏观经济研究院前副院长王一鸣认为，提高经济增长质量和效益的内涵和要求是：从宏观层面讲，提高经济增长质量，主要是提高国民经济投入产出率，提高劳动生产率，提高全要素生产率，提高资源利用率，增强经济增长的可持续性；提高经济增长效益，主要体现在劳动报酬和居民收入增长上，还体现在企业利润和财政收入增加上。这就要求提高经济增长质量和效益，要切实改变重数量轻质量、重速度轻效益的做法；着力提高劳动生产率，提高科技进步对经济增长的贡献率；要提高资源利用效率，增强经济增长与资源环境的协调性。

2017 年一季度，中国经济延续了稳中向好的发展态势，发展的质量在逐步提升。首先，从产业结构来看，贡献最大的是第三产业，第三产业的贡献超过了 60.0%，达到 61.7%。第三产业仍然是推动经济增长的最大力量；第二，从工业内部来看，工业内部传统行业也在增长，但是增长比较平稳。增长更好的是一些先进制造业，比如像高技术产业，一季度增长了 13.4%，装备制造业增长了 12.0%。工业内部也是一些先进的制造业增长速度更快，传统行业仍是平稳的增长。第三，一些传统行业，在供给侧结构性改革的推动下，淘汰落后产能，提高产品的工艺、技术和装备水平，这些产品的竞争力、品质、工艺水平等都有所提高。

我国矿产资源总回收率和共伴生矿产资源综合利用率平均分别仅为 30%和 35%左右，比国际先进水平低 20%；我国金属矿山尾矿的综合利用率约 10%，远低于发达国家 60%

的利用率；我国工业“三废”综合利用率总体偏低，如粉煤灰的利用率为 48%，煤矸石为 38%。在品种上，我国综合利用的矿种只占可以开展综合利用矿种总数的 50%左右。在数量上，我国铜铅锌矿产伴生金属冶炼回收率平均为 50%左右，发达国家平均在 80%以上，相差 30 个百分点左右。我国伴生金的选矿回收率只有 50%～60%，伴生银的选矿回收率只有 60%～70%，与国外先进水平相比均落后 10%左右。

党的十八大报告提出，要适应国内外经济形势新变化，加快形成新的经济发展方式，把推动发展的立足点转到提高质量和效益上来。我国经济社会发展中长期存在不平衡、不协调、不可持续问题，“高投入、高排放、高污染、低质量、低效益”的粗放发展方式难以为继，在经济持续发展中瓶颈制约明显加大，已经很难适应全球需求结构的重大变化、我国可持续发展的要求和国际竞争中创造新优势的要求。

（三）保民生，推动经济社会协调发展

全面建成小康社会是“十三五”规划的最大任务，也是“十三五”时期必须完成的硬任务。因此，保民生、促民生是这个关键时期、关键规划的关键课题。习近平指出：“‘十三五’时期经济社会发展要努力在保障和改善民生、推进扶贫开发等方面取得明显突破。”从党的十八大以来习近平总书记的重要讲话中可梳理出五大民生法则，即底线法则、至上法则、公正法则、全面法则和创新法则。

在 2016 年 3 月两会，李克强总理所做的政府工作报告中强调：切实保障、改善民生，加强社会建设。为政之道，民生为本。我们要念之再三、铭之肺腑，多谋民生之利，多解民生之忧。财政收入增长虽放缓，但该给群众办的实事一件也不能少。

从着力扩大就业创业，发展更高质量更加公平的教育，协调推进医疗、医保、医药联动改革，织密织牢社会保障安全网，推进文化改革发展，加强和创新社会治理，生命高于一切、安全重于泰山等方面，强调保民生，推动经济社会协调发展。

拓展阅读

加快完善社会主义市场经济体制和加快转变经济发展方式

在当代中国，坚持发展是硬道理的本质要求就是坚持科学发展。以科学发展为主题，以加快转变经济发展方式为主线，是关系我国发展全局的战略抉择。

一、全面深化经济体制改革

深化改革是加快转变经济发展方式的关键。经济体制改革的核心问题是处理好政府和市场的关系，必须更加尊重市场规律，更好发挥政府作用。要毫不动摇巩固和发展公有制经济，推行公有制多种实现形式，深化国有企业改革，完善各类国有资产管理体制，推动国有资本更多投向关系国家安全和国民经济命脉的重要行业和关键领域，不断增强国有经济活力、控制力、影响力。毫不动摇鼓励、支持、引导非公有制经济发展，保证各种所有制经济依法平等使用生产要素、公平参与市场竞争、同等受到法律保护。健全现代市场体系，加强宏观调控目标和政策手段机制化建设。加快改革财税体制，健全中央和地方财力与事权相匹配的体制，完善促进基本公共服务均等化和主体功能区建设的公共财政体系，构建地方税体系，形成有利于结构优化、社会公平的税收制度。建立公共资源出让收益合理共享机制。深化金融体制改革，健全促进宏

观经济稳定、支持实体经济发展的现代金融体系，加快发展多层次资本市场，稳步推进利率和汇率市场化改革，逐步实现人民币资本项目可兑换。加快发展民营金融机构。完善金融监管，推进金融创新，提高银行、证券、保险等行业竞争力，维护金融稳定。

二、实施创新驱动发展战略

科技创新是提高社会生产力和综合国力的战略支撑，必须摆在国家发展全局的核心位置。要坚持走中国特色自主创新道路，以全球视野谋划和推动创新，提高原始创新、集成创新和引进消化吸收再创新能力，更加注重协同创新。深化科技体制改革，推动科技和经济紧密结合，加快建设国家创新体系，着力构建以企业为主体、市场为导向、产学研相结合的技术创新体系。完善知识创新体系，强化基础研究、前沿技术研究、社会公益技术研究，提高科学研究水平和成果转化能力，抢占科技发展战略制高点。实施国家科技重大专项，突破重大技术瓶颈。加快新技术新产品新工艺研发应用，加强技术集成和商业模式创新。完善科技创新评价标准、激励机制、转化机制。实施知识产权战略，加强知识产权保护。促进创新资源高效配置和综合集成，把全社会智慧和力量凝聚到创新发展上来。

三、推进经济结构战略性调整

这是加快转变经济发展方式的主攻方向。必须以改善需求结构、优化产业结构、促进区域协调发展、推进城镇化为重点，着力解决制约经济持续健康发展的重大结构性问题。要牢牢把握扩大内需这一战略基点，加快建立扩大消费需求长效机制，释放居民消费潜力，保持投资合理增长，扩大国内市场规模。牢牢把握发展实体经济这一坚实基础，实行更加有利于实体经济发展的政策措施，强化需求导向，推动战略性新兴产业、先进制造业健康发展，加快传统产业转型升级，推动服务业特别是现代服务业发展壮大，合理布局建设基础设施和基础产业。建设下一代信息基础设施，发展现代信息技术产业体系，健全信息安全保障体系，推进信息网络技术广泛运用。提高大中型企业核心竞争力，支持小微企业特别是科技型小微企业发展。继续实施区域发展总体战略，充分发挥各地区比较优势，优先推进西部大开发，全面振兴东北地区等老工业基地，大力促进中部地区崛起，积极支持东部地区率先发展。采取对口支援等多种形式，加大对革命老区、民族地区、边疆地区、贫困地区扶持力度。科学规划城市群规模和布局，增强中小城市和小城镇产业发展、公共服务、吸纳就业、人口集聚功能。加快改革户籍制度，有序推进农业转移人口市民化，努力实现城镇基本公共服务常住人口全覆盖。

四、推动城乡发展一体化

解决好农业农村农民问题是全党工作重中之重，城乡发展一体化是解决“三农”问题的根本途径。要加大统筹城乡发展力度，增强农村发展活力，逐步缩小城乡差距，促进城乡共同繁荣。坚持工业反哺农业、城市支持农村和多予少取放活方针，加大强农惠农富农政策力度，让广大农民平等参与现代化进程、共同分享现代化成果。加快发展现代农业，增强农业综合生产能力，确保国家粮食安全和重要农产品有效供给。坚持把国家基础设施建设和社会事业发展重点放在农村，深入推进新农村建设和扶贫开发，全面改善农村生产生活条件。着力促进农民增收，保持农民收入持续较快增长。

坚持和完善农村基本经营制度，依法维护农民土地承包经营权、宅基地使用权、集体收益分配权，壮大集体经济实力，发展农民专业合作和股份合作，培育新型经营主体，发展多种形式规模经营，构建集约化、专业化、组织化、社会化相结合的新型农业经营体系。改革征地制度，提高农民在土地增值收益中的分配比例。加快完善城乡发展一体化体制机制，着力在城乡规划、基础设施、公共服务等方面推进一体化，促进城乡要素平等交换和公共资源均衡配置，形成以工促农、以城带乡、工农互惠、城乡一体的新型工农、城乡关系。

五、全面提高开放型经济水平

适应经济全球化新形势，必须实行更加积极主动的开放战略，完善互利共赢、多元平衡、安全高效的开放型经济体系。要加快转变对外经济发展方式，推动开放朝着优化结构、拓展深度、提高效益方向转变。创新开放模式，促进沿海内陆沿边开放优势互补，形成引领国际经济合作和竞争的开放区域，培育带动区域发展的开放高地。坚持出口和进口并重，强化贸易政策和产业政策协调，形成以技术、品牌、质量、服务为核心的出口竞争新优势，促进加工贸易转型升级，发展服务贸易，推动对外贸易平衡发展。提高利用外资综合优势和总体效益，推动引资、引技、引智有机结合。加快走出去步伐，增强企业国际化经营能力，培育一批世界水平的跨国公司。统筹双边、多边、区域、次区域开放合作，加快实施自由贸易区战略，推动同周边国家互联互通。提高抵御国际经济风险能力。

我们一定要坚定信心，打胜全面深化经济体制改革和加快转变经济发展方式这场硬仗，把我国经济发展活力和竞争力提高到新的水平。

（本文为党的十八大报告的第四部分：加快完善社会主义市场经济体制和加快转变经济发展方式）

思考题

1．为什么说我国既有的经济增长方式难以为继，必须加快转变经济发展方式？

2．转变经济发展方式对你有何启示，你打算怎样提高自己的创新能力？

参考文献

[1] 胡锦涛．紧紧抓住历史机遇，承担历史使命，毫不动摇地加快经济发展方式转变[N]．人民日报，2010-02-04．

[2] 李克强．关于调整经济结构促进持续发展的几个问题[J]．求是，2010（11）：3-15．

[3] 郑新立．转变经济发展方式是刻不容缓的战略任务[J]．时事报告，2010（7）：8-21．

[4] 中华人民共和国国务院．中华人民共和国国民经济和社会发展第十三个五年规划纲要[R/OL]，[2016-03-17]．http://www.gov.cn/xinwen/2016-03/17/content_5054992.htm.

[5] 中华人民共和国国务院．政府工作报告（全文）[R/OL]，[2016-03-17]．http://www.china.com.cn/lianghui/news/2016-03/17/content_38052034.htm.

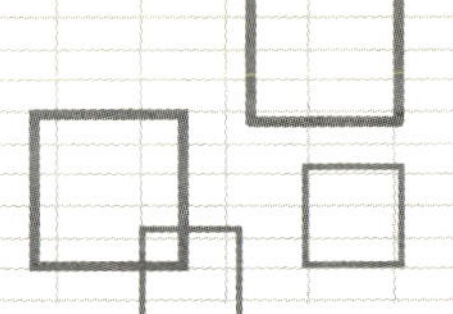
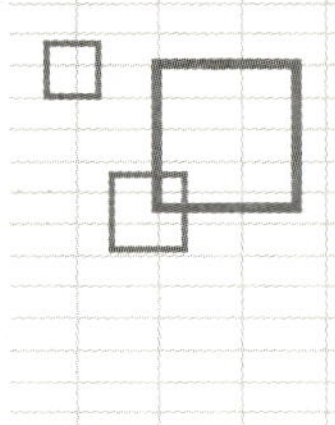

专题五

中国“三农”问题：现状与未来

中国现代化的根本问题是“三农”问题，农村不实现现代化，整个中国的现代化就不能实现，没有农村的现代化，就没有中国的现代化。现代化意味着工业化和城市化，在现代化进程中，传统的乡村将面临严峻的挑战。中国“三农”问题，不仅仅是现实问题，也是历史问题，是长达半个多世纪城乡矛盾积累的结果，在今天中国现代化进程加快的情况下表现得更为突出和尖锐。

一、“三农”问题的由来、现状、原因透视和对策

“三农”问题即农业、农村和农民问题。中国是个农业大国，更是个农民大国。所以有“农业兴，百业兴；农村稳，天下稳；农民富，国家富”的说法。20 世纪 90 年代以来，“三农”问题被归纳到一起，作为一个整体问题提了出来，引起了政府和社会各界的广泛关注和高度重视。近年来，“三农”问题更是成为全党经济工作的重中之重。

（一）“三农”问题的由来

新中国成立前后，广大农村实行土地改革，充分满足了广大农民群众耕者有其田的要求，调动了农民群众劳动生产的积极性，农业取得了很大成绩，同时也为国家工业化积累了资金。然而，随之而来的集体化运动，通过互助组、初级社、高级社到人民公社的快速演变，破坏了农民土地所有权和劳动自主权，在社教运动（1963—1965）和“文化大革命”（1966—1976）等政治教育运动之后，农村人口大规模增长，农民生活处于贫困状态，农业生产停滞不前，农村经济发展缓慢，中国“三农”困境已经大致形成。1978 年，安徽凤阳小岗村农民私下分田单干，揭开了中国农村改革的序幕，党的十一届三中全会之后，在全国农村推广安徽凤阳小岗村农民包产到户的创造，实行家庭联产承包责任制，中国“三农”困境才出现转折。改革的结果，一亩地粮食增加了两百多斤产量，既能满足家庭和集体经济的需要，也能满足国家和城市工业化的需要。到了 1984 年，中国农民过上了历史上几乎最好的日子。农村集体有了积累，乡镇企业异军突起，农民的非农就业和收入提高，大幅度拉动了城市工业品的需求，使中国改革迅速转向城市，中国经济也处于黄金增长时期。

20 世纪 80 年代后期，经济改革和政治改革出现波动，通货膨胀和政治风波相互影响，局势复杂，不仅让城市人感到不舒服，农民们更感到不适。粮食卖不出去，棉花、油料、烟草、麻、茶叶等都积压在农民手里，农民增产不增收。同时，农民还要为县乡基层财政和义务教育承担大部分费用，农民负担沉重浮到面上。1992 年，邓小平南方谈话，整个

国民经济重新起飞，城市的高速发展，支持了打工经济，一时民工成潮，农民收入有所增加，卖粮难也初步得到缓解。但到了20世纪90年代中期，中央政府逐渐感到财力不足，为加强中央政府宏观调控力度，全面推行分税制改革（国税与地税分开，中央与地方在税收分成中较以前占更大比重）。此项改革使地方尤其是乡镇财政日益空虚。同时，与城市经济发展得到国家大量投入支持相比，国家对农村社会经济发展投入太少，乡村落后的基础公共设施也得靠对农民集资或摊派解决，农民负担问题再次凸显。加上国企改革遇到巨大困难，亚洲金融风暴接踵而至，工人大量下岗分流，城市经济增长放缓，就业机会减少。“三农”问题再次突出：农民负担加重，种田亏本，非农就业机会供给严重不足使打工成本迅速上升，城乡居民收入差距继续拉大，农村经济发展严重滞后，城乡社会发展的不协调问题浮出水面。同时，在产业化和城市化过程中，侵害农民权益现象普遍，造成乡村干群关系紧张，上访人数剧增，群体事件频发，农村稳定受到威胁，人们开始注意到，“三农”问题不仅仅是经济问题，更是一个政治问题。

（二）“三农”问题的现状

近些年，各地区各部门认真贯彻落实党中央、国务院决策部署，切实加强“三农”工作，从2004年到2015年，取得了粮食生产十二连增，农民增收十二连快。2016年全国粮食总产量61 624万吨，比2015年减少520万吨，下降0.8%，仍是历史第二高产年。这些年随着综合国力的增强，尽管目前粮食和主要农产品产量大幅增加，但生产能力仍不稳固，供求关系仍然偏紧，农业稍有闪失就会影响经济发展和社会稳定的大局。“三农”问题依旧是我国首要解决的问题。目前而言，其现状如下：

1. 农业问题

农业仍然是制约国民经济的薄弱环节。集中表现为农民种的东西卖不出，自给自足的小农经济没有形成规模经济，农业产业化程度低。

（1）人口多，耕地少是我国的一个突出矛盾。根据调查显示，我国共有耕地18.27亿亩，但人均耕地也就1.4亩左右，只有世界平均水平的1/3。劳动力人均占有耕地是耕地面积较大国家的1%。如此的生产规模，即使搞成“绣花农业”，也无法实现整体的现代化。一些国际专家认为，在现在的生产力水平下，养活养好一个人不能少于4亩耕地。现在中国用一亩多的耕地养活了一个人，是一件很了不起的成就。但是，中国人均耕地毕竟太少，且中国有限的耕地以每年上百万亩的速度急剧减少。建工厂、修公路、盖住宅、发展小城镇、遍地开花的开发区，大量挤占耕地；工业污染、水土流失、生态破坏、环境恶化、洪涝灾害、过度放牧和掠夺式耕种，使大量耕地、草场越来越趋向贫瘠和荒漠化。

（2）农业产业化水平低。农业产业化作为新生事物，它的羽翼还不够丰满，筋骨还不够健壮，还需要社会大力保护和扶持。当前分散的一家一户的经营模式在短时间内难以改变，难以形成规模化生产。一方面是有限的土地集聚了太多的农业人口，大量的剩余劳动力短时间内难以转出去；另一方面，要使农业形成规模化生产，资金要作为一种要素投入进来，而资金要流入就必须至少分享社会平均利润，但我国农业生产目前产生不了社会平均利润，资金难以流入。同时，市场体系不够完善。就市场体系而言，农村集资市场覆盖率低，设施配套差，流通服务组织薄弱，农民自产的产品还得靠自己寻找出路。就服务体系而言，服务内容比较狭窄，手段落后，尤其是对产后服务显得更为薄弱。国家扶持资金向产业化倾斜力度不够，争取到的项目资金因财政困难难以即时、足额到位，集体经济薄弱，都在很大程度上制约着农业产业化的发展。

(3) 农业整体的利润水平较低。长期以来，农业生产环节利润水平不高是不争的事实，一方面是由于延续了多年的以农业支持工业发展的国家发展策略造成的长期影响，另一方面也是由于绝大多数农业生产者分散而力量薄弱，且进入门槛较低，并不具备产业链的议价能力。

此外，原材料、农资产品价格普涨，化肥、棚膜、柴油的价格在过去的几年里都有比较明显的价格上涨，推高了农业生产的成本。尽管农产品的价格也有所上涨，但是由于农业关乎数以亿计民众的吃饭问题，因此政府对终端农产品的价格增长采取了一定的调控措施，这对农业整体的利润水平产生了一定的负面影响。

总而言之，我国农业发展所面临的问题与以往有本质区别，农业、农村、农民的发展目标将由解决温饱为主转向全面建成小康社会，农民增收问题将越来越突出；农产品供求的主要矛盾将由总量矛盾转向总量基础上的结构和质量矛盾，核心是如何满足人民对高品质、多样化食品的需求；农业发展的制约因素将由过去主要受资源约束变为受资源、市场和环境约束，市场需求对农业发展的影响作用将越来越明显。

2．农村问题

农村问题集中表现为农村面貌落后、基础设施不齐全、经济不发达。农村发展缺乏公共财政的制度性保证。

(1) 公共产品与公共服务投入短缺。长期的投入不足，使得乡村公路、小型农田水利、通信设施等基础设施方面的建设普遍落后。农村公共卫生建设欠账多，新型农村合作医疗制度刚刚起步，支农资金严重分散。

(2) 免征农业税后，农民的其他负担依然较为沉重。除了农业生产资料涨价过快以外，主要是教育、医疗负担重，农民“因病致贫”“因学致贫”的问题比较突出。

(3) 城乡分割的“二元体制”坚冰难破。以往的户籍制度将城乡予以二元分割，形成了城乡之间经济发展、文化水平的较大差异，导致了农村的发展远远滞后于城市，两极分化明显。

(4) 缺乏适应市场经济发展要求的农村新型经济组织。

3．农民问题

在中国，农民不仅仅是职业概念，即从事农业生产的劳动者，更多的是一种身份指称，指城乡二元制度下，户口登记在农村、拥有农业户口的农村居民。随着改革的深入，附着在农民身上的身份标签将逐渐淡化、消除，农民这个概念将逐步还原为本来的职业称谓。在此进程中，农民问题呈现出明显的阶段性特征，突出表现在四个方面：

(1) 农民的土地问题。土地制度是农村的基础制度，是农村各项制度的核心。长期以来，我国人地矛盾突出。尤其是近年来，随着工业化城镇化加快和农民分化加深，农村土地问题更加凸显，各地农村土地纠纷不断。据农业部调查，近几年农民上访 65%以上是为了土地。

农民在土地方面面临的突出问题：一是土地承包关系不稳定；二是土地流转机制不健全；三是财产权益保障不力，主要是征地过程中侵害农民利益的问题比较突出。

一些地方征地规模过大，不尊重农民意愿，强行征地，补偿标准太低，对失地农民不能妥善安置。这方面的问题解决不好，会损害农民利益，妨碍现代农业发展，影响农村长期稳定。

（2）农民的收入问题。收入是农民最关心的问题。至 2016 年，农民收入连续 13 年较快增长，但增收基础还比较脆弱，增收渠道还有待拓宽，增收长效机制尚未建立，保持农民收入持续较快增长、实现到 2020 年翻一番的目标任务非常艰巨。

目前，农民在收入方面面临的主要问题：一是农民收入水平总体不高，收入的区域差距大。农民收入绝对数仍然不高。国家统计局的数据显示，2016 年，全国居民人均可支配收入 23 821 元，城镇居民人均可支配收入 33 616 元，农村居民人均可支配收入 12 363 元。在农村居民人均可支配收入方面，有 3 个省份超过了 2 万元大关，其中上海以 25 520 元高居榜首。有 6 个省份的农村居民人均可支配收入低于 1 万元，分别是贵州、青海、云南、西藏、陕西和宁夏，全部为西部省份。可见西部的农村经济仍十分落后。二是农业比较效益偏低，增产增收难度大。近年来，我国农业日益显现高成本特征，而农产品价格形成机制还不完善，农业比较效益仍然很低。农民说：“辛辛苦苦种一亩田，不如外出打几天工。”三是农民工就业稳定性差，工资水平不高。由于农民工劳动技能总体偏低，就业很不稳定。大部分农民工仍只拿“地板工资”，并未与城市职工实现同工同酬，如果算上劳保、社保等福利，实际收入差距更大。四是转移性收入和财产性收入占比偏低。转移性收入占比低，主要是目前国家对农民补贴规模还小，而发达国家政府补贴占农民收入的 40%～70%。财产性收入占比低，主要是集体收益分配权落实不到位，征地补偿标准低，农民不能合理分享土地增值收益。

（3）农民工问题。农民工是基本脱离农村而又没有真正融入城市、尚处于社会结构中第三元状态的一个庞大社会群体。全年农民工总量达 2.817 1 亿人，特别是新生代农民工已成为农民工大军的主要组成。

近年来，国家采取了一系列政策，有效解决了一些农民工问题，但仍存在不少突出问题：一是就业和劳动权益保障不充分。现在，二、三产业持续发展面临诸多挑战，企业转型升级带来挤出效应，促进农民工特别是新生代农民工稳定就业是一个很大难题。已经就业的农民工，由于城乡二元就业体制，劳动合同签订率低，劳动安全防护水平不高，恶意拖欠工资时有发生。二是农民工公共服务不完善。农民工还不能真正平等享受城市基本公共服务，特别是子女上学、看病就医、社会保障、住房租购等面临许多困难，农民工市民化进程不顺畅。三是农民工社会归属面临困境。农民工特别是新生代农民工，大多处在城市最底层，很容易被边缘化。绝大部分新生代农民工本身没有地，从来就没有种过地，也不想再回去种地。如果他们不能融入城市、融入主流社会，就会成为“漂泊一族”，甚至成为一种不确定的力量，对整个国家的和谐稳定和党的执政基础都将是一个重大考验。

（4）农民的发展问题。长期以来，我们更多重视农业发展和农村建设，对农民自身发展关注不多，积累下来的问题很多。一是农民的科技文化素质偏低。近年来，随着农村青壮年劳动力大规模转移就业，农业劳动力素质明显下降，“谁来种地、谁来养猪”的问题日益凸显。许多农民受教育程度低，不会运用先进的农业技术和装备，远不能适应现代农业发展要求。二是农民的组织化程度不高。目前，农村集体经济组织服务功能弱化，农民合作组织仍处于初级发展阶段。三是农民民主权利落实不够。农民权利保障机制还不完善，特别是在城乡二元体制下，农民仍缺少公平竞争、平等发展的机会和条件，当权益受到侵害时，缺乏正常的维权渠道。四是农民的现代公民意识仍较淡薄。人情礼法至上的思想观念仍在农村社会普遍存在，现代的民主法治观念和社会责任意识在农民中还没有普遍建立起来。

（三）"三农"问题产生的原因

"三农"是中国特有的词汇。在我国，由于各种各样复杂的原因，"三农"问题长期存在而且得不到有效解决，不断积累、变形，而形成重大的政治和经济问题，已经成为我国现代化进程中最令人困惑的问题之一。"三农"问题的产生和发展是一个历史过程，其形成原因也是多方面的，归纳起来主要有以下几个方面：

1．二元经济结构的转换滞后

二元经济结构由美国经济学家阿瑟·刘易斯提出，是指发展中国家现代化的工业和技术落后的传统农业同时并存的经济结构（现代经济与传统经济并存），即在农业发展还比较落后的情况下，超前进行了工业化，优先建立了现代工业部门。

从我国工业化的发展过程看，新中国成立后，为迅速摆脱经济落后的局面，我国采用了重工业超前发展战略。当时，我国的社会经济发展水平相当低。1952 年，全国人均国民生产总值仅 50 多美元，农业劳动力份额达 83.5%，农业净产值的比重为 70%。在这样的基础上搞工业化，农业必然成为筹集工业化资金的主渠道。据测算，1979 年以前的 29 年，农业部门为国家工业化提供的资金约 4 500 亿元。这种向工业倾斜的政策从全局和整体看是必要的、有效的，是在当时实行高度集权的计划经济体制下逐步形成的，适应当时的短缺经济，问题是这种重工业超前发展战略延续时间过长，使本来就落后的农业生产的物质技术条件得不到应有的改善。长久以来，许多地方在发展过程中并没有把城乡作为一个整体考虑，城乡发展的二元经济结构的存在，不仅使广大农民的生活水平提升较慢，也使城市特别是城市经济发展面临后劲不足的问题，最终必然会制约整个国民经济的增长。从 20 世纪 50 年代中期开始形成的城乡区别的二元经济结构，人为地从政治、经济和文化等方面把中国社会分割为城市和乡村两块，实行工农、城乡区别对待，将农民封锁在了有限的耕地上。在封闭的环境中，农村人口持续增加，耕地无限细分，农业效率低下，教育落后，生态破坏，农民贫困。因此，二元经济结构转换的相对滞后是"三农"问题产生的结构性根源。

2．城乡分割的户籍制度突破缓慢

中国的户籍制度与世界其他国家实行的居住地登记制度不同，其目的是把城乡人口的分布和劳动力配置固定起来。中国的户籍制度将中国划分为城市和乡村的"二元社会"，按不同的政策进行管理，是一种"城乡分治、一国两策"的户籍管理制度。以 1958 年 1 月颁布的《中华人民共和国户口登记条例》为标志，中国政府开始对人口自由流动实行严格限制和政府管制，明确将城乡居民划分为"农业户口"和"非农业户口"两种不同户籍。根据严格的户籍管理制度规定，一个人出生后，依据其母亲的户籍所在地进行户籍登记，除非政府认为有恰当的理由，或按照计划经济的统一安排，经公安部门批准，才可以改变户籍登记地。

“城乡分治、一国两策”的户籍管理制度有效地把农村人口控制在城市体系之外，城镇实现了全面的就业政策，并建立起与之配套的社会福利体制，造成农村居民与城镇居民权利和发展机会的不平等，加剧了城乡结构的失衡。由此可见，这种户籍制度牺牲了农民的利益，把农民限制在农村，农民是不能进城定居生活和寻找正式职业的，也不能够享受与城市居民同样的社会保障和公共服务。农民在就业、社会保障、公共服务以及公共教育等国民待遇上与城市居民存在着不可逾越的鸿沟。其后果是压抑、打击了农民的积极性，使农业生产长期徘徊，“八亿农民搞饭吃，饭还不够吃”，使短缺经济更加短缺，越短缺就越加强“城乡分治、一国两策”的体制，形成恶性循环。它是阻碍农村劳动力流动、城乡发展失衡的制度性根源。

3. 农村自然风险性和市场风险性的双重制约

传统农业是一个弱质产业，一方面由于农作物生命性、周期性、连续性等特点，易受诸多因素的影响，特别是受土地、气候等自然条件的制约，农业生产受自然条件和抗灾能力所限，风险性很大。加之长期以来人们对改造自然认识上的局限性，结果在农业生产中和设施建设上具有很大的盲目性、片面性，使农业生态系统遭到破坏，农业的基础免疫、抗灾能力弱化。因此，农业生产的风险性很大。另一方面农业生产者还要面临很大的市场风险，由于大宗农产品差异性较小，进入壁垒很低，生产者众多且比较分散，为此供给弹性较大，而其作为一种生活必需品需求弹性却较小，这种供给弹性大、需求弹性小的市场特点，使得在买方市场条件下很容易形成过度竞争的不利局面，造成丰产不丰收的现象。在中国受到自然风险性和市场风险性的双重制约，农业依然是国民经济发展的薄弱环节，投入不足、基础薄弱的状况没有改变，农村经济社会发展滞后的局面没有根本改观。因而，农业的弱质性是“三农”问题产生的内在性因素。

（四）解决“三农”问题的对策建议

到 2020 年全面建成小康社会，是我们党确定的“两个一百年”奋斗目标的第一个百年奋斗目标。“十三五”时期是全面建成小康社会决胜阶段。实现这一战略目标，短腿在农业，短板在农村，难点在农民，特别是还没有脱贫的农民，农业农村发展任务仍很艰巨。十八届五中全会审议通过的《中共中央关于制定国民经济和社会发展第十三个五年规划的建议》，为三农发展指明方向。

进入“十三五”，乘势而上推进农业现代化，拉长农业这条“四化同步”的短腿、补齐农村这块“全面小康”的短板。真正实现“四化同步”，最根本的就是以新发展理念开创“三农”工作新局面，即以创新发展激发“三农”活力，以协调发展补上“三农”短板，以绿色发展转变发展方式，以开放发展拓展“三农”空间，以共享发展增进农民福祉，这样就能不断巩固和发展农业农村好形势，实现“农业强起来、农民富起来、农村美起来”的新图景。

1. 转方式、调结构，加快农业现代化步伐

要着力加强农业供给侧结构性改革，提高农业供给体系质量和效率，使农产品供给数量充足，品种和质量契合消费者需要，真正形成结构合理、保障有力的农产品有效供给。当前，要高度重视去库存、降成本、补短板。

以市场需求为导向调整优化农业结构，大力发展农产品加工流通，积极拓展农业多种功能，促进粮经饲统筹、种养加结合、一二三产业融合发展；构建新型农业经营体系，引导土地经营权有序流转，发展多种形式适度规模经营，建立健全农业社会化服务体系，大力培育新型农业经营主体和新型职业农民；深化农业科技体制改革，促进农业科技成果转化应用，提高农业技术装备水平，给农业插上科技的翅膀。对于农业现代化的要求，党的十八届五中全会提出，大力推进农业现代化，加快转变农业发展方式，走产出高效、产品安全、资源节约、环境友好的现代化道路。

2．拓渠道、多形式，开启农民增收的多功能模式

地方各级党委和政府要坚持不懈厚植重农氛围，把农业农村工作放到重中之重位置。优先保障财政对农业农村投入，确保力度不减弱、总量有增加。要加大涉农资金的整合力度，发挥财政投入对结构性改革的引导作用，撬动更多社会资金投入农业农村。要挖掘农业内部潜力，促进一二三产业融合发展，用好农村资源资产资金，多渠道增加农民收入。

要深入推进精准扶贫、精准脱贫，确保完成脱贫攻坚目标任务。强化农村基层党组织建设，完善村民自治，提升乡村治理水平。要深入调查研究，尊重农民基层实践，不断开创农业农村工作新局面。农村一系列改革措施，最终的目的要落到农民增收上来。

3．建机制、促活力，让农村成为可以大有作为的广阔天地

一方面，依托农业功能的丰富性、乡村文化的独特性、绿水青山的生态性，大力发展休闲度假、旅游观光、养生养老、创意农业、农耕体验等新兴产业，完善农业产业链与农民的利益联结机制，让农村成为可以大有作为的广阔天地。另一方面，建好、管好、护好、运营好农村基础设施，加快发展农村教育、卫生、社保、文化等事业，实施精准扶贫、精准脱贫，坚决打赢脱贫攻坚战，推进农村劳动力转移就业创业和农民工市民化，让广大农民不断增强获得感，确保亿万农民与全国人民一道迈入全面小康社会。

二、习近平的“三农观”

“小康不小康，关键看老乡”“没有农村的小康，特别是没有贫困地区的小康，就没有全面建成小康社会”，习近平总书记多次讲过这样深刻的话。在迈向现代化的进程中，农村不能掉队；在同心共筑中国梦的进程中，不能没有数亿农民的梦想构筑。“中国要强，农业必须强；中国要美，农村必须美；中国要富，农民必须富。”

（一）农业强

1．农业强，必须依靠科技进步，走中国特色现代化农业道路

（1）农业出路在现代化，农业现代化关键在科技进步。我们必须比以往任何时候都更加重视和依靠农业科技进步，走内涵式发展道路。矛盾和问题是科技创新的导向。要适时调整农业技术进步路线，加强农业科技人才队伍建设，培养新型职业农民。

（2）解决好“三农”问题，根本在于深化改革，走中国特色现代化农业道路。要给农业插上科技的翅膀，按照增产增效并重、良种良法配套、农机农艺结合、生产生态协调的原则，促进农业技术集成化、劳动过程机械化、生产经营信息化、安全环保法治化，加快构建适应高产、优质、高效、生态、安全农业发展要求的技术体系。

（3）现代高效农业是农民致富的好路子。要沿着这个路子走下去，让农业经营有效益，让农业成为有奔头的产业。

（4）中国现阶段不是要不要农业的问题，而是在新形势下怎样迎难克艰、继续抓好的问题。新型工业化、信息化、城镇化、农业现代化中，农业现代化不能拖后腿。我们必须始终保持战略清醒。

（5）要加快推进农业现代化，夯实农业基础地位，确保国家粮食安全，提高农民收入水平。要加快建立现代农业产业体系，延伸农业产业链、价值链，促进一二三产业交叉融合。

2．农业强，必须深化农村改革

（1）深化农村改革，完善农村基本经营制度，要好好研究农村土地所有权、承包权、经营权三者之间的关系，土地流转要尊重农民意愿、保障基本农田和粮食安全，要有利于增加农民收入。

（2）要稳步推进农村改革，创造条件赋予农民更多财产权利。城镇化不是土地城镇化，而是人口城镇化，不要拔苗助长，而要水到渠成，不要急于求成，而要积极稳妥。

（3）农村要发展，根本要依靠亿万农民。要坚持不懈推进农村改革和制度创新，充分发挥亿万农民主体作用和首创精神，不断解放和发展农村社会生产力，激发农村发展活力。

（二）农民富

1．农民富，一个都不能少

（1）21 世纪以来，农民收入连续 9 年增长，生活水平不断提高，但全面建成小康仍极为艰巨。要大力促进农民增加收入，不要平均数掩盖了大多数，要看大多数农民收入水平是否得到提高。——2013 年习近平在山东农科院召开座谈会，听取农业专家、农业主管部门、基层干部意见时指出。

（2）要更加重视促进农民增收，让广大农民都过上幸福美满的好日子，一个都不能少，一户都不能落。

2．农民富，需要推进城乡发展一体化

（1）全面建成小康社会，难点在农村。我们既要有工业化、信息化、城镇化，也要有农业现代化和新农村建设，两个方面要同步发展。要破除城乡二元结构，推进城乡发展一体化，把广大农村建设成农民幸福生活的美好家园。

（2）要把工业和农业、城市和乡村作为一个整体统筹谋划，促进城乡在规划布局、要素配置、产业发展、公共服务、生态保护等方面相互融合和共同发展。着力点是通过建立城乡融合的体制机制，形成以工促农、以城带乡、工农互惠、城乡一体的新型工农城乡关系，目标是逐步实现城乡居民基本权益平等化、城乡公共服务均等化、城乡居民收入均衡化、城乡要素配置合理化，以及城乡产业发展融合化。把工业反哺农业、城市支持农村作为一项长期坚持的方针，坚持和完善实践证明行之有效的强农惠农富农政策，动员社会各方面力量加大对“三农”的支持力度，努力形成城乡发展一体化新格局。要坚持以改革为动力，不断破解城乡二元结构。要完善规划体制，通盘考虑城乡发展规划编制，一体设计，多规合一，切实解决规划上城乡脱节、重城市轻农村的问题。

3．农民富，要提高农民素质，培养造就新型农民队伍

（1）要切实办好农村义务教育，让农村下一代掌握更多知识和技能。

（2）扶贫要实事求是，因地制宜。要精准扶贫，切忌喊口号，也不要定好高骛远的目标。三件事要做实：一是发展生产要实事求是，二是要有基本公共保障，三是下一代要接受教育。各级党委和政府都要想方设法，把现实问题一件件解决，探索可复制的经验。

（3）要提高农民素质，培养造就新型农民队伍，把培养青年农民纳入国家实用人才培养计划，确保农业后继有人。要把加快培育新型农业经营主体作为一项重大战略，以吸引年轻人务农、培育职业农民为重点，建立专门政策机制，构建职业农民队伍，为农业现代化建设和农业持续健康发展提供坚实的人力基础和保障。

（4）要加大对农村地区、民族地区、贫困地区职业教育的支持力度，努力让每个人都有人生出彩的机会。

4．农民富，改善基础设施条件很重要

（1）贫困地区要脱贫致富，改善交通等基础设施条件很重要，这方面要加大力度，继续支持。

（2）特别是在一些贫困地区，改一条溜索、修一段公路就能给群众打开一扇脱贫致富的大门。

（3）要完善农村基础设施建设机制，推进城乡基础设施互联互通、共建共享，创新农村基础设施和公共服务设施决策、投入、建设、运行管护机制，积极引导社会资本参与农村公益性基础设施建设。

（三）农村美

1．建设美丽乡村

（1）实现城乡一体化，建设美丽乡村，是要给乡亲们造福，不要把钱花在不必要的事情上，比如说“涂脂抹粉”，房子外面刷层白灰，一白遮百丑。不能大拆大建，特别是古村落要保护好。

（2）推进农村人居环境整治，继续推进社会主义新农村建设，为农民建设幸福家园和美丽乡村。

（3）新农村建设一定要走符合农村实际的路子，遵循乡村自身发展规律，充分体现农村特点，注意乡土味道，保留乡村风貌，留得住青山绿水，记得住乡愁。

2．推动农村公共服务建设

（1）没有全民健康，就没有全面小康。要推动医疗卫生工作重心下移、医疗卫生资源下沉，推动城乡基本公共服务均等化，为群众提供安全有效、方便、价廉的公共卫生和基本医疗服务，真正解决好基层群众看病难、看病贵的问题。

（2）要推动形成城乡基本公共服务均等化体制机制，特别是要加强农村留守儿童、妇女、老人关爱服务体系建设。

三、“三农”新起点、新期盼

（一）“十三五”三农发展：用新理念破解新难题

2016 年 3 月《中华人民共和国国民经济和社会发展第十三个五年规划纲要》（下简称《纲要》）公布，这是指导我国“十三五”时期社会经济发展的纲领性文件。《纲要》对我国“十三五”时期农业发展的部署安排，可谓新亮点频现，用“六重”来概括就是：重新理念、重地位、重可持续、重质量、重体系、重市场。

1．重新理念

“十三五”规划纲要的设计，是建立在牢固树立和贯彻落实创新、协调、绿色、开放、共享的新发展理念基础之上的，因此，涉及农业的许多项目，其设计都从不同侧面展现了这五个新发展理念。其中，将新发展理念落实到实际能逐步实现的项目之中，如“创新农村金融服务”“大力发展生态友好型农业”就分别体现了“创新”“绿色”的农业发展新理念，这有助于让新发展理念在农业领域生根结果。

2．重地位

在《纲要》专门论述农业发展的章节中，第一句话就强调了农业地位，指出“农业是全面建成小康社会和实现现代化的基础”。这从两个方面阐述了农业的基础地位：一是从全面建成小康社会大政上看，2020 年全面建成小康社会是党的十八届五中全会提出的目标，农业被确定为全面建成小康社会的基础地位，使得农业地位更稳固，更具有战略性和现实性；二是从实现现代化的战略高度上看，要实现“中国梦”，必须实现现代化，农业现代化是现代化的“短板”，补齐这块“短板”，才能完全实现中华民族的伟大复兴，这进一步明确了农业在现代化中的地位。

3．重可持续

实现农业的绿色可持续发展，既为当代服务，也为子孙留下一个青山绿水，有助于创造农业发展与环境保护双赢的新格局。《纲要》提出了“促进农业可持续发展”，要求在农业发展的同时保护好生态环境，如采取“实施化肥农药使用量零增长行动”，在生态环境破坏严重地区“实行耕地轮作休耕制度试点”等，都是在可持续上下功夫。“实施藏粮于地、藏粮于技战略”，重视“提高粮食生产能力保障水平”，都是为农业可持续发展筑牢基础。农业的可持续发展，是关系到农业长治久安的大问题，“杀鸡取卵”的农业生产方式“利在暂时，祸及子孙”，农业发展需要转方式，转到可持续发展的轨道上。

4．重质量

质量是农业的生命线，是关系到“舌尖上安全”的头等大事。《纲要》提出“确保农产品质量安全”，这一点抓住了农业发展至关重要的“牛鼻子”。农产品质量安全攸关国人的身体健康，在解决了“温饱”问题之后，到全面建成小康社会阶段，民众更加注重吃的是否健康，确保从农田到餐桌的农产品质量安全，让民众吃得放心、安心是农产品供给必须过的关。今后，农产品的生产要在保障一定数量的基础上，更加注重产品的质量，没有质量安全保障的农产品将寸步难行，农业发展将逐步实现数量和质量的双重安全，确保国人身心健康。

5．重体系

《纲要》提出“农业生产着力构建现代农业产业体系、生产体系、经营体系”，这是以往《纲要》未曾系统提及的。“三大体系”是实现农业现代化的“三驾马车”，它们之间既相对独立又密切相关，缺一不可，是农业命运的“共同体”，只有三个体系都实现现代化，农业现代化才能实现。《纲要》提出“推进农村一二三产业融合发展”，这是农业产业体系需要创新的新空间，是一种新业态。现代农业产业体系不仅仅是提供农产品，而且提供其他产品，与二产、三产高度融合，在高度融合的过程中，农业才能得以增值，农业发展才能获得新动能。

6．重市场

去产能，要让市场发挥更大的作用。《纲要》提出“坚持市场化改革取向和保护农民利益并重，完善农产品市场调控制度和市场体系”，这比“十二五”《纲要》中提及的市场宽泛得多。能由市场完成的交给市场，不能政府包办，让市场在农业发展中发挥其应有的作用。在农业市场上，注重农业供给侧的改革，如在粮食问题上，提出“确保谷物基本自给、口粮绝对安全，调整优化农业结构，形成结构更加合理、保障更加有力的农产品有效供给。”同时，农业的发展，不仅要立足于国内市场，而且要着眼于国际市场，充分利用国内、国际两种资源、两种市场，增强农业国际竞争力，提升农业生存能力。当然，国家对农业市场不能放任自由，而是在政府调控下，对弱势部分进行帮扶和保护。

（二）解读2017年中央一号文件

2016年，粮食产量是历史上第二个高产年，农民收入增速继续高于城镇居民，农村改革深入推进，农村社会和谐稳定，脱贫1 000万人的任务超额完成。2017年中央一号文件明确指出，“经过多年不懈努力，我国农业农村发展不断迈上新台阶，已进入新的历史阶段”。并提出把深入推进农业供给侧结构性改革作为当前和今后一个时期“三农”工作的主线。

1．新的历史阶段

首先，这是对农产品供求关系的重大判断。2016年3月，习近平总书记在参加全国人大湖南代表团审议时明确指出，新形势下，农业的主要矛盾已经由总量不足转变为结构性矛盾，主要表现为阶段性的供过于求和供给不足并存。推进农业供给侧结构性改革，提高农业综合效益和竞争力，是当前和今后一个时期我国农业政策改革和完善的主要方向。

其次，基于农业农村内外部环境的深刻变化。从外部看，经济增长换挡降速，农民工收入增长慢了，财力紧张，对农村投入增幅明显回落。从内部看，农产品需求升级了，有效供给跟不上；资源环境承载能力到极限了，绿色生产跟不上；国外低价农产品进来了，国内竞争力跟不上；农民增收传统动力减弱了，新的动能跟不上。这些问题，供给和需求两侧都存在，但矛盾的主要方面在供给侧，突出的是结构性、体制性矛盾。深入推进农业供给侧结构性改革，就是要从供给侧入手、在体制机制创新上发力，从根本上解决这些矛盾问题。

2．农业供给侧结构性改革

农业供给侧结构性改革，不是简单的少种点什么、多种点什么，而是涵盖范围广、触及层次深的一场全方位变革。

总体把握以下三个方面：

（1）主要目标是增加农民收入、保障有效供给。把“农民增收”放在第一位，这意味着，衡量改革成不成功，不仅要看供给体系优不优、效率高不高，更要看农民“钱袋子”是否鼓起来，要着眼农民、关注农民，得让农民有活干、有钱赚。

（2）主攻方向是提高农业供给质量。要以市场为导向，紧跟消费需求变化，不仅要让人们吃饱、吃好，还要吃得健康、吃出个性；不仅满足对优质农产品的需求，还要满足对农业观光休闲等服务性需求，满足对青山绿水的生态化、绿色化需求。

（3）根本途径是体制改革和机制创新。要用改革的办法，推动发展由过度依赖资源消耗、主要满足“量”的需求，向追求绿色生态可持续、更加注重满足“质”的需求转变。

3．怎么调、改什么

调优结构，调好方式，调顺体系；让农产品价格主要由市场决定。

（1）“三大调整”方向：

1）调优产品结构，突出“优”字。消除无效供给，增加有效供给，减少低端供给，拓展高端供给。说具体点，种大宗农产品的要瞄准“优质专用”，种其他农产品的要瞄准“特色优势”。

2）调好生产方式，突出“绿”字。推行绿色生产方式，修复治理生态环境，既还历史旧账，也为子孙后代留生产和发展空间。

3）调顺产业体系，突出“新”字。着力发展农村新产业新业态，促进三产深度融合，实现农业“全环节升级、全链条升值”。

（2）改革板块核心是理顺政府和市场“两只手”关系，实现三大激活：

1）激活市场。就是“市场定价、价补分离”，让农产品价格主要由市场决定。2017年一号文件提出，深化重要农产品价格形成机制和收储制度改革等举措。

2）激活要素。一号文件提出，改革财政支农投入机制、加快农村金融、深化集体产权制度改革等重大政策举措，通过机制创新，唤醒农村沉睡资源。

3）激活主体。一号文件提出系列政策举措，培育新型农业经营主体和服务主体，激活各类人才到农业农村创业创新。

4．新一号文件中的亮点

（1）在抓手、平台、载体方面，提出建设“三区”“三园”加“一体”。

“三区”即粮食生产功能区、重要农产品生产保护区、特色农产品优势区。通过“三区”建设，推动生产要素向优势产区聚集，切实将区域资源优势变成产品优势、产业优势和竞争优势。“三园”即现代农业产业园、科技园、创业园。“一体”是指田园综合体。一号文件提出，支持有条件的乡村建设以农民合作社为主要载体、让农民充分参与和收益的田园综合体。

（2）在资源配置方面，提出大规模实施节水工程、盘活利用闲置宅基地。

（3）在农业主体和人才保障方面，提出积极发展“三位一体”综合合作、培养乡村专业人才。

拓展阅读

中央一号文件

“中央一号文件”原指中共中央每年发的第一份文件，该文件在国家全年工作中具有纲领性和指导性的地位。一号文件中提到的问题是中央全年需要重点解决，也是当前国家亟须解决的问题，更从一个侧面反映出了解决这些问题的难度。中共中央在1982—1986年连续五年发布以农业、农村和农民为主题的中央“一号文件”，对农村改革和农业发展做出具体部署。2004—2016年又连续13年发布以“三农”（农业、农村、农民）为主题的中央“一号文件”，强调了“三农”问题在中国社会主义现代化时期“重中之重”的地位。盘点21世纪以来的这13份中央一号文件，其中既有针对“三农”工作全局的，也有专门针对农业科技、农田水利、新农村建设等专项工作的。一号文件连续13次锁定“三农”，凸显出“三农”问题在中国“重中之重”的地位。

（1）1982年1月1日，中共中央发出第一个关于“三农”问题的“一号文件”，对迅速展开的农村改革进行了总结。文件明确指出包产到户、包干到户或大包干都是社会主义生产责任制，同时还说明它不同于合作化以前的小私有的个体经济，而是社会主义农业经济的组成部分。

（2）1983年1月，第二个中央“一号文件”《当前农村经济政策的若干问题》正式颁布。文件从理论上说明了家庭联产承包责任制“是在党的领导下中国农民的伟大创造，是马克思主义农业合作化理论在我国实践中的新发展”。

（3）1984年1月1日，中共中央发出《关于一九八四年农村工作的通知》，即第三个“一号文件”。文件强调要继续稳定和完善联产承包责任制，规定土地承包期一般应在15年以上，生产周期长的和开发性的项目，承包期应当更长一些。

（4）1985年1月，中共中央、国务院发出《关于进一步活跃农村经济的十项政策》，即第四个“一号文件”。文件取消了30年来农副产品统购、派购的制度，对粮、棉等少数重要产品采取国家计划合同收购的新政策。

（5）1986年1月1日，中共中央、国务院下发了《关于一九八六年农村工作的部署》，即第五个“一号文件”。文件肯定了农村改革的方针政策是正确的，必须继续贯彻执行。

（6）2004年2月8日，21世纪的第一个关于“三农”的中央一号文件——《中共中央国务院关于促进农民增加收入若干政策的意见》（即改革开放以来第6个涉农的1号文件）公布。自此，中央一号文件重新锁定“三农”问题。

（7）2005年1月30日，《中共中央国务院关于进一步加强农村工作提高农业综合生产能力若干政策的意见》，即第七个“一号文件”。文件要求，坚持“多予少取放活”的方针，稳定、完善和强化各项支农政策。当前和今后一个时期，要把加强农业基础设施建设，加快农业科技进步，提高农业综合生产能力，作为一项重大而紧迫的战略任务，切实抓紧抓好。

（8）2006年2月，中共中央、国务院下发《中共中央国务院关于推进社会主义新农村建设的若干意见》，即第八个“一号文件”。这份2006年中央“一号文件”显示，中共十六届五中全会提出的社会主义新农村建设的重大历史任务将迈出有力的一步。

（9）2007年1月29日，《中共中央国务院关于积极发展现代农业扎实推进社会主义新农村建设的若干意见》下发，即改革开放以来中央第九个“一号文件”。文件要求，发展现代农业是社会主义新农村建设的首要任务，要用现代物质条件装备农业，用现代科学技术改造农业，用现代产业体系提升农业，用现代经营形式推进农业，用现代发展理念引领农业，用培养新型农民发展农业，提高农业水利化、机械化和信息化水平，提高土地产出率、资源利用率和农业劳动生产率，提高农业素质、效益和竞争力。

（10）2008年1月30日，《中共中央国务院关于切实加强农业基础建设进一步促进农业发展农民增收的若干意见》下发，即改革开放以来中央第十个“一号文件”。该文件共分八个部分，约15 000字，包括：加快构建强化农业基础的长效机制、切实保障主要农产品基本供给、突出抓好农业基础设施建设、着力强化农业科技和服务体系基本支撑、逐步提高农村基本公共服务水平、稳定完善农村基本经营制度和深化农村改革、扎实推进农村基层组织建设、加强和改善党对“三农”工作的领导。

（11）2009年2月1日，《中共中央国务院关于2009年促进农业稳定发展农民持续增收的若干意见》共分五个部分，约11 000字，包括：加大对农业的支持保护力度、稳定发展农业生产、强化现代农业物质支撑和服务体系、稳定完善农村基本经营制度、推进城乡经济社会发展一体化。

（12）2010年1月31日，《中共中央国务院关于加大统筹城乡发展力度进一步夯实农业农村发展基础的若干意见》下发，文件指出在保持政策连续性、稳定性的基础上，进一步完善、强化近年来“三农”工作的好政策，提出了一系列新的重大原则和措施。

（13）2011年1月29日发布的《中共中央国务院关于加快水利改革发展的决定》，是改革开放以来中央关注“三农”的第十三个“一号文件”，也是新中国成立62年来中央文件首次对水利工作进行全面部署。

（14）2012年2月1日发布的《关于加快推进农业科技创新持续增强农产品供给保障能力的若干意见》，是改革开放以来指导“三农”工作的第十四个中央“一号文件”。文件突出强调部署农业科技创新，把推进农业科技创新作为2012年“三农”工作的重点。

（15）2013年1月31日，《中共中央、国务院关于加快发展现代农业，进一步增强农村发展活力的若干意见》下发，“一号文件”连续第十年聚焦“三农”。文件提出，鼓励和支持承包土地向专业大户、家庭农场、农民合作社流转。其中，“家庭农场”的概念首次在中央一号文件中出现。

（16）2014年1月19日消息，中共中央、国务院近日印发了《关于全面深化农村改革 加快推进农业现代化的若干意见》。文件提出，要坚决破除体制机制弊端，坚持农业基础地位不动摇，加快推进农业现代化。健全城乡发展一体化体制机制、推进城乡基本公共服务均等化。加快推动农业转移人口市民化。

（17）2015年中央一号文件《关于加大改革创新力度 加快农业现代化建设的若干

意见》发布。文件内容：围绕建设现代农业，加快转变农业发展方式；围绕促进农民增收，加大惠农政策力度；围绕城乡发展一体化，深入推进新农村建设；围绕增添农村发展活力，全面深化农村改革；围绕做好“三农”工作，加强农村法治建设。

（18）2016年中央一号文件《中共中央、国务院关于落实发展新理念加快农业现代化实现全面小康目标的若干意见》已正式发布。这是自2014年以来连续第三次将“农业现代化”写入标题的中央一号文件，并强调要用发展新理念破解“三农”新难题，提出要推进农业供给侧结构性改革，这对解决“三农”新老问题、有序推动农业现代化、确保亿万农民迈入全面小康社会，具有重要意义。

（19）2017年2月5日，中共中央、国务院公开发布《关于深入推进农业供给侧结构性改革加快培育农业农村发展新动能的若干意见》，这是新世纪以来，党中央连续发出的第十四个指导“三农”工作的一号文件。提出深入推进农业供给侧结构性改革。

思考题

1. 什么是“三农”问题？
2. 新时期农民将发生怎样的变化？

参考文献

[1] 张谈．“三农”问题的现状、原因及对策[N/OL]．2010-07-07 [2010-07-07]．http://news.idoican.com.cn/zgtcb/html/2010-07/07/content_1324728.htm?div=-1．

[2] 人民网．人民日报权威解读：刚发的中央一号文件，重点在哪[R/OL]．[2017-02-5]．http://app.peopleapp.com/Api/600/DetailApi/shareArticle?type=0&article_id=529474．

[3] 姜文来．“十三五”规划纲要对农业发展的“六重”值得期待[N/OL]，[2016-03-21]．http://theory.people.com.cn/n1/2016/0321/c148980-28213892.html．

[4] 蔡永飞．“三农”问题的由来、现状及对策[J]．团结，2004（4）：18-23．

[5] 赵银平，张樵苏．“平语”近人——习近平的“三农观”[R/OL]．[2015-12-29]．http://news.xinhuanet.com/politics/2015-12/29/c_1117601781.htm．

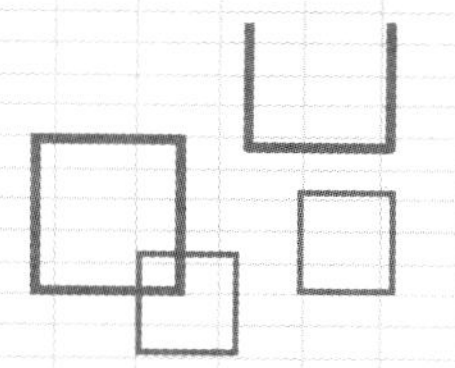

专题六

我国的民族关系和民族政策

2005 年中共中央、国务院颁发的《关于进一步加强民族工作，加快少数民族和民族地区经济社会发展的决定》在民族概念、民族问题等方面实现了民族理论的创新，这是我们处理民族关系的指导理论。自古以来形成了中华民族多元一体和统一的多民族的国家则是我们处理民族关系的现实依据。当代中国的民族问题集中地表现为少数民族和民族地区迫切要求加快经济社会发展，民族关系方面平等、团结、互助、和谐是主流，但维护稳定也面临新情况。认真贯彻执行国家的民族政策，维护民族团结、进步，维护国家的统一，是中华民族每个成员的责任。

一、马克思主义民族观

马克思主义民族观是以马克思主义世界观和方法论观察和处理民族问题的总的观点和方法，是辩证唯物主义和历史唯物主义在民族问题领域的理论结晶，是我们党的全部民族理论、民族政策及其实践的基础。

（一）民族概念

2005 年中共中央、国务院颁发的《关于进一步加强民族工作，加快少数民族和民族地区经济社会发展的决定》指出：民族是在一定的历史发展阶段形成的稳定的人民共同体。一般来说，民族在历史渊源、生产方式、语言、文化、风俗习惯以及心理认同等方面具有共同的特征。有的民族在形成和发展的过程中，宗教起着重要作用。民族的产生、发展和消亡是一个漫长的历史过程。在人类社会发展的历史进程中，民族的消亡比阶级、国家的消亡还要久远。

历史渊源常常表现为共同或者共通的血缘传统、祖籍观念、始祖传说以及其他共同的历史记忆或历史遗产。作为民族传统的内在依据，历史渊源集中反映在血统、道统两方面的观念上，并不断在族际对比中与现实特征连接互动，因而往往成为增强民族凝聚力的历史纽带，直接体现相关民族的历史稳定性。

生产方式是指人类生存和发展所必需的物质资料的谋取方式，是人们在生产、交换、消费过程中的组织形式、联系形式和行为方式的总和。当不同民族的生产力、生产关系都具有明显差异的时候，生产方式就自然成为各自的族性特征。

共同的语言体现了一种共同的族性，因而常常作为民族的一种特征。但民族之间的交流和沟通常常又会使语言发生替换、融合和分化，因而不同的民族往往使用相同的语言，同一个民族也可能使用不同的语言。语言也是具有历史稳定性的。

文化在这里取其狭义，特指人类的精神创造，民族文化上的共同性成就了民族内部的共同特征。中华文化的和谐、包容是不同文化和谐共处的基础。

风俗习惯是人们生活中广泛流行的风尚、习俗、惯例，是长期传承于生活领域的行为方式。由于风俗习惯常常在民族之间表现出差异并可以实现相互区别，因此就在这个方面形成了民族共同体的族性特征。

心理认同是在社会系统中个体的归属的群聚过程，民族心理认同就是民族成员对本民族的归属感。人们的历史渊源、生产方式、语言、文化、风俗习惯乃至宗教信仰或现实利益，都可以成为民族认同的依据因素。民族认同一旦深入民族社会结构的各个层面，整个族性特征标志系统就具备了不同寻常的稳定性。

（二）民族问题

1．民族问题的定义

中共中央、国务院的《关于进一步加强民族工作，加快少数民族和民族地区经济社会发展的决定》指出，社会主义时期是各民族共同繁荣发展的时期，各民族间的共同因素在不断增多，但民族特点、民族差异和各民族在经济文化发展上的差距将长期存在。民族问题既包括民族自身的发展，又包括民族之间，民族与阶级、国家之间等方面的关系。当今世界，民族问题具有普遍性、长期性、复杂性、国际性和重要性。

民族问题就是指民族之间的矛盾问题，是民族之间的矛盾所引起的社会问题。它表现在政治、经济、文化、语言、生活方式和风俗习惯等各个方面，并贯穿于民族存在和发展的全过程。

民族自身发展过程中出现的问题，主要是指民族发展要求与本民族发展能力（生产力）不足之间的矛盾，影响到一个民族的自主性、民族自尊、民族情感、民族前途，进而会影响到民族和民族之间的关系、民族和国家之间的关系。

民族与民族之间的关系问题，是指不同民族在政治、经济、文化和社会等方面的彼此互动和相互交往过程中产生的问题。政治层面表现为民族政治参与能力与效果等方面的不对等；经济层面表现为各民族在资源配置和经济利益分享中的非均衡；文化层面表现为不同民族之间因为文化的差异性而产生的不协调关系；社会层面表现为不同民族成员在交往中发生的影响民族群体关系的纠纷、摩擦、冲突等。

民族与国家的关系问题，民族自治地方与国家中央政府的关系在一定意义上也反映着民族与国家之间的关系。

2．民族问题的特点

民族问题具有普遍性、复杂性、长期性、国际性和重要性五个基本特点。

（1）民族问题的普遍性是指民族问题在世界上广泛存在，涉及政治和社会生活的方方面面，贯穿于当今世界主要矛盾的始终。

（2）民族问题的复杂性是指民族问题往往与诸多社会问题交织在一起。就我国民族问题而言，涉及经济、政治、文化、教育等各个领域。世界民族问题更复杂，涉及国家主权、领土、国际关系及人权问题等。

（3）民族问题的长期性是指民族的产生、发展和消亡是一个漫长的历史过程，只要民族还存在，就会有民族问题存在。

（4）民族问题的国际性是指一国内部的民族问题往往引发国际性的问题，甚至导致国际关系变化。

（5）民族问题的重要性是指民族问题对于社会发展的各个领域、对于国家的现实和未来都有着重要而深刻的影响。

民族问题关系到国家主权、领土完整、社会稳定、边防巩固、经济发展和国内各民族的团结。中国特色社会主义道路是解决当代中国民族问题的根本道路。我国的民族问题，只有在建设中国特色社会主义、实现中华民族伟大复兴的共同事业中才能逐步解决。

二、统一的多民族国家和中华民族的多元一体

（一）中国自古以来就形成多民族统一的国家

1. 中国民族的分布现状

自从1949年中华人民共和国成立以来，通过识别并经中央政府确认，我国共有汉族、藏族、满族、蒙古族、维吾尔族、回族、壮族等56个民族。其中，汉族是中国人口最多、地域分布最广的民族，主要集中在东北、华北、华东、中南、甘陕以及云贵川渝等地区。根据中国大陆2010年第六次人口普查，全国总人口为133 972.5万，与2000年第五次人口普查相比，10年增加7 390万人，增长5.84%，年平均增长0.57%。大陆31个省、自治区、直辖市和现役军人的人口中，汉族占91.51%，其他55个民族人口相对较少，占8.49%，习惯上称为“少数民族”。藏族主要分布在西藏、青海、四川和云南等地；满族分布在东北；蒙古族主要分布在内蒙古自治区；维吾尔族主要分布在新疆维吾尔自治区；回族主要分布在宁夏回族自治区；壮族主要分布在广西壮族自治区。

自从1949年中华人民共和国成立以来，中国少数民族人口持续增加。根据第五次全国人口普查的数据，中国少数民族人口1953年为3 532万人，占全国总人口的6.06%；1964年为3 988万人，占全国总人口的5.78%；1982年为6 723万人，占全国总人口的6.70%；1990年为9 120万人，占全国总人口的8.01%；2000年为10 643万人，占全国总人口的8.41%；2010年为11 379万人，占全国总人口的8.49%。

中国各少数民族的人口数量相差较大，人口多的如壮族，有1 692万人；人口少的如塔塔尔族，只有3 500多人。当前，人口在1 000万人以上的少数民族有4个，即回族、维吾尔族、壮族和满族；500万～1 000万人之间的有5个，即苗族、土家族、彝族、蒙古族、藏族；100万～500万人之间的有9个，即布依族、侗族、瑶族、朝鲜族、白族、哈尼族、哈萨克族、黎族、傣族；50万～100万人之间的有4个，即畲族、傈僳族、仡佬族、东乡族；10万～50万人之间的有14个，即拉祜族、水族、佤族、纳西族、羌族、土族、仫佬族、布朗族、锡伯族、柯尔克孜族、达斡尔族、景颇族、毛南族、撒拉族；10万人以下的有19个，即塔吉克族、阿昌族、普米族、鄂温克族、怒族、京族、基诺族、德昂族、保安族、俄罗斯族、裕固族、乌孜别克族、门巴族、鄂伦春族、独龙族、塔塔尔族、赫哲族、高山族、珞巴族。

中国各民族的人口分布呈现大散居、小聚居、交错杂居的特点。汉族地区有少数民族聚居，少数民族地区也有汉族居住，你中有我、我中有你。许多少数民族既有一块或几块聚居区，又散居全国各地。西南和西北是少数民族分布最集中的两个区域。西部12个

省、自治区、直辖市居住着全国近 70%的少数民族人口，边疆 9 个省、自治区居住着全国近 60%的少数民族人口。随着中国经济社会的发展，少数民族人口分布范围进一步扩大，目前全国散居地区少数民族人口已超过 3 000 万人。

中国少数民族聚居区大都地广人稀，资源富集。民族地区的草原面积，森林和水力资源蕴藏量，以及天然气等基础储量，均超过或接近全国的一半。全国 2.2 万多公里陆地边界线中的 1.9 万公里在民族地区。全国的国家级自然保护区面积中民族地区占到 85%以上，是国家的重要生态屏障。

2．中华民族的多元一体

“多元”是指各兄弟民族各有其起源、形成、发展的历史，文化、社会也各具特点而区别于其他民族；“一体”是指各民族的发展相互关联，相互补充，相互依存，与整体有不可分割的内在联系和共同的民族利益。1989 年夏，费孝通先生赴香港中文大学做了《中华民族多元一体格局》学术讲演，其主要论点为：中华民族是包括中国境内 56 个民族的民族实体，并不是把 56 个民族加在一起的总称。因为这些加在一起的 56 个民族已结合成相互依存的统一而不能分割的整体，在这个民族实体里所有归属的成分都已具有高一层次的民族认同意识，即共休戚、共存亡、共荣辱、共命运的感情和道义，多元一体格局中，56 个民族是基层，中华民族是高层。形成多元一体格局有一个从分散的多元结合成一体的过程，汉族就是多元基层中的一元，它发挥凝聚作用把多元结合成一体——中华民族，一个高层次认同的民族。高层次的认同并不一定取代或排斥低层次的认同，高层次的民族可以说实质上是既一体又多元的复合体，其间存在着相对立的内部矛盾，是差异的一致，通过消长变化以适应于多变不息的内外条件，从而获得共同体的生存和发展。

2005 年，胡锦涛同志《在中央民族工作会议暨国务院第四次全国民族团结进步表彰大会上的讲话》正式使用“中华民族多元一体的格局”。中国各民族的起源和发展有着本土性、多元性、多样性的特点。距今四五千年前，中华大地上就形成了华夏、东夷、南蛮、西戎、北狄五大民族集团。各民族在发展中互相吸收，经过不断的迁徙、杂居、通婚和交流，逐步融合为一体，又不断产生新的民族。其结果是有存有亡，有的民族延续至今，有的却由于融合、战争以及生态环境恶化和改换名称等原因而消失在历史的长河中，包括显赫一时的匈奴、月氏、鲜卑、柔然、吐谷浑、突厥、党项、契丹和塞种人等。

中国各民族形成和发展的情况虽然各不相同，但总的方向是发展成为统一的多民族国家，汇聚成为统一稳固的中华民族。今天中国的疆域和版图，是中华大家庭中各民族在长期的历史发展中共同开发形成的。汉族的祖先最先开发了黄河流域和中原地区，藏、羌族最先开发了青藏高原，彝、白等民族最先开发了西南地区，满、锡伯、鄂温克、鄂伦春等民族的祖先最先开发了东北地区，蒙古等民族先后开发了蒙古草原，黎族最先开发了海南岛，台湾少数民族的先民最先开发了台湾岛……

3．多民族统一的国家形成和巩固

早在先秦时期，中国先民的“天下”观念和“大一统”理念便已形成。秦朝实现了中国历史上第一次大统一，在全国设郡县加以统治，今天广西、云南等少数民族较为集中的区域都纳入秦朝管辖之下。汉朝进一步发展了统一的局面，在今新疆地区设置西域都护府，管辖包括新疆地区在内的广大地区，形成了包括今天新疆各族人民先民在内的疆域宽广的国家。秦汉开创了中国统一的多民族国家基本格局。

汉朝以后的历代中央政权发展和巩固了统一的多民族国家的格局。唐朝设安西和北庭两大都护府，管辖包括今天新疆在内的西域地区，设道、府、州，管辖中南和西南各少数民族。蒙古族建立的元朝，在南方部分少数民族聚居的府、州设土官（以少数民族首领充任并世袭的地方行政长官），在中央设宣政院统辖西藏事务，在西藏分设三路宣慰司都元帅府，西藏从此处于中央政府有效行政管理之下，并设澎湖巡检司管理澎湖列岛和台湾。元朝的民族成分包括现今中国绝大多数民族。满族建立的清朝，在西域设伊犁将军并建新疆行省，在西藏设驻藏大臣，确立由中央政府册封达赖、班禅两大活佛的历史定制，在西南一些少数民族地区实行废除土司制度、选派官员统一管理的“改土归流”（少数民族地方行政长官由中央政府委派）政治改革，最终奠定了今天中国的版图。

中国历史上虽然出现过短暂的割据局面和局部分裂，但国家统一始终是主流和方向。无论是汉族还是少数民族，都以自己建立的中央政权为中华正统，都把实现多民族国家的统一作为最高政治目标。广袤的疆域是各民族共同开拓的，悠久灿烂的中华文化是各民族共同发展的，统一的多民族国家是各民族共同缔造的。

统一多民族国家的长期延续，极大地促进了各民族之间的经济、政治和文化交流，增进了各民族对中央政权的向心力和对中华文化的认同感，增强了中华民族的凝聚力、生命力和创造力，促进形成了中华文明的统一性和多样性。历史上，汉族主要生活聚居在黄河、长江中下游的中原地区，这里宜于农耕。少数民族多牧业、狩猎、渔业。少数民族与中原地区通过“茶马互市”“绢马互市”等，既满足了中原农业、交通和军事对马匹的需求，也满足了少数民族的日常生活所需，促进了经济互补和共同发展。少数民族建立的辽、金、西夏、大理等政权，在制度建立、疆土治理方面，明显吸收了汉族中原政权的统治经验，融入了中原文化的很多元素。塞北、西域优美的曲调和乐器不断传入中原，对中原音乐的丰富和发展产生了重大影响。随着各民族之间交往和融合程度的加深，交错杂居、共生互补的格局逐步形成，相互依存、共同发展的关系日趋稳固。

4．中华民族意识和统一国家意识强化

1840 年鸦片战争之后的 100 多年间，中国屡遭西方列强的侵略、欺凌，亡国灭种的危机把中国各民族的命运更加紧密地联结在一起。19 世纪，新疆各族人民支持清朝军队消灭了中亚浩罕国阿古柏的入侵势力，挫败了英、俄侵略者企图分裂中国的阴谋。西藏军民在 1888 年的隆吐山战役和 1904 年的江孜战役中，重创英国侵略者。“九一八”事件后，在反抗日本帝国主义侵略的抗日战争中，中国各族人民同仇敌忾、浴血奋战，其中的回民支队、内蒙古大青山抗日游击队等许多以少数民族为主的抗日力量，为抗战胜利做出了不可磨灭的贡献。各族人民在反抗外来侵略的同时，针对一小撮民族分裂分子在外部势力扶持下策划、制造的“西藏独立”“东突厥斯坦”、伪“满洲国”等分裂行径，进行了坚决的斗争，捍卫了国家统一和领土完整。

在近代反侵略、反分裂的伟大斗争中，各民族在历史上形成的不可分离的关系变得更加牢固，各民族福祸与共、休戚相关的命运共同体的特征更加凸显，各族人民作为中国历史主人的责任感得到了进一步激发和增强，中国各民族共同的文化和心理特征更趋成熟。今天，中华民族已经成为各民族认同的统称。香港、澳门的顺利回归，更加证明了中国统一的发展趋势和必然规律。

（二）当代中国的民族问题和民族关系

1．我国民族问题集中地表现为少数民族和民族地区迫切要求加快经济社会发展

西部的少数民族地区和沿海地区的发展差距相对较大。一些民族地区贫困问题仍然非常严重。特别是约有20个民族，390万人口，分布在77个民族县，这些地区社会发育程度低，劳动力素质普遍低下，自我发展能力弱；地方财政困难，财政收支差距大；文教卫生事业落后；医疗卫生事业也相对落后，民族地区地方病种多，患病率高。所以，现阶段我国民族问题集中地表现为少数民族和民族地区迫切要求加快经济社会发展。这是现阶段我国民族问题的核心。

民族地区经济社会发展同沿海发达地区的差距，是由多种因素造成的。在旧中国，民族地区经济社会发展长期处于停滞状态，经济基础薄弱，大大限制了经济社会发展所能达到的高度。民族地区大多处于边疆地区，自然条件恶劣，交通条件不便，严重制约了经济社会发展。

民族地区经济社会发展同沿海发达地区的差距，是发展中的差距。最近几年，民族地区GDP和财政收入增速均高于全国平均水平。2016年西藏自治区GDP增速为11.5%，位居全国第一。可见，民族地区经济社会发展同沿海发达地区相比存在的差距，是在全国经济社会发展水平整体获得巨大提高基础上存在的差距，是动态的差距，是前进中的差距。

地区发展不平衡，是许多国家在发展过程中普遍存在的问题。我国幅员辽阔，人口众多，东中西部差异大。区域发展不平衡，既是经济发展过程的一种现象，也能通过科学发展得到逐步解决。对此，要以科学的眼光、发展的眼光理性看待。

2．民族关系方面平等、团结、互助、和谐是主流，但维护稳定也面临新情况

2005年中央民族工作会议第一次明确了中国社会主义民族关系的本质特征是平等、团结、互助、和谐。在2006年召开的全国统战工作会上，胡锦涛进一步指出："平等是基石，团结是主线，互助是保障，和谐是本质。"这是我们党对民族关系发展规律的深刻把握，是对民族关系理论的重大发展。民族关系的总趋势是各民族的团结合作不断增强。但民族之间差异显著存在，狭隘的民族主义思想意识也会在不同层面表现。影响民族关系的自然因素和社会环境因素都不同程度存在，因此，民族关系方面还存在一些不稳定的因素，如一些地方的民族分裂主义破坏活动频繁，对边疆稳定造成一定威胁。

三、中国的民族政策

为促进少数民族政治、经济、文化等各项事业的全面发展，中国政府制定了一系列民族政策。中国政府的民族政策主要有：

（一）民族平等政策

在中国，各民族一律平等包括三层含义：

（1）各民族不论人口多少，历史长短，居住地域大小，经济发展程度如何，语言文字、宗教信仰和风俗习惯是否相同，政治地位一律平等。

（2）各民族公民在法律面前一律平等，享有相同的权利，承担相同的义务。

（3）各民族在经济、文化、社会生活等所有领域平等。

政治权利方面，实现了少数民族在国家统一领导下自主管理本民族的内部事务。确立了民族区域自治制度作为解决民族问题的基本制度，建立了 5 个自治区、30 个自治州和 120 个自治县，民族自治地方政府的主要领导，全部由实行自治的民族的公民担任。颁布实施了《中华人民共和国民族区域自治法》，基本形成了具有中国特色的民族法律体系。为保障少数民族管理国家事务的权利，各民族都有全国人大代表和全国政协委员。十二届全国政协 2237 位委员中有 258 位是少数民族，299 位常委中有 41 位是少数民族，23 位政协副主席中有 3 位是少数民族，均高于同期少数民族人口所占全国人口的比例。

经济权利方面，民族自治地方依法管理经济。新中国成立以来，党和国家积极帮助少数民族和民族地区发展经济，采取许多优惠政策。国家通过骨干工程项目建设、中央财政对民族地区的特殊照顾、对口支援、扶贫攻坚、西部大开发等一系列政策和举措，改善民族地区基础设施条件，提高少数民族群众收入，加快少数民族和民族地区经济社会发展。

文化权利方面，少数民族文化得到有效保护、传承和发展。国家尊重和保障少数民族使用和发展本民族语言文字的权利，尊重和保障少数民族风俗习惯和宗教信仰自由，采取一系列特殊政策和措施，大力发展少数民族社会事业。

（二）民族区域自治制度

民族区域自治制度，就是在国家的统一领导下，在各少数民族聚居的地方实行区域自治，设立自治机关，行使自治权，国家充分尊重和保障各民族管理本民族内部事务权利的政治制度。实行民族区域自治，实质就是要在统一的多民族的社会主义祖国大家庭中，使有着一定聚居区的少数民族当家做主，管理本地区本民族内部的地方性事务，从而保障少数民族的平等地位，充分发挥各民族人民参加社会主义革命和建设的重要性，保证各少数民族能够按照自己的政治、经济和文化特点，发展民族地区的经济和文化，促进民族的发展和繁荣，巩固祖国的统一和各民族的团结与进步。

民族自治机关是指在我国少数民族自治地方设立的行使同级相应地方国家机关职权同时行使自治权的国家机关，是我国的一级地方国家机关，包括自治区、自治州、自治县的人民代表大会和人民政府。民族自治机关的自治权包括民族自治地方的人民代表大会有权依照当地民族的政治、经济和文化的特点，制定自治条例和单行条例；拥有对国家有关法律的变通执行权利；在国家计划指导下，自主地安排和管理地方性的经济建设事业和教育、科学、文化、卫生、体育事业，保护和整理民族文化遗产，发展和繁荣民族文化的权利；管理地方财政的权利；依照国家的军事制度和当地的实际需要，经国务院批准，可以组织本地方维护社会治安的公安部队的权利；培养民族干部的权利；进行贸易的权利；自治机关在执行职务时使用当地通用的一种或几种语言文字的权利等。

（三）发展少数民族地区经济文化事业

国家根据民族地区的实际情况，制定和采取了一系列特殊的政策和措施，帮助、扶持民族地区发展经济，并动员和组织汉族发达地区支援民族地区。国家在制定国民经济和社会发展规划时，有计划地在少数民族地区安排一些重点工程，调整少数民族地区的经济结构，发展多种产业，提高综合经济实力。对少数民族地区实行优惠的财政政策；鼓励少数民族地区发展贸易，照顾少数民族用品生产；帮助少数民族贫困地区摆脱贫困；加大少数民族地区改革开放的力度；帮助少数民族和民族地区经济文化发展的政策。近年来，为加快少数民族和民族地区的发展，国家还采取了以下三项措施：①实施西部大开发战略；②开展“兴边富民行动”，包括加大基础设施建设、大力培育县城经济增长机制和增强自我发展能力、努力提高人民生活水平；加大对少数民族地区的转移支付力度，帮助其加快发展。2015 年中央财政支持民族地区转移支付 582 亿元。中央财政自 2000 年起设立民族地区转移支付，支持民族地区加快发展，转移支付范围为 8 个民族省区（5 个民族自治区和青海、云南、贵州 3 省）以及 8 省区外其他非民族省区的 8 个民族自治州。2006 年起，经国务院批准，又将非民族省区及非民族自治州管辖的民族自治县也纳入转移支付范围，实现了对所有少数民族地区的全覆盖，并建立了转移支付资金稳定增长机制。2000—2015 年，中央财政累计下达民族地区转移支付 3 955 亿元。

（四）培养少数民族干部

大力培养少数民族干部，是实行民族区域自治、解决民族问题的关键。根据不同历史时期的实际情况，党和政府采取了一系列行之有效的措施，包括：①根据民族工作以及社会发展的需要，通过各级各类院校培训学习，全面提高少数民族干部素质。②注重实践锻炼，各地、各部门有计划地开展干部交流、岗位轮换，选派少数民族干部到中央、国家机关和经济相对发达地区挂职锻炼，培养了大批少数民族干部，促进了少数民族地区经济社会的快速发展。③在坚持德才兼备原则的前提下，同等条件优先选拔和使用少数民族干部，使少数民族干部在各级党委、政府、人大和政协等领导班子中占有适当比例。

（五）发展少数民族科教文卫等事业

在发展少数民族教育事业方面，国家积极支持和帮助少数民族发展教育事业。例如，赋予和尊重少数民族自治地方自主发展民族教育的权利，重视民族语文教学和双语教学，加强少数民族师资队伍建设，在经费上给予特殊照顾，积极开展内地省市对少数民族地区教育的对口支援等。我国重点高校少数民族预科班、民族班每年招生规模达 3 万人。北京、天津、成都等内地大中城市举办内地西藏班（校），实施“少数民族高层次骨干人才培养计划”，专门在民族地区招收硕士、博士研究生进行培养。全国已有多所民族普通高等院校，包括中央民族大学、西北民族大学、西南民族大学、中南民族大学、云南民族大学、广西民族大学、西藏民族大学、北方民族大学等。

在发展少数民族科技事业方面，国家采取了许多特殊措施，如：重点培养、培训少数民族科技人员，在普通高等院校有计划地招收少数民族学生或举办民族班；帮助少数民族和民族地区引进人才和先进技术设备，改造传统产业和传统产品，扶植提高传统科技，提高经济效益等。

对少数民族地区的卫生事业，国家有关政策强调，要加强少数民族地区卫生队伍的建设，切实做好防病治病和妇幼卫生工作，大力扶持发展民族医药事业等。

在繁荣少数民族文化政策方面，国家扶持和帮助少数民族发展文化事业，组建民族文化艺术团体，培养少数民族文艺人才，繁荣民族文艺创作。

保护少数民族非物质文化遗产。2002—2009 年，中央财政累计投入非物质文化遗产保护经费达 3.86 亿元，约有 1/4 用于民族地区。2011 年，国家财政用于非物质文化遗产保护的资金达 4.15 亿元，比 9 年前翻了 400 倍。国家投入巨资对西藏拉萨的哲蚌寺、色拉寺、甘丹寺，青海的塔尔寺，新疆的克孜尔千佛洞等大批全国重点文物保护单位进行维修。

（六）使用和发展少数民族语言文字

中国各民族都有使用和发展自己语言文字的自由和权利。《中华人民共和国民族区域自治法》第十条规定："民族自治地方的自治机关保障本地方各民族都有使用和发展自己的语言文字的自由。"第二十一条规定："民族自治地方的自治机关在执行职务的时候，依照本民族自治地方自治条例的规定，使用当地通用的一种或者几种语言文字；同时使用几种通用的语言文字执行职务的，可以以实行区域自治的民族的语言文字为主。"第三十七条规定："招收少数民族学生为主的学校（班级）和其他教育机构，有条件的应当采用少数民族文字的课本，并用少数民族语言讲课。""各级人民政府要在财政方面扶持少数民族文字的教材和出版物的编译和出版工作。"第四十七条规定："保障各民族公民都有使用本民族语言文字进行诉讼的权利。"

截至 2015 年年底，中国 55 个少数民族中，有 54 个少数民族使用 80 余种本民族语言，21 个少数民族使用 29 种本民族文字。其中壮、布依、苗等 12 个民族使用的 16 种文字是由政府帮助创制或改进的。全国有近 200 个广播电台（站），使用 25 种少数民族语言播音，出版民族文字图书的各类出版社有 32 家。全国已建成 11 个少数民族语言电影译制中心，可进行 17 个少数民族语种、37 种少数民族方言的译制，2012—2015 年共完成 3 000 余部（次）电影的少数民族语言译制。

（七）尊重少数民族风俗习惯

中国各少数民族都有自己的风俗习惯，表现在服饰、饮食、居住、婚姻、礼仪、丧葬等多方面。国家尊重少数民族的风俗习惯，少数民族享有保持或改革本民族风俗习惯的权利。在社会生活的各方面，政府对少数民族保持或改革本民族风俗习惯的权利加以保护。第一，尊重少数民族的饮食习惯；第二，尊重和照顾少数民族年节习惯；第三，尊重少数民族婚姻习惯；第四，尊重少数民族丧葬习俗；第五，在大众传播媒介中，防止侵犯少数民族风俗习惯的事情发生；第六，尊重少数民族改革自己风俗习惯的自由。

藏戏得到保护和发扬，蒙古族的"那达慕"，回族、维吾尔族等民族的开斋节、古尔邦节，壮族等的"三月三"，傣族的泼水节，彝族的火把节等传统节庆活动都得到了大力传承和弘扬。

（八）尊重少数民族的宗教信仰自由的政策

少数民族信教群众的正常宗教活动都受到法律的保护，宗教活动场所分布各地，基本满足了信教群众宗教生活的需要。在新疆，有清真寺 2.43 万座，伊斯兰教教职人员 2.8 万多人。在西藏，有藏传佛教各类宗教活动场所 1 700 多处，住寺僧尼 4.6 万多人，学经、辩经、受戒、灌顶、修行等传统宗教活动和寺庙学经考核晋升学位活动正常进行。

四、维护祖国统一和民族团结是国家的最高利益

（一）各民族维护祖国统一和民族团结的义务

祖国统一、民族团结，是各族人民之福；祖国分裂、民族离乱，是各族人民之祸。在我国，讲任务，是56个民族共同的任务；讲成绩，是56个民族共同的成绩；讲困难，是56个民族共同的困难；讲前途，是56个民族共同的前途。56个兄弟民族情同手足，亲如一家，一荣俱荣，一损俱损。民族凝聚力与经济实力、科技实力、国防实力，并列为综合国力的四个组成部分。一个民族、一个国家，没有强大的凝聚力，就等于一盘散沙，就会四分五裂，就不可能自立于世界民族之林。民族凝聚力，成为衡量一个国家综合国力强弱的重要尺度。

（二）巩固和发展平等、团结、互助、和谐的民族关系

随着改革开放不断深入和社会主义市场经济不断发展，我国经济社会结构发生了深刻变化，各种利益关系更为复杂，各种思想文化相互碰撞，这一切必然会对我国民族关系产生深刻影响。冷战结束后国际形势的变化，民族因素和宗教因素在国际政治中的影响明显上升，引发了一些国家和地区的冲突和内乱。民族分裂势力、宗教极端势力、暴力恐怖势力在我国周边一些地区仍然相当活跃，他们通过各种手段对我国进行渗透、破坏活动。在这样错综复杂的形势下，我们必须坚定不移地贯彻执行党的民族政策，不断巩固和发展全国各族人民的大团结。

（三）坚决反对“三股势力”

民族分裂势力、暴力恐怖势力、宗教极端势力这“三股势力”，本质上都是分裂祖国，破坏各民族的大团结，都是我国稳定和发展的严重祸害，是全国各族人民的共同敌人。因此，必须坚决反对“三股势力”，最大限度地孤立和打击极少数的民族分裂分子、暴力恐怖分子和宗教极端分子。

（四）提高做好民族工作的能力和水平

各民族共同开发了祖国的锦绣河山、广袤疆域，共同创造了悠久的中国历史、灿烂的中华文化。我国历史演进的这个特点，造就了我国各民族在分布上的交错杂居、文化上的兼收并蓄、经济上的相互依存、情感上的相互亲近，形成了你中有我、我中有你，谁也离不开谁的多元一体格局。中华民族和各民族的关系，是一个大家庭和家庭成员的关系，各民族的关系，是一个大家庭里不同成员的关系。处理好民族问题、做好民族工作，是关系祖国统一和边疆巩固的大事，是关系民族团结和社会稳定的大事，是关系国家长治久安和中华民族繁荣昌盛的大事。

做好民族工作要坚定不移地走中国特色解决民族问题的正确道路，开拓创新，从实际出发，顶层设计要缜密、政策统筹要到位、工作部署要稳妥，让各族人民增强对伟大祖国的认同、对中华民族的认同、对中华文化的认同、对中国特色社会主义道路的认同。

做好民族工作，最关键的是搞好民族团结，最管用的是争取人心。要正确认识我国民

族关系的主流，多看民族团结的光明面；善于团结群众、争取人心，全社会一起做交流、培养、融洽感情的工作；加强各民族交往、交流、交融，尊重差异、包容多样，让各民族在中华民族大家庭中手足相亲、守望相助；创新载体和方式，引导各族群众牢固树立正确的祖国观、历史观、民族观；用法律来保障民族团结，增强各族群众法律意识；坚决反对大汉族主义和狭隘民族主义，自觉维护国家最高利益和民族团结大局。

支持民族地区加快经济社会发展，是中央的一项基本方针。要紧紧围绕全面建成小康社会的目标，顺应各族群众新期盼，深化改革开放，调动广大干部群众的积极性，激发市场活力和全社会创新热情；发挥民族地区特殊优势，加大各方面支持力度，提高自我发展能力，释放发展潜力；发展社会事业，更加注重改善民生，促进公平正义；大力传承和弘扬民族文化，为民族地区发展提供强大精神动力；加强生态环境保护，提高持续发展能力。

要加强基础设施建设、扶贫开发、城镇化和生态建设，不断释放民族地区发展潜力。基础设施建设要重点解决路和水的问题。民族地区推进城镇化，要与我国经济支撑带、重要交通干线规划建设紧密结合，与推进农业现代化紧密结合。还要重视利用独特地理风貌和文化特点，规划建设一批具有民族风情的特色村镇。

要大力发展特色优势产业，增强民族地区自我发展能力。把优势资源开发好、利用好，推动产业结构上水平，加快发展服务业，逐步把旅游业做成民族地区的支柱产业。

要以推进基本公共服务均等化为重点，着力改善民生。发展经济的根本目的就是要让各族群众过上好日子。既要坚持不懈抓发展，不断扩大经济总量，为民生改善提供坚实基础，也要大力推进基本公共服务均等化，促进社会公平。教育投入要向民族地区、边疆地区倾斜，加快民族地区义务教育学校标准化和寄宿制学校建设，实行免费中等职业教育，办好民族地区高等教育，搞好双语教育。加快改善医疗卫生条件，加强基层医疗卫生人才队伍建设。进一步加强对口支援和帮扶，把改善民生放在首位，帮扶资金主要用于民生、用于基层。

解决好民族问题，物质方面的问题要解决好，精神方面的问题也要解决好。要旗帜鲜明地反对各种错误思想观念，增强各族干部群众识别大是大非、抵御国内外敌对势力思想渗透的能力。加强中华民族大团结，长远和根本的是增强文化认同，建设各民族共有精神家园，积极培养中华民族共同体意识。

对少数民族流动人口，不能采取“关门主义”的态度，也不能采取放任自流的态度，关键是要抓住流入地和流出地的两头对接。要把着力点放在社区，推动建立相互嵌入的社会结构和社区环境，注重保障各民族合法权益，坚决纠正和杜绝歧视或变相歧视少数民族群众和伤害民族感情的言行，引导流入城市的少数民族群众自觉遵守国家法律和城市管理规定，让城市更好地接纳少数民族群众，让少数民族群众更好地融入城市。

2016 年 12 月 22 日，全国民委主任会议在北京召开，会议指出，2016 年是贯彻落实中央民族工作会议精神的持续推进年。2017 年的民族工作要明确总体思路，重点把握“三个一”的基本要求：一是要服务于当前党和国家保持经济平稳健康发展和社会和谐稳定这一大局；二是要紧紧围绕持续推动中央民族工作会议精神贯彻落实这一主线；三是要抓住国家把脱贫奔小康作为“十三五”时期的硬任务这一机遇，推动民族地区摆脱贫困、加快发展。会议强调，学习贯彻习近平总书记关于民族工作的重要论述、推动民族团结进步事业创新发展，是当前和今后一个时期民族工作战线的重大政治任务。要牢牢把握我国的民族理论政策是正确的、我国民族工作是最成功的这一重大判断；牢牢把握我国是统一多民族国家这一基本国情；牢牢把握中国特色解决民族问题正确道路“八个坚持”的科学内涵；牢牢把握“中华民族一家亲，同心共筑中国梦”这一共同目标任务；牢牢把握坚持和完善民族区域自治这一国家的基本制度；牢牢把握促进各民族交往交流交融这一根本途径；牢牢把握确保民族地区同步实现小康这一坚定承诺；牢牢把握依法保障民族团结这一重要原则；牢牢把握构建各民族共有精神家园这一战略任务；牢牢把握加强党对民族工作的领导这一根本保证。

拓展阅读

繁荣发展少数民族文化事业的政策措施

加快少数民族和民族地区公共文化基础设施建设。大力推进民族地区县级图书馆文化馆、乡镇综合文化站和村文化室、广播电视村村通工程、农村电影放映工程、农家书屋工程、文化信息资源共享工程等建设，保障民族地区基层文化设施有效运转。大力推进数字和网络技术等现代科技手段的应用和普及，形成实用、便捷、高效的公共文化服务体系。

繁荣发展少数民族新闻出版事业。加大对民族类新闻媒体的扶持力度，加快设备和技术的更新改造，提高信息化水平和传播能力，扩大覆盖面和受益面。对涉及少数民族事务的重大宣传报道活动、少数民族文字重大出版项目，给予重点扶持。加强少数民族语言文字翻译出版工作，逐步提高优秀汉文、外文出版物和优秀少数民族文字出版物双向翻译出版的数量和质量。扶持民族类重点新闻网站建设，支持少数民族文字网站和新兴传播载体有序发展，加强管理和引导。少数民族出版事业属公益性文化事业，中央和地方财政要加大对纳入公益性出版单位的少数民族出版社的资金投入力度，逐步增加对少数民族文字出版的财政补贴。

大力发展少数民族广播影视事业。巩固广播电视村村通工程、农村电影放映工程建设成果，扩大民族地区广播影视覆盖面，对设施维护进行适当补助，确保长期通、安全通。提高少数民族语言广播影视节目制作能力，加强优秀广播影视作品少数民族语言译制工作。提高民族地区电台、电视台少数民族语言节目自办率，改善民族地区尤其是边远农牧区电影放映条件，增加播放内容和时间。

加大对少数民族文艺院团和博物馆建设扶持力度。重点扶持体现民族特色和国家水准的少数民族文艺院团建设，积极鼓励少数民族文艺院团发展。扶持民族自治地方重点民族博物馆或民俗博物馆建设，鼓励社会力量兴办各类民族博物馆。民族自治地方的综合博物馆要突出少数民族特色，适当设立少数民族文物展览室、陈列室。

大力开展群众性少数民族文化活动。鼓励举办具有民族特色的文化展演和体育活动，支持基层开展丰富多彩的群众性少数民族传统节庆、文化活动，加强指导和管理。尊重群众首创精神，发挥各族群众在文化建设中的主体作用，努力探索保护和传承少数民族优秀传统文化的有效途径。进一步办好全国少数民族文艺会演和全国少数民族传统体育运动会。

加强对少数民族文化遗产的挖掘和保护。开展少数民族文化遗产调查登记工作，对濒危少数民族重要文化遗产进行抢救性保护。加大现代科技手段运用力度，加快少数民族文化资源数字化建设进程。扶持少数民族古籍抢救、搜集、保管、整理、翻译、出版和研究工作，逐步实现少数民族古籍的科学管理和有效保护。加强少数民族非物质文化遗产发掘和保护工作，对少数民族和民族地区非物质文化遗产保护予以重点倾斜，加大对列入名录的非物质文化遗产项目保护力度。积极开展少数民族文化生态保护工作，有计划地进行整体性动态保护。

尊重、继承和弘扬少数民族优秀传统文化。加强宣传引导，营造尊重和弘扬少数民族优秀传统文化的社会氛围。国家保障各民族使用和发展本民族语言文字的自由，鼓励各民族公民互相尊重、互相学习语言文字。尊重语言文字发展规律，推进少数民族语言文字的规范化、标准化和信息处理工作。在有利于社会发展和民族进步前提下，使各民族饮食习惯、衣着服饰、建筑风格、生产方式、技术技艺、文学艺术、宗教信仰、节日风俗等，得到切实尊重、保护和传承。

大力推动少数民族文化创新。促进现代技术和手段在少数民族文化发展中的应用，鼓励具有民族特色和时代气息的优秀文化作品创作，提高少数民族文化产品数量和质量。加大对少数民族艺术精品创作扶持力度，打造一批有影响的少数民族文学、戏曲、影视、音乐等文化艺术品牌。国家舞台艺术精品工程要进一步向少数民族和民族地区倾斜。国家各级各类文化奖项，少数民族文化作品获奖应占合理比重，对优秀少数民族文化作品及有突出贡献的文化工作者给予奖励和表彰，进一步激发少数民族文化创作的积极性、主动性和创造性。

积极促进少数民族文化产业发展。把握少数民族文化发展特点和规律，建设统一、开放、竞争、有序的文化市场体系，培育文化产品市场和要素市场，形成富有效率的文化生产和服务运行机制。充分发挥少数民族文化资源优势，鼓励少数民族文化产业多样化发展，促进文化产业与教育、科技、信息、体育、旅游、休闲等领域联动发展。确定重点发展的文化产业门类，推出一批具有战略性、引导性和带动性的重大文化产业项目，建设一批少数民族文化产业园区和基地，在重点领域取得跨越式发展。

加强边疆民族地区文化建设。支持边疆地区少数民族语言文字新闻出版业发展，增加公共文化产品特别是少数民族语言文字文化产品有效供给。进一步提高边疆民族地区广播电视覆盖率和影响力。发挥边疆少数民族人文优势，加强与周边国家文化交流，促进和谐周边环境建设。

努力推进少数民族文化对外交流。切实增加少数民族文化在国家对外文化交流中的比重。每年安排一定数量的少数民族文化活动参与中外互办文化年和在国外举办的中国文化节、文化周、艺术周、电影周、电视周、文物展、博览会以及各类演出、展览等，促进形成全方位、多层次、宽领域的对外文化交流格局。

（国务院关于进一步繁荣发展少数民族文化事业的若干意见　国发〔2009〕29号，节选）

思考题

1．“中华民族的多元一体”的基本含义是什么？

2．我国民族政策的基本内容是什么？

3．大学生应如何为维护民族团结做贡献？

参考文献

[1] 费孝通．中华民族多元一体格局（修订本）[M]．北京：中央民族大学出版社，2003．

[2] 胡锦涛．在国务院第五次全国民族团结进步表彰大会上的讲话[M]．北京：人民出版社，2009．

[3] 中华人民共和国国务院新闻办公室．中国的民族政策与各民族共同繁荣发展[EB/OL]．[2009-09-27]．http://news.xinhuanet.com/politics/2009-09/27/content_12117333.htm．

[4] 中共中央宣传部宣传教育局，教育部思想政治工作司，国家民委政策法规司．民族团结教育通俗读本[M]．北京：学习出版社，2009．

[5] 国家民族事务委员会研究室．中国的民族事务[M]．北京：民族出版社，2009．

[6] 国家民族事务委员会．中国的民族政策解读[EB/OL]．[2005-11-26]．http://www.seac.gov.cn/art/2005/11/16/art_143_25775.html．

[7] 陈凤林，余正梅．马克思主义民族观中国化、当代化的几个问题[J]．攀登，2011（2）：9-13．

[8] 龚永辉．马克思主义民族理论中国化的新体系[J]．民族研究，2007（2）：1-10．

[9] 赵刚．关于马克思主义民族观的几点再认识[J]．云南社会科学，2011（4）：82-86．

[10] 国家人权行动计划联席会议机制，等．《国家人权行动计划（2012-2015 年）》实施评估报告[EB/OL]．（2016-06-14）[2016-06-15]．http://politics.people.com.cn/n1/2016/0615/c1001-28445172.html．

[11] 国家统计局．2010 年第六次全国人口普查主要数据公报（第 1 号）[EB/OL]．[2011-04-28]．http://www.stats.gov.cn/tjsj/tjgb/rkpcgb/qgrkpcgb/201104/t20110428_30327.html．

[12] 国家民族事务委员会研究室．统一多民族的中国和中华民族的多元一体．[EB/OL]．[2010-11-09]．http://www.seac.gov.cn/lsnsjg/myzx/2010-11-09/1288941821424455.htm．

[13] 国务院新闻办公室．《〈国家人权行动计划（2012—2015 年）〉实施评估报告》[EB/OL]．[2016-06-14]．http://news.xinhuanet.com/politics/2016-06/14/c_1119038762.htm．

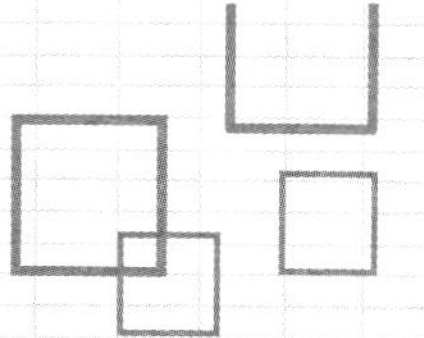

专题七 南海问题与我国的基本政策

南海诸岛自古以来就是中国的领土，20 世纪 70 年代以来南海邻国越南、菲律宾等开始争夺我国的岛礁和资源，这种争端不断向军备竞赛、地缘政治复杂化和国际化方向演化。无论从历史、国际法还是国际承认的角度，南海诸岛都是中国的领土。既然如此，为什么这些国家还要声索领土主权呢？这是因为南海拥有丰富的石油、渔业资源，更重要的是南海的航道的战略价值。正在致力于和平发展的中国，提出了解决南海争端的政策主张，即中国政府一贯主张以和平方式谈判解决国际争端；中国主张有关各方在南沙问题上采取克制、冷静和建设性的态度；中国高度重视南海国际航道的安全畅通。中国维护南沙群岛的主权和海洋权益并不影响外国船舶和飞机根据国际法所享有的通行自由。事实上，中国过去从未干预过外国船舶和飞机在此地区的通行自由，今后也不会这样做。中国愿同南海沿岸国家一道，共同维护南海地区国际航道安全。南海问题是中国与有关国家间的问题。

一、南海领土主权争端

（一）南海领土主权争端的缘起和发展

20 世纪中期以前，中国一直声明拥有南中国海的主权而且没有引起过其他国家的争议。20 世纪 70 年代中期以后，越南、菲律宾、马来西亚、文莱、印度尼西亚等国开始了对南海诸岛及其海域主权的侵夺。1974 年，南越军队欲占西沙岛礁，被我国海军击败。1988 年 3 月，中越再次交火；4 月和 7 月，马来西亚抓菲律宾渔民，引起争端。1995 年马来西亚海军向我国渔船开枪；同年，驻守太平岛的我国台湾士兵向驶入警戒区的越南货轮开火；10 月，越南驻岛士兵向一架飞越该岛上空的菲律宾侦察机开火。2000 年，菲律宾海军巡逻舰开炮驱逐两艘中国渔船……近十年有关各方海军与他国渔船对峙、抓捕渔民的事件时有发生，但没有再发生过类似中越海战的战争。

2011 年 6 月 9 日上午，中国渔船在南沙群岛及其附近海域正常作业时，遭到越南武装舰船的非法驱赶，并导致其中一艘渔船的渔网与在现场非法作业的越南油气勘探船的电缆缠绕在一起，越方船只不顾中国渔民的生命安全，拖曳中国渔船倒行长达一个多小时。在中国渔船主动剪断渔网后，双方才脱离接触。越方船只的做法严重威胁了中国渔民的生命安全。

中国渔船与越南武装舰船发生摩擦之后，南海局势进一步升级。侵占中国南海岛礁的越南态度强硬，组织东盟各国海军司令讨论南海安全形势，称南海有潜在军事冲突可能，呼吁东盟各国海军加强协作；2011 年 6 月 13 日越南在南海举行实弹演习，演习地点在距离越南广南省 40 公里处的汉翁岛附近进行。美联社文章评论称，越南此举显然是对中国的“回应”，因为就在越南发布演习声明的前一天，中国指责越南非法进入中国领海、危及中国渔民生命，并要求越南停止这种行为。菲律宾甚至直接称将以武力保卫其侵占的南海岛屿；马来西亚海军司令阿齐兹称：“我要中国尊重（其他南海）声索国的主权和领土完整。”8 月，美国将两艘航空母舰开进了南中国海。“华盛顿号”高调访问越南，这是越战结束 36 年来，美国航母第二次访问越南。“里根号”到访香港，两艘航母成左右拉弓之势，军事专家评论“此举意在为东南亚国家壮胆”。

作为区域外大国的美国高调宣称，美国是亚洲的常在力量，并为东南亚国家壮胆，宣称将“保卫菲律宾”，与越南达成首个军事协定，联合东南亚国家向中国施压。美国先是联合菲律宾、印度尼西亚、马来西亚等 6 个东盟国家，在马六甲海峡和苏禄海举行联合军演 10 天，又与菲律宾进行海上演习，还联合日本、澳大利亚在濒临南海的海域演习。到了 7 月，美国甚至与曾经的敌人越南举行海上演习。在这种情势下，印度也被越南拉进南海的棋局，积极回应越南对其永久驻留越南芽庄港的邀请，并宣布将为越南建设大型船舰、出口导弹，并对越南军队信息化提供 IT 技术支持。

东南亚国家的挑衅、抱团，美国重返亚洲，印度准备强势东向的战略，日本试图将南海危局与钓鱼岛问题挂钩，联合东南亚国家向中国施压……2011 年 6 月 10 日出版的《环球时报》报道，越南总理阮晋勇 9 日称对所谓“黄沙群岛”和“斯普拉特利群岛”（即中国西沙、南沙群岛）拥有“无可争辩的主权”，“我们会继续坚定申明及表明越南全党、全国人民、全军保护这个国家海域和岛屿的最强决心。”

2012 年 4 月 10 日，菲律宾的一艘军舰在黄岩岛附近海域试图抓捕中国渔民时，与数艘中国海监船发生对峙，黄岩岛事件发生。

2012 年 6 月 21 日，越南国会通过《越南海洋法》，擅自将中国西沙群岛和南沙群岛纳入所谓越南“主权”范围。中国外交部就此发表了声明，张志军副部长向越方进行了严正交涉。外交部发言人华春莹表示，中国对西沙群岛和南沙群岛及其附近海域拥有无可争辩的主权。任何国家对上述群岛提出的领土主权要求和采取的任何行动，都是非法的、无效的。

2013 年 1 月 22 日，菲律宾外长罗萨里奥发表声明称，菲律宾已经将南海主权争议提交联合国国际海洋法法庭，这是自 2012 年黄岩岛争端升级以来，菲律宾采取的又一个新动作。中国外交部发言人洪磊表示，菲律宾和中国都是《南海各方行为宣言》的签署国，在全面认真落实《南海各方行为宣言》上是有承诺的。我们不赞成菲律宾外交部提起国际仲裁的做法，并已明确表达了反对的立场。中方将继续为维护南海和平稳定做出努力，并将坚定不移地维护国家的主权和权益。

（二）南海的自然概况

南海，亦称南中国海，位于中国大陆的南方，东边是菲律宾群岛，西边是中南半岛，南边为印度尼西亚的加里曼丹岛和苏门答腊岛等。在这辽阔的海域中，分布着东沙群岛、西沙群岛、中沙群岛和南沙群岛，一般统称为南海诸岛。

南沙群岛在祖国南疆的最南端，是南海诸岛中岛礁最多、散布范围最广的群岛。它位于北纬 3° 57'至 11° 55'，东经 103° 30'至 117° 50'，北起雄南滩，南至曾母暗沙，东自海马滩，西到万安滩，南北长 500 多海里，东西宽 400 多海里，水域面积约 80 万平方千米，约占我国南海传统海疆线内海域面积的 2/5，现属海南省辖区。周边自西、南、东依次毗邻越南、印度尼西亚、马来西亚、文莱和菲律宾。南沙群岛由 230 多个岛、洲、礁、沙、滩组成，露出水面的约占 1/5。

南沙群岛及附近海域是中国唯一一个位于珊瑚礁核心分布区的海域，其美丽和富饶足以比肩马尔代夫和澳大利亚大堡礁，分布海域面积比马尔代夫和大堡礁都要大。南沙群岛地处热带，渔业资源特别丰富，富含海藻、海带等热带资源，以及非常可观的海洋能源和盐业资源。此外，南沙还蕴含极为丰富的石油天然气资源，据估计，南沙西南直到沙捞越的广大地区，是亚洲大陆架 3 个最大的贮油地区之一。

（三）南海领土主权争议主要特征

南海地区呈现区域军备竞赛态势。近年来，部分南海周边国家纷纷采购先进武器，推动军事现代化战略转型。有关南海周边国家频繁举行或参与军事演习，暗中以中国为“假想敌”。这种区域军备竞赛态势持续发展，必将使影响南海区域安全的不确定性因素增多，影响南海区域的安全格局。

区域外势力介入导致南海地缘政治竞争加剧。随着全球战略格局的新一轮调整，西太平洋有关军事联盟强化，南海地缘政治竞争加剧。域外大国出于全球和区域战略布局需要，通过军售、军援、联合军演和非传统安全领域合作等方式提升与部分南海周边国家的合作水平，以所谓“维护南海航行自由”为借口介入南海争议，不断强化与南海周边国家的军事联系，通过军事交流与合作，持续增强其在东南亚的军事存在和影响力。

区域内外国家推动南沙争端国际化。有关声索国积极发展与区域外大国的关系，将南海问题列入双边或多边协商机制，增强区域外大国和国际组织在南沙角逐中的介入程度。南沙争议有关声索国还利用向大陆架界限委员会提交“外大陆架划界案”的机会和召开有关所谓南海问题学术会议，制造国际舆论和影响，推动南海问题国际化，推动南沙海域经济资源开发活动国际化。

南海问题涉及中国国家利益和海洋权益，以及与部分东盟国家间的双边关系，通过和平方式和双边谈判途径解决南海问题符合有关各方利益，也有利于维护南海地区的和平与稳定。

二、中国对南海拥有无可争辩的主权

（一）中国对南沙群岛及其附近海域拥有无可争辩的主权

越南对南沙群岛提出主权要求的论据主要有三个：①1933—1975 年，对法国殖民当局和南越西贡政权南沙群岛主权的“国家继承”，特别是南越西贡政权于 1958 年 3 月 20 日发布的 76/BNV/HC9ND 号和 1959 年 1 月 27 日发布的第 34/NV 号关于把南沙群岛划归福绥省管辖的法令。②《旧金山和约》对南沙群岛的处置条款，即提出“日本放弃对台湾、澎湖列岛、南沙及西沙群岛的一切权利和要求”，但只字未提这些领土的归属问题。③一些越南“古籍资料”。其最早历史记录是 1802 年才开始的。

菲律宾声称主权的依据主要有两个：①这部分岛屿原为“无主岛屿”。②这些岛屿离菲律宾最近，对菲律宾的国家安全与经济发展至关重要。

马来西亚侵占和分割南沙岛礁和海域，主要借口是这些小岛位于马来西亚的大陆架上。但这是站不住脚的，因为大陆架延伸不应损害他国领土主权。

印度尼西亚、文莱的领土要求基于专属经济区。

越南在 1975 年以前明确承认中国对南沙群岛的领土主权。菲律宾和马来西亚等国在 20 世纪 70 年代以前没有任何法律文件或领导人讲话提及本国领土范围包括南沙群岛。美国与西班牙 1898 年签订的《巴黎条约》和 1900 年签订的《华盛顿条约》曾明确规定了菲律宾的领土范围，但并未包括南沙群岛。1951 年菲美军事同盟条约、1953 年菲律宾宪法等也对此做了进一步确认，而马来西亚只是到了 1978 年 12 月，才在其公布的大陆架地图上将南沙群岛的部分岛礁和海域标在马来西亚境内。

20 世纪 70 年代开始，越、菲、马等国以军事手段占领南沙群岛部分岛礁，在南沙群岛附近海域进行大规模的资源开发活动并提出主权要求。对此中国政府一再严正声明，这些行为是对中国领土主权的严重侵犯，是非法的、无效的。这些国家的所谓法律依据是根本站不住脚的。中国最早发现、命名南沙群岛，最早并持续对南沙群岛行使主权管辖。对此我们有充分的历史和法理依据，国际社会也长期予以承认。第二次世界大战期间，日本发动侵华战争，占领了中国大部分地区，包括南沙群岛。《开罗宣言》和《波茨坦公告》及其他国际文件明确规定把被日本窃取的中国领土归还中国，这自然包括了南沙群岛。1946 年 12 月，当时的中国政府指派高级官员赴南沙群岛接收，在岛上举行接收仪式，并立碑纪念，派兵驻守。日本政府于 1952 年正式表示“放弃对台湾、澎湖列岛以及南沙群岛、西沙群岛之一切权利、权利名义与要求”从而将南沙群岛正式交还给中国。事实上，在此后的一系列国际会议和国际实践中，美国一直承认中国对南沙群岛的主权。

（二）中国对南沙群岛拥有主权的历史依据

1．中国最早发现、命名南沙群岛

中国人民对南海诸岛的最早发现可以上溯到汉朝。东汉杨孚《异物志》有“涨海崎头，水浅而多磁石”的记载。这里的“涨海”是当时中国人民对南海的称呼，“崎头”则是当时对包括西沙群岛和南沙群岛在内的南海诸岛的岛、礁、沙、滩的称呼。三国东吴将领康泰所著《扶南传》不仅提到了南沙群岛，而且对其形态描述道：“涨海中，到珊瑚洲，洲底有盘古，珊瑚生其上也。”唐宋年间，许多历史地理著作将西沙和南沙群岛相继命名为“九乳螺洲”“石塘”“长沙”“千里石塘”“千里长沙”“万里石塘”“万里长沙”等。宋元明清四代，以“石塘”“长沙”为名记述南海诸岛的书籍多达上百种。元代，对南海诸岛地理位置的记载更为详细。

2．中国最早开发、经营南沙群岛

早在明代，有海口港、铺前港和清澜港渔民及文昌县渔民到南沙群岛去捕捞海参等物。

1868 年《中国海指南》记载了我国渔民在南沙群岛的活动情况，郑和群礁有“海南渔民，以捕取海参，贝壳为活，各岛都有其足迹，亦有久居礁间者，海南每岁有小船驶往岛上。携米粮及其他必需品，与渔民交换参贝。船于每年十二月或一月离海南，至第一次西南风起时返。”清末以来，我国海南岛和雷州半岛各地渔民都有人到南沙群岛去捕鱼，其中以文昌、琼海两县最多，每年仅从此两地去的渔船就各有十几条到二十多条。

《更路簿》是中国人民明清以来开发南海诸岛的又一有力证明。它是中国海南岛渔民在西沙和南沙群岛进行生产活动的航海指南，积累了许多人航行实践经验的集体创作，它孕育于明代，后不断完善，记载了渔民从海南岛文昌县的清澜港或琼海县的潭门港起，航行至西沙、南沙群岛各岛礁的航海航向和航程。

民国时期我国渔民开发经营南沙群岛的史实，中外史料均有记载。日本小仓卯之助《暴风之岛》记载 1918 年他组织的探险队到达北子岛时发现三位“文昌县海口人”。1933 年日本三好和松尾到南沙调查时看到北子岛有中国人 2 名、南子岛有中国人 3 名住在那里。日本《新南群岛概况》记载，中业岛有渔民“栽种之甘薯”“昔时有中华民国渔民居住于此岛，并种植椰子、木瓜、番薯和蔬菜等”。

3．中国最早对南沙群岛行使管辖

迟至元代，南沙群岛已归我国管辖。《元史》地理志和《元代疆域图叙》记载元代疆域包括了南沙群岛，其中《元史》记载了元朝海军巡辖了南沙群岛。

明代《海南卫指挥佥事柴公墓志铭》记载：“广东濒大海，海外诸国皆内属”“公统兵万余，巨舰五十艘”，巡逻“海道几万里”。表明南沙群岛属于明代版图，明代海南卫巡辖了西沙、中沙和南沙群岛。

在清代，中国政府将南沙群岛标绘在权威性地图上，对南沙群岛行使行政管辖。1724 年的《清直省分图》之《天下总舆图》、1755 年《皇清各直省分图》之《天下总舆图》、1767 年《大清万年一统天下全图》、1810 年《大清万年一统地量全图》和 1817 年《大清一统天下全图》等许多地图均将南沙群岛列入中国版图。1932 年和 1935 年，中华民国政府参谋本部、内政部、外交部、海军部、教育部和蒙藏委员会共同组成水陆地图审查委员会，专门审定了中国南海各岛屿名称共 132 个，分属西沙、中沙、东沙和南沙群岛管辖。

1933 年，法国侵占我国南沙群岛的太平、中业等九个岛屿，立即遭到我国在南沙群岛生活和从事生产活动的渔民强烈反抗，中国政府也向法国政府提出抗议。1935 年，中国政府的水陆地图审查委员会编印《中国南海各岛屿图》详细标明了包括南沙群岛在内的南海诸岛各岛礁的具体名称。

1939 年，日本侵占了南海诸岛。1946 年根据《开罗宣言》和《波茨坦公告》精神，中华民国政府内政部会同海军部和广东省政府委派肖次尹和麦蕴瑜分别为西沙群岛和南沙群岛专员，前往接管西沙群岛和南沙群岛，并在岛上立主权碑。

1947 年，中华民国政府内政部重新命名包括南沙群岛在内的南海诸岛岛礁沙滩名称共 159 个，并公布施行。

1983 年，中国地名委员会授权公布包括南沙群岛在内的南海诸岛标准地名。

综上所述，大量翔实的史实证明，南沙群岛是中国人民最早发现和开发经营的，中国政府早已对其行使管辖和主权。南沙群岛自古以来就是中国领土不可分割的一部分。

（三）中国对南沙群岛拥有主权的法理依据

在国际法上传统的领土取得和变更方式主要有先占、添附、时效、割让和征服。割让是一种转受的取得方式，而先占、添附、征服和时效则是原始的取得方式。先占作为传统国际法中领土变更的一种重要方式，是指国家有意识地对无主地实行有效占领，取得领土主权的一种方式。先占的对象必须是无主地；先占的主体必须是国家；先占必须是有效的占领。中国对南海的主权完全符合先占原则，因为中国首先发现和首先命名；中国首先经营和开发；中国首先行使管辖权和主权，而且是连续的。

1．大量翔实的中外史料对中国人民最早发现、命名南沙群岛提供了丰富的证据

早在两千年前的汉代，中国人民在长期的航海和生产实践中发现了南沙群岛。这在东汉杨孚《异物志》、三国时万震的《南州异物志》、东吴将领康泰的《扶南传》等书里均有记载。这些记载是中国人民对自己居住和生产经营的土地的认识，在国际法上具有重要意义。从国际法发展的过程来看，古代中国对南海群岛的发现足以证明中国对南沙群岛享有无可争辩的领土主权。南沙群岛不是“无主地”，而是中国领土不可分割的组成部分。任何其他国家都无权以任何名义改变南沙群岛属于中国这一法律地位。

2．中国人民对南沙群岛及其附近海域的开发经营，以及中国政府对南沙群岛的实际管辖进一步加强了中国对南沙群岛的主权

中国人民在发现南沙群岛后，最迟自唐宋以来就一直在南沙群岛及其附近海域从事捕捞、种植等生产经营活动。晋代的斐渊在《广州记》中对中国渔民在南海捕鱼和采珊瑚做了记录。明清以来，海南岛文昌、琼海的渔民经常于每年冬季利用东北信风南下至南沙群岛及其附近海域捕捞水产，至第二年台风季节到来之前利用西南信风北返。中国渔民在南沙群岛居住并从事捕捞、种植等生产活动，从自发到有组织，得到中国政府的准许和支持。即使南沙群岛在古代不适宜居住，仍有中国渔民长年居住于南沙群岛。在漫长的历史中，中国人民常年往来于中国海南岛、广东省与南沙群岛之间生产经营，并向中国政府缴税纳赋。

3．中国政府对南沙群岛行使管辖还表现在一系列持续和有效的政府行为

自唐贞元以来，中国已将南沙群岛列入了中国的版图，至明、清则进一步明确了这一点。大量的中国官方文件、地方志和官方地图都记载了中国历代政府对南沙群岛的管辖，并将其列入中国的领土范围。直至 20 世纪初，中国政府一直在没有争议的情况下对南沙群岛行使着和平管辖。

4．中国政府持续不断地维护中国对南沙群岛的主权

20 世纪 30 年代，法国曾侵占南沙群岛的九个小岛，中国政府及时进行了外交交涉，中国渔民进行了有组织的抵抗。民国时期，中国政府采取了一系列积极维护主权的措施，如给在南沙群岛及其附近海域作业的中国渔民和渔船发放中国国旗，组织对南沙群岛的历史和地理进行调查，由政府地图出版审查机构重新命名和审定南海诸岛包括南沙群岛的群体和个体名称等。

第二次世界大战期间，日本侵占了中国的南沙群岛。中国为收复被日本占领的南沙群岛进行了不懈努力。1943 年中美英三国《开罗宣言》宣布，此次战争的宗旨之一是“使日本所窃取于中国之领土，例如满洲、台湾、澎湖群岛等归还中国”。当时的南沙群岛被日本划归我国台湾地区管辖，《开罗宣言》要求日本归还的中国领土当然包括南沙群岛。1945 年《波茨坦公告》再次确认了中国收复失地的立场。根据《开罗宣言》和《波茨坦公告》的精神，中国于 1946 年收复南沙群岛，同时以一系列法律程序向全世界宣告中国恢复行使对南沙群岛的主权，包括举行接收仪式和派兵驻守，绘制南沙群岛地图，重新命名南沙群岛及其群体和个体的名称，编写和出版最早的南沙群岛地理志。1947 年，中华民国政府内政部完成了南海划界，即“九段线”。这条线最南到北纬 4° 左右的曾母暗沙，奠定了今天中国南海疆界的基本走向。

中华人民共和国建立后，南沙群岛先后被划归广东省和海南省管辖，中国政府一直坚持并采取实际行动积极维护对南沙群岛的主权。

综上所述，中国政府对南沙群岛享有无可争辩的主权。有的国家声称南沙群岛在其大陆架或专属经济区内，并据此主张对南沙群岛的主权。根据国际法和海洋法，领土主权是海洋权益的基础，海洋权益是从领土主权派生出来的。任何国家都不能将海洋管辖权扩展到别国的领土上，更无权以主张专属经济区或大陆架为由侵占他国领土。总之，任何国家对南沙群岛岛礁的军事占领或其他行动，都是对中国领土主权的侵犯，在国际法上都是非法和无效的，不构成主张领土要求的依据，也不能改变中国对南沙群岛拥有主权这一无可争辩的法律事实。

（四）中国对南沙群岛主权得到国际上的承认

1．国外文献对中国南海主权的承认

英国海军部测绘局1912年编印的《中国航海志》（China Sea Pilot），多处载明南海诸岛常有中国人民的足迹。1971年，英驻新加坡高级专员说："'斯普拉特利岛'（指我国南威岛）是中国属地，为广东省的一部分……在战后归还中国。我们找不到它曾被任何其他国家占有的任何迹象，因此只能做出结论说，它至今仍为中国所有。"（载香港《远东经济评论》，1973年12月31日，39页。）

法国1933年9月出版的《殖民地世界》杂志（LE MONDE COLONIAL ILLUSTRE）记载，1930年法国炮舰"马立休士"号测量南沙群岛的南威岛时，岛上即有中国居民3人；1933年4月，法国人强占南沙9岛时，见各岛居民全是中国人，南子礁上有7人，中业岛上有5人，南威岛上有4人，南钥岛上有中国人留下的茅屋、水井、神座等，太平岛上有一中国字牌，指示储粮处所。

日本1966年出版的《新中国年鉴》说："中国的沿海线，北从辽东半岛起到南沙群岛约一万一千公里，加上沿海岛屿的海岸线，达二万公里。"1972年出版的《世界年鉴》说："中国……除大陆部分的领土外，有海南岛、台湾、澎湖列岛及中国南海上的东沙、西沙、中沙、南沙各群岛等。"

美国1961年出版的《哥伦比亚利平科特世界地名辞典》写道，南沙群岛是"南中国海的中国属地，广东省的一部分。"1963年美国出版的《威尔德麦克各国百科全书》说："中华人民共和国各岛屿，还包括伸展到北纬4°左右的南中国海的岛屿和珊瑚礁。"1971年出版的《世界各国区划百科全书》说："中华人民共和国包括几个群岛，其中最大的是海南岛，在南海岸附近。其他群岛包括南中国海的一些礁石和群岛，最远伸展到北纬4°。这些礁石和群岛包括东沙、西沙、中沙和南沙群岛。"

1956年6月15日，越南外交部副部长雍文谦会见我国驻越领事馆临时代办李志民时表示：根据越南方面的资料，从历史上看，西沙、南沙群岛应当属于中国领土。当时在座的越外交部亚洲司代司长黎禄说：从历史上看，西、南沙群岛早在宋朝时就已属中国了。1958年9月4日，我国政府发表领海宽度为12海里的声明，适用于中国一切领土，包括南海诸岛。越南人民日报于9月6日详细报道了这一声明。越南总理范文同于9月14日向周总理表示承认和赞同这一声明。1974年越南教育出版社出版的普通学校地理教科书，在《中华人民共和国》一课中写道："从南沙、西沙各岛到海南岛、台湾岛……，构成了保卫中国大陆的一座长城。"

2．将南海诸岛标注为中国领土的其他国家出版的地图

1954 年、1961 年和 1970 年联邦德国出版的《世界大地图集》；1954—1967 年苏联出版的《世界地图集》；1957 年罗马尼亚出版的《世界地理图集》；1957 年英国出版的《牛津澳大利亚地图集》《菲利普地图集》和 1958 年出版《大英百科全书地图集》；1960 年越南人民军总参地图处编绘的《世界地图》；1968 年民主德国出版的《哈克世界大地图集》；1968 年英国出版的《每日电讯世界地图集》；1968 年、1969 年版，法国出版的《拉罗斯地图集》；1965 年出版的法国《拉鲁斯国际地图》不但用法文拼音标明西沙、南沙和东沙群岛的中国名称，而且在各岛名称后注明属于"中国"；1968 年法国国家地理研究所出版的《世界普通地图》；1972 年越南总理府测量和绘图局印制的《世界地图集》；1973 年日本平凡社出版的《中国地图集》。

3．有关承认中国对南沙群岛主权的国际会议

1951 年旧金山对日和约会议规定日本应放弃西沙群岛和南沙群岛。当时，苏联代表团团长葛罗米柯在会上发言指出："西沙群岛和南沙群岛等岛屿是中国不可分割的领土"。虽然旧金山对日和约没有明确提及日本将西沙、南沙群岛交还中国，但在签署旧金山对日和约的第二年，即 1952 年，由当时日本外务大臣冈崎胜男亲笔签字推荐的《标准世界地图集》第十五图《东南亚图》，就把合约规定日本必须放弃的西沙、南沙群岛及东沙、中沙群岛全部标绘为中国。

1955 年 10 月 27 日，在菲律宾首都马尼拉召开第一届国际民航组织太平洋地区飞行会议。出席这次会议的有 16 个国家和地区。除澳大利亚、加拿大、智利、多米尼加、日本、老挝、南朝鲜（现称韩国）、菲律宾、泰国、英国、美国、新西兰、法国等国外，当时南越和中国台湾当局也都派代表参加了会议。大会由菲律宾首席代表担任主席，法国首席代表为大会第一副主席。会议认为南海诸岛中的东沙、西沙、南沙群岛位于太平洋的要冲，这些地区的气象报告对国际民航关系很大。所以，与会代表通过第 24 号决议，要求中国台湾当局在南沙群岛加强气象观测（每日四次）。当时，通过这项决议时，包括菲律宾和南越代表在内，没有任何一个国家的代表对此提出异议或保留意见。

三、南海争端产生的原因

（一）对南海的战略价值争夺

南沙群岛战略地位十分重要，处于越南金兰湾和菲律宾苏比克湾两大海军基地之间，扼太平洋至印度洋海上交通要冲，为东亚通往南亚、中东、非洲、欧洲必经的国际重要航道，在我国通往国外的 39 条航线中，有 21 条通过南沙群岛海域，60%的外贸运输从南沙经过，也是我国对外开放的重要通道和南疆安全的重要屏障。

南海是印度洋通向太平洋的必经之路，也是我国和美、日的能源之路，这决定了南海问题的复杂性和长期性。随着工业化程度的不断深入，各国对能源——石油的需求呈不断上升趋势。作为一个国家经济、国防的命脉，没有哪个国家会对石油的来源和运输问题视而不见。南海周边国家对南海提出主权要求，主要是因为南海被相信蕴藏着极其丰富的油气资源，而世界大国美国和地区大国日本、印度等对南海问题的介入则主要是因为担心并认为承认中国一直强调的南海地区的主权，中国就会完全控制南海，就会扼住美日的石油命脉。同时也使得他们遏制中国的战略彻底失败。

（二）对南海的经济价值争夺

南沙岛礁中的水面环礁的礁体面积有 3 000 平方公里左右，而在国际海洋公约中，水面环礁是具有准陆地地位的。按照群岛基线准则，南沙群岛就能够划出数万平方公里的领土区域（陆地+水面环礁<具有准陆地地位>+内水），据此能够主张上万平方公里的领海，几十万平方公里的专属经济区。

南沙群岛属热带海洋性季风气候，月平均温度在 25 至 29 摄氏度之间，雨量充沛，岛上灌木繁茂，海鸟群集，盛产鸟粪，两栖生物丰富，水产种类繁多，是我国海洋渔业最大的热带渔场，有浮藻植物 155 种，浮游动物 200 多种，贝壳 66 种。海域蕴藏着大量的矿藏资源，有石油和天然气、铁、铜、锰、磷等多种。

南海蕴藏着丰富的油气资源。1967 年，联合国东南亚大陆礁层探测团提出报告说，中南半岛和南中国海地区大陆架油矿丰富，有 210 万立方公里的储量，相当于中东各国或委内瑞拉加上墨西哥海湾附近与美国东南部沿海油藏之总和，而且含硫量少，品质优良。其中油气资源尤为丰富，地质储量约为 350 亿吨，有“第二个波斯湾”之称，主要分布在曾母暗沙、万安西和北乐滩等十几个盆地，总面积约 41 万平方公里，仅曾母暗沙盆地的油气储量约有 126 亿～137 亿吨。美国亨特号探测船在美国海洋研究所指挥下，曾于 1969 年 6 月至 8 月间，五度在中国南海地区进行探测。根据其探测报告显示，有储积大量油气的可能性。此消息传出后，立即引起了菲律宾及越南武力侵占南沙地区岛屿的动机。

（三）外部势力插手南海问题使问题复杂化

在越南、菲律宾、马来西亚后面的几股势力，正在蓄势待发，伺机再向中国发难。这几股势力，正是美国、日本、印度。

自从 2007 年美军重返菲律宾，并与菲军队举行了几次联合军事演习以来，菲律宾在南海诸岛领土争端问题上就越来越趋向强硬了。如今，菲律宾方面倚仗着与美国签订有《共同防御条约》，公开向中国叫板，更有菲律宾议员叫嚣“不惜与中国一战”，也有菲律宾海军高层叫嚣“为黄岩岛战至最后一兵一卒”，其气焰之嚣张、言语之狂妄令人咋舌。

美国长期插手中国南海争端，1995 年，美国众议院通过的《美国海外利益法案》称，南中国海的航行自由对美国及其盟国的国家安全“至关重要”，任何用武力夺取该区域岛屿的行为将引起美国的“严重关注”，这表明了美国将动用一切手段介入该地区事务的意向。其实，美国所谓“确保海上航行自由”“反对使用武力”等借口的实质，就是积极插手南海争端，破坏中国在维持南海和平方面的努力，企图将南沙问题多边化和国际化。为此，美国这些年来，从来就没有停止过派出间谍飞机、间谍船只到中国南海进行侦察和巡逻。因此，中国南海已经成为美国遏制中国崛起的另外一条重要的战线。

伊拉克战争和阿富汗战争严重削弱了美国的实力，随之而来的是对东亚战略重要性的忽视。近年来，美国提出了重返亚太军事战略，调整的方向是整合空军、海军战力，确保美军在西太平洋战区的行动自由。具体方式有：①扩大亲美阵容，利用盟友维护其在亚太的利益；②以关岛为核心，完善三个岛链部署，稳固东北亚，加强在东南亚、特别是南海周边区域的军事存在。美国不仅在政治上要参与并欲主导现有的东亚合作框架，在军事上提升老盟友关系，建立新的合作伙伴关系（包括与越南、印度、印尼、菲律宾、新加坡等国建立某种准军事关系），美国正以一种高姿态重返亚太地区。

日本历来视东南亚地区为其传统的战略势力范围，视南海区域为其最重要的海上"生命线"，日本在东海问题、钓鱼岛问题、介入台湾海峡事务问题、历史问题等上面，与中国有着太多的矛盾。一旦中国实现了两岸统一，并且牢牢控制了南海区域的话，对日本来讲，无疑是致命的打击。在军事上，日本不断提升对中国的防范，日本防卫问题恳谈会曾对 2015 年的日本安全环境做出了预测，认为中国将对巴士海峡和马六甲海峡的海上航道构成军事威胁，南中国海有可能变成"中国海"，将会极大威胁到日本海上运输线的安全。

长期以来，印度政府一直推行强硬政策，其目标是"控制印度洋、争当世界一等强国"，试图由南亚地区强国跻身为可在国际事务中发挥重要作用的世界大国。印度海军计划为其东部、西部舰队和远东海军司令部各配备一个航母战斗群。一旦这个雄心勃勃的扩军计划得以实现，印度海军就将拥有 3 个航母战斗群，跻身为航母大国，海上作战能力也将跨上一个新的台阶。

印度早已不甘心只在印度洋上显示实力。2000 年 10—11 月，印度海军就派遣一支六舰编队进入南中国海，与韩国、越南等举行联合军事演习。演习结束后，这些印度舰艇继续留在南海，再加入一艘"基洛"级潜艇和反潜巡逻机，举行单方面海上军事演习。印度这些年来，努力改善与日本、俄罗斯的关系，无论是政治关系、经济关系，还是军事合作，印度与日本都走得很紧密。2000 年，印度与日本宣布两国结成全球伙伴关系。两国携手合作，企图染指南中国海，继而加强在马六甲海峡的军事力量存在，加强对印度洋的军事控制。印度介入南海问题的主要原因是：一方面，印度企图将其塑造成南海争端的利益相关方，为以后深度介入南海争端，进而影响东亚地区秩序做好铺垫。另一方面，印度长期以中国为战略对手，加大介入南海力度出于地区战略目的，企图以此牵制中国和平发展。印度把印度洋视为自己的势力范围，对中国海军前往亚丁湾打击海盗表示担忧，并渲染中国在印度周围开展"珍珠链"战略。

应该说，中国与东南亚国家关于南海诸岛的领土争端，过去仍然仅仅局限于区域内国家，这个问题并未扩大化、多边化、国际化。因此，过去的这些年来，尽管各种纠纷不断，但总的来讲，仍然是中国与东南亚各国的区域内之争，仍然处于能为我国所控的范围之内。

（四）国际海洋法的影响

1973 年召开的第三次国际海洋法会议历时九年，于 1982 年通过了一部新的国际海洋法公约。但公约的产生也带来一些新的问题。部分南海周边国家都以通过国内立法的形式，对部分南沙岛礁主权和海域管辖权提出要求。这些单方面的主张都与中国在南海地区享有的历史性权利产生了冲突和矛盾，导致了南沙争议目前格局的形成。自南沙岛礁占领格局形成以来，争议各方之间围绕岛礁主权、海域管辖和资源开发的争议，虽然发生过零星的冲突，但争议的主要表现形式仍是主张争议，主要通过各自发布官方声明声索主权。但是，随着周边国家实施海洋战略，海洋立法推进、海上执法力量加强，海洋管辖力度逐年加大，实施海洋管辖成为其巩固占领岛礁、控制争议海域、保证资源开发的主要手段。

四、我国在南海问题上的基本政策

2002 年，我国与东盟十国在柬埔寨共签《南海各方行为宣言》。这一宣言是中国与东盟签署的第一份有关南海问题的政治文件，对维护中国主权权益，保持南海地区和平与稳定，增进中国与东盟互信有重要的积极意义。这份宣言的要点包括“直接有关的主权国家通过友好磋商和谈判，以和平方式解决它们的领土和管辖权争议，而不诉诸武力或以武力相威胁。”以及“各方承诺保持自我克制，不采取使争议复杂化、扩大化和影响和平与稳定的行动，包括不在现无人居住的岛、礁、滩、沙或其他自然构造上采取居住的行动，并以建设性的方式处理它们的分歧。”

（一）中国政府一贯主张以和平方式谈判解决国际争端

根据这一精神，中国已同一些邻国通过双边协商和谈判，公正、合理、友好地解决了领土边界问题。这一立场同样适用于南沙群岛。中国愿同有关国家根据公认的国际法和现代海洋法，包括 1982 年《联合国海洋法公约》所确立的基本原则和法律制度，通过和平谈判妥善解决有关南海争议。这已明确写入 1997 年中国－东盟非正式首脑会晤发表的《联合声明》中。中国政府还提出“搁置争议、共同开发”的主张，愿意在争议解决前，同有关国家暂时搁置争议，开展合作。中国政府不仅是这样主张的，也是这样做的。近些年来，中国与有关国家就南海问题多次进行磋商，交换意见，达成了广泛共识。中菲、中越、中马等国的双边磋商机制正在有效运行，对话取得不同程度的积极进展。在中国－东盟高官磋商、中国－东盟对话会中，双方也就南海问题坦诚交换意见，一致赞同以和平方式和友好协商寻求问题的妥善解决。

（二）中国提出用“双轨思路”处理我国的南海问题

针对南海局势的新现实，中国政府审时度势，提出了解决南海争议的新方针。

1．中国-东盟外长会议上中国首提“双轨思路”

2014 年 8 月，中国外交部长王毅在中国-东盟（10+1）外长会上，首次倡导以“双轨思路”处理南海问题。即有关争议由直接当事国通过友好协商谈判寻求和平解决，而南海的和平与稳定则由中国与东盟国家共同维护。

中国之所以倡导“双轨思路”是因为：一方面，由直接当事国通过协商谈判解决争议是最为有效和可行的方式，符合国际法和国际惯例，也是《南海各方行为宣言》中最重要的规定之一。另一方面，南海的和平稳定涉及包括中国和东盟各国在内所有南海沿岸国的切身利益，中国和东盟各国有责任也有义务共同加以维护。事实证明，只要坚持“双轨思路”，两者相辅相成，相互促进，中国完全可以既有效管控和妥善处理具体争议，同时又能保护本地区和平稳定与合作的大局。

以“双轨思路”解决南海争议的战略构想，旗帜鲜明地表达了中国珍惜与东盟国家的友好合作，致力于发展双方利益共同体、命运共同体和生命共同体基础上克服和解决南海冲突的新思路。

2．东亚峰会上中国重申“双轨思路”

2014 年 11 月，李克强总理在参加第九届东亚峰会时，重申了中国在南海问题上的原则主张以及中国与东盟国家互利合作的相关问题。

李克强总理在峰会上发言时指出：南海形势总体是稳定的，航行自由和安全是有保障的。中国与东盟国家就全面有效落实《南海各方行为宣言》、推进海上务实合作，进行了密切有效的对话与沟通。明确了处理南海问题时有关具体争议应由直接当事国通过谈判和协商解决、南海和平稳定由中国和东盟国家共同加以维护的“双轨思路”，同意积极开展磋商，争取在协商一致的基础上早日达成“南海行为准则”，并已取得早期收获。

中国正与东盟国家商讨签署“睦邻友好合作条约”，为双方世代和平共处提供制度框架和法律保障，并愿与更多地区国家探讨达成睦邻友好法律文件，推动实现东亚持久和平。

应珍视来之不易的良好局面，把握好政治安全和经济发展“两个轮子一起转”的大方向，促进地区和平安定，积极应对全球性挑战，深化经济社会等领域合作。

3．亚信会议上再重申“双轨思路”

围绕新一轮南海冲突的升级，在 2016 年 4 月 28 日的亚信会议开幕式上，中国国家主席习近平重申了解决南海问题的“双轨思路”，让国内外看到了中国维护南海和平的决心。他强调，中国一贯致力于维护南海地区和平稳定，坚定维护自身在南海的主权和相关权利，坚持通过同直接当事国友好协商谈判和平解决争议。中方愿同东盟国家一道努力，将南海建设成为和平之海、友谊之海、合作之海。

4．解读“双轨思路”

作为处理南海问题思路的一种新提法，“双轨思路”蕴含着四个方面的含义。

第一，有关争议通过双边协商解决的立场不会改变。“双轨思路”中，其中一轨就是有关争议直接由当事国通过友好协商谈判寻求和平解决，这表明中国一贯坚持的通过双边谈判解决南海争议的立场没有发生改变，即牢牢抓住“主权”这一南海问题的本质。

第二，反对域外国家干预南海问题的态度更加鲜明。“双轨思路”提出，南海的和平与稳定由中国与东盟国家共同维护，这一规则将企图插手南海问题的域外国家排除在外。

第三，争取通过和平方式解决争议的努力不会放弃。中国一贯主张通过和平方式解决南海争议，“双轨思路”则是中国为和平解决南海争议提出的又一建设性思路。

第四，南海和平与稳定维护者的身份定位更加明确。“双轨思路”的提出，进一步树立了中国在南海问题中的建设性形象，也明确了中国作为南海和平维护者的身份地位。

5．用“双轨思路”处理我国南海问题的重要现实意义

“双轨思路”是解决争议的最现实路径，是维护南海长期和平稳定的必由之路。因为它着眼长远，突出合作，强调对话，切实可行，所以得到迄今最广泛的赞同和支持。

“双轨思路”完全符合联合国宪章所倡导的通过谈判协商和平解决争端宗旨，也完全符合中国和东盟共同签署并有约束力的《南海各方行为宣言》第四款规定，“双轨思路”是妥善解决南海问题最为现实可行的办法。

“双轨思路”具有长期实践基础。从世界各国解决陆地和海上争端的经验来看，由直接当事国谈判解决的占绝大多数。例如，美国与邻国的海洋划界争端几乎都是通过谈判解决的。长期以来，中国同周边海洋国家有着基本共识和成功实践，通过双边协商谈判划定了中越陆地边界，完成了北部湾划界。双边海上问题经常性磋商一直在持续。中韩两国领导人已同意启动两国海上划界谈判。中越之间有政府边界谈判代表团会晤机制等。

“双轨思路”符合现实和长远需要。自 2002 年《南海各方行为宣言》签署以来，有关方从南海合作中获得巨大利益，中国同东盟国家共同维护南海和平稳定大局的决心和意志有目共睹。南海是中国和周边国家的共同家园，需要各方齐心协力，共同维护。借外力搅浑水的企图有损团结，难以得到各方支持；强告无人应诉之状的做法有悖法理，与地区人民合作共赢的愿望背道而驰。只有坚持“双轨思路”，不断加强地区合作，做大共同利益蛋糕，才能为解决争议积累条件、奠定基础。而争议当事国开展对话协商、增进互信，为南海地区长期和平稳定指明了方向和路径，将为中国同东盟国家合作注入新的动力，推动南海地区乃至整个亚洲的发展与繁荣。

拓展阅读

南海各方行为宣言

中华人民共和国和东盟各成员国政府，重申各方决心巩固和发展各国人民和政府之间业已存在的友谊与合作，以促进面向 21 世纪睦邻互信伙伴关系；认识到为增进本地区的和平、稳定、经济发展与繁荣，中国和东盟有必要促进南海地区和平、友好与和谐的环境；承诺促进 1997 年中华人民共和国与东盟成员国国家元首或政府首脑会晤《联合声明》所确立的原则和目标；希望为和平与永久解决有关国家间的分歧和争议创造有利条件；谨发表如下宣言：

一、各方重申以《联合国宪章》宗旨和原则、1982 年《联合国海洋法公约》《东南亚友好合作条约》、和平共处五项原则以及其他公认的国际法原则作为处理国家间关系的基本准则。

二、各方承诺根据上述原则，在平等和相互尊重的基础上，探讨建立信任的途径。

三、各方重申尊重并承诺，包括 1982 年《联合国海洋法公约》在内的公认的国际法原则所规定的在南海的航行及飞越自由。

四、有关各方承诺根据公认的国际法原则，包括 1982 年《联合国海洋法公约》，由直接有关的主权国家通过友好磋商和谈判，以和平方式解决它们的领土和管辖权争议，而不诉诸武力或以武力相威胁。

五、各方承诺保持自我克制，不采取使争议复杂化、扩大化和影响和平与稳定的行动，包括不在现无人居住的岛、礁、滩、沙或其他自然构造上采取居住的行动，并以建设性的方式处理它们的分歧。

在和平解决它们的领土和管辖权争议之前，有关各方承诺本着合作与谅解的精神，努力寻求各种途径建立相互信任，包括：

（1）在各方国防及军队官员之间开展适当的对话和交换意见。

（2）保证对处于危险境地的所有公民予以公正和人道的待遇。

（3）在自愿基础上向其他有关各方通报即将举行的联合军事演习。

（4）在自愿基础上相互通报有关情况。

六、在全面和永久解决争议之前，有关各方可探讨或开展合作，可包括以下领域：

（1）海洋环保。

（2）海洋科学研究。

（3）海上航行和交通安全。

（4）搜寻与救助。

（5）打击跨国犯罪，包括但不限于打击毒品走私、海盗和海上武装抢劫以及军火走私。

在具体实施之前，有关各方应就双边及多边合作的模式、范围和地点取得一致意见。

七、有关各方愿通过各方同意的模式，就有关问题继续进行磋商和对话，包括对遵守本宣言问题举行定期磋商，以增进睦邻友好关系和提高透明度，创造和谐、相互理解与合作，推动以和平方式解决彼此间争议。

八、各方承诺尊重本宣言的条款并采取与宣言相一致的行动。

九、各方鼓励其他国家尊重本宣言所包含的原则。

十、有关各方重申制定南海行为准则将进一步促进本地区和平与稳定，并同意在各方协商一致的基础上，朝最终达成该目标而努力。

本宣言于 2002 年 11 月 4 日在柬埔寨王国金边签署。

思考题

1. 我国在南海问题上的政策主张是什么？
2. 探讨解决南海问题的基本途径。

参考文献

[1] 李国强．中国南海诸岛主权的形成及南海问题的由来[J/OL]．求是，2011（15）：49-51．[2011-8-4]．http://news.xinhuanet.com/world/2011-08/04/c_121779123.htm.

[2] 中华人民共和国外交部．中国对南沙群岛拥有主权的历史依据[EB/OL]．（2000-11-22）[2009-3-18]．http://history.huanqiu.com/china/2009-03/407433.html.

[3] 中华人民共和国外交部．中国对南沙群岛拥有主权的法理依据[EB/OL]．（2000-11-22）[2009-3-17]．http://news.qq.com/a/20090317/000571.htm.

[4] 中华人民共和国外交部．中国对南沙群岛的主权得到国际上的承认[EB/OL]．（2000-11-22）[2009-3-18]．http://history.huanqiu.com/china/2009-03/407453.html.

[5] 赵杨，黄伟谦，戎明昌．小国结盟大国介入南海棋局加剧争端[N]．南方日报，2011-08-23.

[6] 吴士存．南海问题的由来与发展[N]．海南日报，2012-05-10.

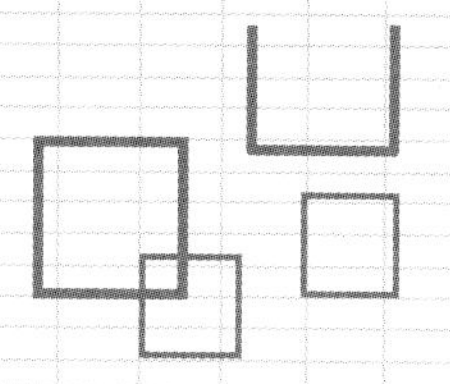

专题八 推动“一带一路”的建设

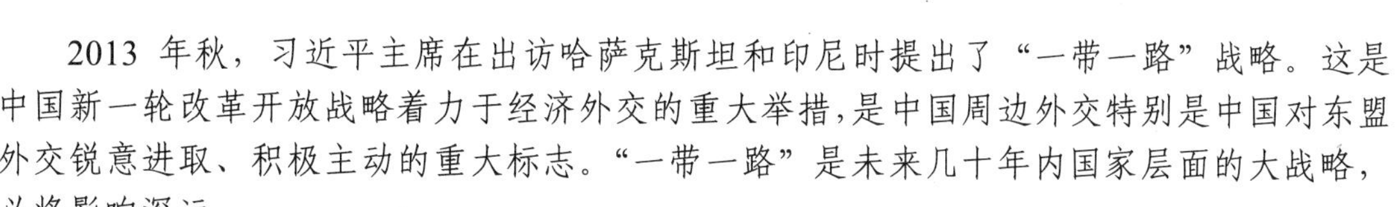

2013 年秋，习近平主席在出访哈萨克斯坦和印尼时提出了“一带一路”战略。这是中国新一轮改革开放战略着力于经济外交的重大举措，是中国周边外交特别是中国对东盟外交锐意进取、积极主动的重大标志。“一带一路”是未来几十年内国家层面的大战略，必将影响深远。

“一带一路”是“丝绸之路经济带”和“21 世纪海上丝绸之路”的简称。“丝绸之路经济带”同时具备能源和地缘安全意义。“21 世纪海上丝绸之路”的建设则是中国连接世界的新型贸易之路。

“一带一路”是中国资本输出计划的战略载体。从外部环境角度分析，“一路一带”全球大战略恰逢其时，有望启动海外基建浪潮。从对内经济建设角度分析，“一带一路”所代表的全球化战略，是中国新一代领导人主动有所作为的“走出去”战略，能够显著提升海内外对于中国“二次创业”的信心。

一、“一带一路”战略的提出和内涵

（一）“一带一路”战略的提出

2013 年 9 月 7 日国家主席习近平在哈萨克斯坦访问期间，在纳扎尔巴耶夫大学发表演讲时提出，为了使欧亚各国经济联系更加紧密、相互合作更加深入、发展空间更加广阔，我们可以用创新的合作模式，共同建设“丝绸之路经济带”，以点带面，从线到片，逐步形成区域大合作。

2013 年 10 月 3 日，习近平出访东盟国家时在印尼国会发表演讲，提出，中国愿同东盟国家加强海上合作，使用好中国政府设立的中国-东盟海上合作基金，发展好海洋合作伙伴关系，共同建设“21 世纪海上丝绸之路”。

这两大倡议被合称为“一带一路”。在此后举办的周边外交工作座谈会和中央经济工作会议上，这两大战略均被强调。在 2013 年 11 月召开的中共十八届三中全会上，“一带一路”写入全会决定，成为国家战略，是中国深化改革开放和推进周边外交的“大手笔”。

2014 年两会期间，李克强总理在《政府工作报告》中把“抓紧规划建设丝绸之路经济带、21 世纪海上丝绸之路”作为重点工作。2015 年两会，外交部部长王毅在记者会上表示，2015 年中国外交的关键词是“一个重点、两条主线”。其中，“一个重点”就是全面推进“一带一路”。

“一带一路”建设是推进中国新一轮对外开放并与沿线国家合作共赢的外交方略。2014 年以来，在亚信峰会、中阿合作论坛、APEC 领导人非正式会议、东亚领导人系列会议等重大外交活动中，中方都积极推进“丝绸之路经济带”和“海上丝绸之路”方案，一方面争取国际理解和支持，调动沿线国家的积极性；另一方面统筹和协调国内区域发展，寻找新的可持续发展增长点。中方倡议筹建亚洲基础设施投资银行并最终争取了 57 个国家成为意向创始成员国，中方还设立“丝路基金”，这些具体措施均已取得重大进展，对塑造我国周边环境、创建战略发展机遇期、拓展大国外交的战略空间具有深远的意义。

（二）“一带一路”战略的内涵

“一带一路”合作倡议立意高远、内容丰富，对我国的经济社会发展而言，至少包含经济、安全、人文三方面的内涵，这一战略构想的规划实施必将对我国经济可持续发展、社会团结稳定、对外科技人文交流产生重大而积极的影响。

1．“一带一路”战略的经济内涵

“一带一路”战略构想将东亚、东南亚、南亚、中亚、欧洲南部、非洲东部的广大地区联系在一起，该区域覆盖 50 多个国家，总人口 44 亿，约占全球的 63%，近 2/3；经济总量超过 20 万亿美元，约占全球的 29%，从资源富集情况看“一带一路”覆盖区域是全球最主要的能源和战略资源供应基地，区域内经济互补性强；从比较优势来看，“一带一路”沿线国家多为处于不同发展阶段、具有不同禀赋优势的发展中国家，这些国家发展潜力巨大，在农业、纺织、化工、能源、交通、通信、金融、科技等诸多领域进行经济技术合作的空间广阔。

对我国经济和社会发展而言，“一带一路”的经济内涵主要包括以下几个方面：

（1）从对外开放的角度看，“一带一路”进一步巩固、扩大了我国与中亚、东南亚以及更广大发展中国家和地区的互利合作，有利于全方位开放新格局的形成。我国的对外开放经历了由经济特区到沿海开放城市、再到沿江沿边开放，最后全面开放这样几个阶段，受地理区位条件制约，东部沿海地区开放水平明显较高，沿边地区特别是西部沿边地区在全国进出口总贸易额中的比重依然较小，形成全方位开放新格局的重点和难点在中西部。“一带一路”国内段覆盖了我国中西部的大部分地区，使广大中西部地区由原先的“内陆腹地”变成现在的“开放前沿”，为中西部地区进一步提高对外开放水平、促进经济平稳健康发展提供了契机。2008 年世界金融风暴给我们的重要教训是，对外贸易主要依靠欧美发达国家、“一条腿走路”的风险很大，而现阶段许多发展中国家经济发展速度加快、市场需求不断扩大，已经成为世界市场中一支不容忽视的力量，而“一带一路”的构想将我国巨大的产品制造能力与沿途发展中国家的巨大市场需求联系起来，扩大贸易往来、深化经济合作前景广阔。

（2）从经济转型升级的角度看，“一带一路”为我国东部地区产业转移和过剩产能化解提供了广阔的战略迂回空间。东部地区受到污染治理、土地价格、劳动力成本等多重因素的影响，出口导向型经济发展已是强弩之末，低端制造业向我国中西部地区以及东南亚等劳动力成本优势明显的地区逐步转移已是大势所趋。“丝绸之路经济带”要连接中亚等广大亚洲腹地，基本要求是“道路相通”，这也就意味着中西部地区即将迎来交通基础设施的一次建设高潮，这对减少中西部地区物流成本，提高产品出口竞争力具有重要意义；

东南亚地区劳动力丰富、出口导向型经济比较优势明显，是各国产业转移的重点区域之一，通过“21世纪海上丝绸之路”将部分已不具有比较优势的产业从我国东部地区转移过去，可以为我国的经济转型升级留出必要的发展空间，同时与日、韩等较发达国家同场竞技也有利于增强我国企业的国际竞争力。客观而言，产能“过剩”并不意味着产能“落后”，我国现阶段相对过剩的钢铁、水泥等产业可能正是中亚、东南亚、南亚、非洲等发展中地区进行基础设施建设的短板所在，因此通过“一带一路”战略构想将我国的部分过剩产能转移到这些国家，既可以推动我国经济转型升级，也为“一带一路”沿线国家发展提供了难得机遇。

（3）从区域经济发展的角度看，“一带一路”将政策重心放在中西部地区，有利于增强中西部地区发展的动力和对人才的吸引力，促进区域经济协调发展。改革开放以来，东部地区一直凭借区位优势在经济发展中独领风骚，国家虽然通过西部大开发、中部崛起战略等政策对中西部地区的经济发展进行扶持，但由于基础设施配套不完备、人才人口吸引力较差、交通物流成本高等原因，各类人才、资源等要素“一江春水向东流”的局面始终没有得到有效改善。目前，“一带一路”规划中所涉及的14个省区市中有9个位于中西部，国家从基础设施、财政扶持、人才培养、就业、对外开放等多个方面予以更多扶持，有利于增强这些中西部省市的发展潜力；同时这些省市由“内陆”变“前沿”，通过承接东部产业转移，加强交通物流通达能力、设立内陆港和海关特殊监管区等多种措施将经济潜力变为实实在在的经济发展成果，不仅有利于实现东中西部的协调发展，还能够增强中西部地区对人口人才的吸引力，对新型城镇化三个“一亿人”的奋斗目标的实现大有裨益。

2．“一带一路”战略的国家安全内涵

虽然“一带一路”战略构想的主要立足点在于经济合作和人文交流，并不涉及政治、安全等敏感领域，但从客观效果上看，“一带一路”对于保障国家经济安全、打击三股势力、营造和平相处的国际环境方面具有重要意义。

（1）从保障国家经济安全的角度看，“一带一路”有利于实现我国资源、能源进口渠道的多元化，同时也为保障海上资源能源运输线的安全奠定了坚实基础。

（2）从粮食安全的角度看，粮食全部自给既无必要也无可能，中亚地区地广人稀，农业发展条件非常优越，农产品特别是畜牧业产品比较优势明显，而东南亚地区是世界重要水稻、热带水果出口国，“一带一路”为亚洲周边地区优质农产品进入我国创造了条件，有利于满足我国日益增长的多样化食品需求，丰富普通百姓的餐桌。目前，我国石油对外依存度超过60%，天然气对外依存度超过30%，能源安全业已成为国家安全的最核心部分，中亚、西亚地区是全球石油、天然气最富集地区，目前中哈石油、天然气管道为中哈两国的共同繁荣奠定了良好基础，也为我国深化与周边其他国家的能源合作提供了可资借鉴的范本；“21世纪海上丝绸之路”与我国目前的海上石油运输线在很大程度上重叠在一起，保持与沿途国家良好的经贸合作关系对于保障我国海上能源运输线的安全意义重大。

（3）从维护社会稳定的角度看，“一带一路”建设对三股势力的预防、打击标本兼治，为维护社会安定、民族团结奠定了坚实基础。边疆等少数民族聚集地区经济相对落后、就业岗位较少、生活有待改善，特别是一些青壮年劳动力长期处于贫困失业状态，容易滋生不满情绪，使恐怖主义、分裂主义和极端势力三股势力得以乘虚而入。只有人民安居乐业，社会才能长治久安。“一带一路”带动边疆地区经济发展和产业振兴，从而为当地居民创造更多就业机会、提高居民收入水平，从根本上消除三股势力兴风作浪的社会土壤；“一带一路”建设在加强各国经济联系的同时，也将带动各民族、宗教间的沟通交流，从而增强彼此之间的理解、包容、融合，消除各民族、宗教间的各种隔阂和误解，从而消除三股势力恣意破坏良好的经济社会发展的局面，因此“一带一路”建设客观上需要沿途各国对恐怖主义形成联合打压之势，共同维护地区的安全稳定和经济繁荣，这样就极大地压缩了三股势力的国际生存空间。

从促进世界和平与发展看，我国的“一带一路”倡议在恪守和平共处五项原则基础上注重平等协作、合作发展，这有利于消除国际社会对我国发展壮大的担忧和疑虑，为我国的和平发展营造了良好的国际环境。与某些国家提出“新丝绸之路”计划，试图在军事力量退出后继续通过政治、经济、安全手段谋求地区主导权截然不同。我国明确表示，在“一带一路”建设过程中，不干涉他国内政事务、不谋求经济带发展主导权，更不经营自己的势力范围、结盟对抗其他国家或国际组织；在地域和国别方面坚持开放原则，凡属于古代陆上、海上丝绸之路范围的国家均可参加，甚至另外一些不属此列的友好邻国，只要有合作意向亦可参与进来；在合作机制上，我国不搞“拉帮结派”、建立任何新的双多边机制，倡导充分依托上海合作组织、中国-东盟（10+1）峰会、欧亚经济联盟等既有的行之有效的合作平台推动“一带一路”建设。通过“一带一路”的典型示范作用，我们可以向全世界表明，中国自古至今都是世界和平的坚定维护者，发展壮大后的中国依然是维护国际和平、推动世界进步的中流砥柱。

3．“一带一路”战略构想的人文内涵

古代陆上、海上丝绸之路传递的不仅有中国的丝绸和瓷器、西域的苜蓿和葡萄、南亚和东南亚的奇珍异宝、欧洲的玻璃和雕塑，还有各地的音乐、绘画、舞蹈、宗教，以及甘英出使大秦、马可波罗访问元朝、郑和下西洋等中外交流创举，为当时不同种族、不同民族、不同国家之间的经济互通、人文沟通交流创造了条件。我国的“一带一路”合作倡议将“丝绸之路”延续千年的经济、文化、商贸友好交流传统继承下来并赋予新的时代含义，为各国间的人文交流提供了一个广阔的舞台。

“一带一路”建设通过扩大各国科技合作、密切人员往来，为中国及沿途国家的经济发展提供了有力的技术和智力支持。中亚地区拥有苏联时期航空航天、精密机械等方面丰富的科技文化遗产，时至今日某些技术装备仍居世界先进行列，但中亚地区自身工业结构、市场需求等因素使这些技术装备长期处于尘封状态，而“一带一路”将东亚至欧洲的广大地区联系起来，巨大的市场空间和技术合作潜力必将使这些科技遗产重新焕发活力；欧洲城镇化建设经验、生态技术、精密制造等方面对我国经济建设的推动作用巨大，但目前欧洲先进技术、优秀人才进入中国还存在不少障碍，“一带一路”为中欧技术交流合作提供了广阔的中间过渡地带；中东国家的节水农业、印度的信息产业等技术优势也比较明显，合作交流的潜力巨大。另外，随着“一带一路”贸易往来的频繁，各类高校、研究机构、企业间的学术交往、人才交流、技术合作等也将日益加强，为科技创新和人才培养提供了丰富的土壤。

“一带一路”为加强不同国家、民族、宗教间的人文交流和相互理解、消除彼此的隔阂与误解、增强尊重互信、共创人类文明繁荣局面创造了有利条件。任何民族、宗教要想保持旺盛的生命力，就要在保护、传承好自身独特文化的同时，积极吸取其他民族、宗教文化中的合理部分和优秀成果，“一带一路”沿途是世界上典型的多类型国家，是多民族、多宗教聚集区域，古代“四大文明古国”诞生于此，佛教、基督教、伊斯兰教、犹太教等也发源于此并流传至世界各个角落，“一带一路”通过经贸合作带动人文交流，必将在各民族、宗教文化相互碰撞、融合中扮演非常重要的角色。特别值得注意的是，与西方对外交往总是充满征服和奴役、刀剑和鲜血不同，我国的文化传统始终坚持“己所不欲勿施于人”“以礼相待”等为人处事的基本道德原则，因而平等友好、互惠互利是古代陆上、海上丝绸之路的对外交往活动的主旋律，“一带一路”的构建必将使以“己所不欲勿施于人”为代表的中国优秀传统文化更大范围地走向世界，使之与“和平共处五项原则”一样，成为增强各国尊重互信、维护世界持久和平的重要原则标准。

二、推进“一带一路”建设的必要性和意义

（一）推进“一带一路”建设的必要性

“一带一路”是对古代丝绸之路、海上丝绸之路的继承和发展。

古代丝绸之路始于张骞出使西域，它历史性地创建了一条由东亚至欧洲的陆上交通大动脉，将中国与中亚、西亚直至南欧的广大区域连接在一起，在奥斯曼帝国垄断东西方贸易、西方被迫开辟海上新航线以前，古代丝绸之路一直是东西方沟通交流的重要陆地通道。它横贯东西、连接欧亚，是一条伟大的中西贸易商道，一座辉煌的东西文化桥梁，一条韧长的人类文化纽带。

古代海上丝绸之路产生于陆上丝绸之路之前。秦汉时期，中国和东南亚、南亚等地区的交流往来就已比较频繁；唐宋时期，从泉州、广州出发的商船经南海、印度洋、波斯湾，到达了东非和欧洲；而明代，郑和的船队最远更是到达了非洲东南部的一些地区。海上丝绸之路是中国历史上以丝绸贸易为象征、连接中外海上贸易的交通线，以及由此建立起来的源远流长的中外经济贸易和人文交流关系。中华文明经由似乎是横无际涯的洋洋大海，走向世界。

两千年前的丝绸之路留给人类的遗产，不仅是东西贸易的互通，更是两个伟大文明的交汇。

作为东西方文化的重要发祥地，中欧是推动人类进步的“两大文明”。“一带一路”将使两大文明再次交汇而创造出新辉煌。

“一带一路”是“丝绸之路经济带”和“21世纪海上丝绸之路”的简称。“丝绸之路经济带”重点畅通中国经中亚、俄罗斯至欧洲（波罗的海）；中国经中亚、西亚至波斯湾、地中海；中国至东南亚、南亚、印度洋。“21世纪海上丝绸之路”的重点方向是从中国沿海港口过南海到印度洋，延伸至欧洲；从中国沿海港口过南海到南太平洋。

“一带一路”贯穿亚欧非大陆，一头是活跃的东亚经济圈，一头是发达的欧洲经济圈，中间广大腹地国家经济发展潜力巨大。

中欧是最大的发展中国家和最大的发达国家地区，是维护世界和平的“两大力量”。通过“一带一路”建设，两大力量相遇将迸发出新力量。同时作为世界上两个重要的经济体，中欧是促进共同发展的“两大市场”。“一带一路”将是两大市场相融开发的新市场。

（二）推进“一带一路”建设的意义

我国的对外开放在过去的三十多年里取得了世界瞩目的成就。新时期为适应经济全球化新趋势，推进更高水平的对外开放，我国提出推进“一带一路”建设，以对外开放的主动赢得经济发展的主动、赢得国际竞争的主动。

1．“一体两翼”：构建全方位对外开放新格局

受地理区位、资源禀赋、发展基础等因素影响，我国对外开放总体呈现东快西慢、海强陆弱格局。“一带一路”将构筑新一轮对外开放的“一体两翼”，在提升向东开放水平的同时加快向西开放步伐，助推内陆沿边地区由对外开放的边缘迈向前沿，解决区域发展不平衡问题。

经过三十多年的改革开放，诸多经济指标显示我国经济发展已进入全新阶段——经济总量世界第二，进出口贸易总额世界第一，外汇储备世界第一，外商投资额世界第一，对外投资跃居世界第三，2014 年年末已成为资本净输出国。与此同时，2008 年世界金融危机后世界经济增长明显减速，欧美国家调整经济发展政策，中国与外部的经济关系悄然发生变化。

通过资本输出的方式，将带动我国全球贸易布局、投资布局、生产布局的重新调整。在“一带一路”建设中，我国将以资源型产业和劳动密集型产业为重点，在沿线国家发展能源在外、资源在外、市场在外等“三头在外”的产业，进而带动产品、设备和劳务输出。

统筹东中西，运用全国之力建设丝绸之路经济带，是我国形成全方位开放新格局的重要基础。在“一带一路”战略中，西部地区是重要通道、平台、载体、能力建设的直接利益攸关区域；中部地区是重大装备制造、综合物流、人才开发的后援地和共同“走出去”基地；东部地区既是高端人才、先进技术、优质商品、现代服务和能力建设的重要策源地，又是离岸贸易、金融、投资、货币的重要运筹地。

“一带一路”沿线国家普遍处于经济发展上升期，开展互利合作的前景广阔。深挖我国与沿线国家的合作潜力，必将提升新兴经济体和发展中国家在我国对外开放格局中的地位，促进我国中西部地区和沿边地区对外开放，推动东部沿海地区开放型经济率先转型升级，进而形成海陆统筹、东西互济、面向全球的开放新格局。

2．开放包容：与“丝路”国家互利共赢、共同发展

“互利共赢”是“一带一路”建设的重要原则。高举和平发展的旗帜，积极主动地发展与沿线国家的经济合作伙伴关系，共同打造政治互信、经济融合、文化包容的利益共同体、命运共同体和责任共同体。

“一带一路”不是中国单方面的战略布局，而是遵循平等互利原则，与沿线国家的合作不附加任何条件，强调“共商、共建、共享”。“一带一路”沿线大多是新兴经济体和发展中国家，总人口约 44 亿，经济总量约 21 万亿美元，分别约占全球的 63%和 29%。这些国家要素禀赋各异，发展水平不一，互补性很强。建设“一带一路”，有利于我国与沿线国家进一步发挥各自比较优势，促进区域内要素有序自由流动和资源高效配置。中国与沿途国家分享优质产能，共商项目投资、共建基础设施、共享合作成果。

“一带一路”建设有利于沿线各国共同繁荣，共商、共建、共享，平等互利，为欧亚大陆开创新的生机。

“一带一路”战略注重照顾各方舒适度，注重保持透明和开放，注重与各国的发展战略相互对接，注重与现有的地区合作机制相辅相成。通过实施一批有需求和共识、影响力大、带动性强的重大合作项目，以点带面、从线到片，共同打造沿线区域合作的贸易流、产业带、联通网、人文圈。促进地区合作与发展并实现“五通”：政策沟通、设施联通、贸易畅通、资金融通、民心相通。

3．参与引领：在国际规则制定中注入更多中国元素

我国是经济全球化的积极参与者和坚定支持者，也是重要建设者和主要受益者，在构建新一轮全方位的对外开放中，将更加注重在国际规则中发出中国声音和注入更多中国元素。

提出“一带一路”战略构想，正是中国与外部经济关系调整的自然延伸，意味着中国正在努力将自身的经济增长体系转化为区域增长体系。中国第一阶段的对外开放是利用经济全球化机遇参与国际分工，重在参与别国创造的机会，在新一阶段的对外开放中，中国要主动为自己和别国创造经济发展机会。积极参与、引领国际规则的制定，能更好地为本国和别国创造机会。

“一带一路”战略是习近平总书记提出的伟大“中国梦”的延伸，顺应了当今世界经济、政治、外交格局的新变化，将给“一带一路”沿线国家和地区带来更加紧密的经贸合作和更加广阔的发展空间，也将为沿线国家和地区的文化交流及友好往来开辟新的更加顺畅的通道。

三、“一带一路”助飞中国经济发展新常态

“一带一路”战略历史性地将张骞曾经出使过的西域和郑和造访过的西洋雄心勃勃地联系在了一起。2014 年年底的中央经济工作会议将这一诞生仅一年多的空前战略作为新一年经济工作的重要任务之一。定位之高、影响之大，甚至有人以 2015 年经济工作的“题眼”加以形容。

2017 年 5 月 14—15 日，在北京举办了有全球数十个国家一千多名代表参加的“一带一路”国际合作高峰论坛，同奏合作共赢新乐章。

“眼界决定境界，思路决定出路”。从经济发展的角度而言，“一带一路”的横空出世绝非高歌猛进下无关痛痒的锦上添花，而是中国经济新常态下爬坡过坎、转危为机的一大助推器。

在“十三五”开局之年，中央以极大的战略自信和定力表示，将更加积极主动地适应中国经济中高速增长的新常态，提出供给侧结构性改革。2017 年政府工作报告五次提及“一带一路”，从 2016 年的政府工作总结到 2017 年重点工作都离不开“一带一路”，频率甚至和作为今年工作主线的深化供给侧结构性改革一样多。“一带一路”从构想到现实逐步成型，再到成为国家级顶层战略，被全体国人乃至世界寄予厚望。“对于一艘没有航向的船来说，任何方向的风都是逆风。”这一战略的适时推出正切中当前中国经济发展相关问题的要害所在。

目前，中亚经济大致相当于中国 30 年前的水平，其丰富的自然资源和日益扩大的国际贸易对许多经济领域来说都意味着巨大商机。据估算，丝路基金与亚投行要逐步实现“丝绸之路经济带”上基础设施的互联互通，至少需要融资约 21 万亿元。而中国改革开放以

来，累积了 5 万多亿美元的对外金融资产，对外直接投资却仅有 5 000 亿元左右，资本配置不尽合理也不够多元化。随着“一带一路”战略的逐步推进，中国投资者们也将有望获得前所未有的资金机遇和发展潜力。

优化经济发展空间格局，促进各地区协调发展是“一带一路”战略的使命所在。长期以来，区域发展不均衡是困扰我国经济社会发展的一大难题。“一带一路”战略的推出有益于打破固有的地区封锁和利益藩篱，将全方位的对外开放提到新的高度。这就是要通过经济纽带将各个区域联系在一起，通过市场的力量促进区域之间、国内外之间的互联互通。中西部地区将在“丝绸之路经济带”的基础设施互联互通中扮演重要角色，东部的高端产业特别是电子产业也开始加快向西部转移。同样的，对于东部地区而言，“一带一路”战略也同时为其打开了更广阔的市场。“一带一路”作为主动适应经济发展新常态的重要战略。正如习近平总书记所说的那样，这“一带一路”，就是要再为中国这只大鹏插上两只腾飞的翅膀，建设好了，大鹏就可以飞行得更高、更远。

四、“一带一路”是中国梦与世界梦的交汇桥梁

建设“一带一路”，是以习近平同志为总书记的党中央着眼坚持和发展中国特色社会主义、实现中华民族伟大复兴中国梦而提出的重大战略构想。不失时机地推动实施这一战略构想，必将为实现中国梦开拓新局面、创造新机遇，必将给世界梦注入更多新动能、新活力。

1．实现和平发展的战略举措

近代以来的世界史，从某种意义上说是一部西方大国武力崛起的“铁血史”。中国共产党领导人民破除“国强必霸”的陈旧历史逻辑，坚持走和平发展道路。习近平同志强调：“中国已经进入全面建成小康社会的决定性阶段，我们面临的压力和阻力前所未有。”“一带一路”战略构想，是以习近平同志为总书记的党中央在中国由大到强的关键阶段做出的重大决策。推动实施这一决策，必将对中国和平发展发挥重要战略支撑作用。

（1）推动和平发展的大国方略。“一带一路”是一条和平之路。亚洲是当今世界发展最具有活力和最富有潜力的地区，也是当前国际战略竞争和博弈的一个焦点。面对周边领土主权争端、大国地缘政治博弈、民族宗教矛盾等问题交织叠加的安全态势，我国坚持“亲、诚、惠、容”的理念，积极倡导共同、综合、合作、可持续的亚洲安全观，指明了一条共建、共享、共赢的亚洲安全之路。建设“一带一路”，与相关各国通过合作促进共同安全，有效管控分歧和争端，推动各国关系协调与和谐，使沿线国家走上和平发展之路。同时，对保障我国战略安全、扩展战略空间、稳定能源供应、保障经济安全、突破遏制我国的战略包围具有重要意义。

（2）实现国家间战略协作的有效平台。国家之间的政治互信与战略对接，对于推进和平发展至关重要。习近平同志强调：彼此坦诚相待，不惧怕分歧、不回避问题，就各自外交政策和发展战略进行充分交流，增进政治互信，促进战略对接。习近平同志在访俄时表示，欢迎俄方参与丝绸之路经济带和海上丝绸之路建设，使之成为两国全面战略协作伙伴关系发展的新型平台。在访欧时进一步指出，建设文明共荣之桥，把中欧两大文明连接起来。这些倡议得到受访各国元首的赞同和积极响应。“一带一路”，是一条合作共赢、汇集各方之路，是我国与其他大国实现战略对接、实现国家间战略协作的有效平台。

（3）承载丝路精神的文明载体。推进中国和平发展，既需要与各国经贸合作的支撑，也离不开文化交流的促进。习近平同志指出：民心相通是“一带一路”建设的重要内容，也是关键基础；千百年来，丝绸之路承载的和平合作、开放包容、互学互鉴、互利共赢精神薪火相传。弘扬丝路精神，就是要促进文明互鉴，尊重道路选择，坚持合作共赢，倡导对话交流。“一带一路”战略构想涉及几十个国家、数十亿人口，这些国家在历史上创造了形态不同、风格各异的文明。建设“一带一路”，需要继承和弘扬“丝路精神”，充分发掘沿线国家深厚的历史文化资源，积极发挥文化交流与合作的作用，促进不同文明共同发展。这将有力推动形成“五色交辉，相得益彰；八音合奏，终和且平”的当代文明交流盛况，为中国也为世界的和平发展营造良好环境。

2．打造中国经济升级版的战略谋划

党的十八大以来，我国经济发展进入转型升级阶段。打造升级版、催生“又一春”，关键一招是进一步释放深化改革开放的红利。建设“一带一路”，是全面深化改革的重要组成部分，是通过扩大开放促进经济结构调整，以内引外促进经济发展的务实之举，是顺应我国经济转型升级要求的重大战略举措。

（1）对外开放的新深化。党的十一届三中全会以来，我国对外开放由点到线、由线到面，从南到北、从东到西逐步扩展。从兴办经济特区到开放沿海港口城市、再到开辟沿海经济开放，从推动沿江、沿边和内陆省份对外开放到正式加入世界贸易组织，我国对外开放的广度和深度不断拓展。建设“一带一路”，是我们党在国际国内形势发生深刻变化的时代条件下，以全新理念推动的新一轮开放，有利于实现国内与国际的互动合作、对内开放与对外开放的相互促进，从而更好地利用两个市场、两种资源，拓展发展空间、释放发展潜力。

（2）经济转型的新引擎。国际金融危机爆发以来，发达国家市场需求明显减弱，我国外向型经济发展受到一定制约。同时，我国经济经历长期高速增长之后，结构性矛盾和产能过剩压力凸显。建设丝绸之路经济带，是打造中国经济升级版的新引擎，能够形成新的亚欧商贸通道和经济发展带，带动我国内陆沿边向西部开放，扩大西部经济发展空间。建设 21 世纪海上丝绸之路，是打造东部经济升级版的新支点，能够带动沿海地区优化外贸结构，推动经济转型升级，减轻资源环境压力，形成与东南亚国家联动发展的新局面。

（3）互利合作的新拓展。发展潜力就是发展空间，发展潜力越大的地方，发展空间也越大。互补就是互利，发展禀赋互补性越强，互利共赢的利益汇合点就越多。“一带一路”的相关国家和地区有强大的发展潜力，与我国经济发展有较强的互补性。从世界范围看，亚洲和周边国家的区域合作相对滞后，如基础设施建设不联不通、联而不通或通而不畅，制约了区域合作的进一步发展。“一带一路”分别从陆上和海上推进互联互通，拓展开放通道，能够使相关国家在平等互利的基础上深化区域合作，为亚洲的整体振兴插上强劲的翅膀。加强政策沟通、设施联通、贸易畅通、资金融通、民心相通，找到利益契合点，能够最大限度实现经济发展战略的有效对接，逐步形成区域大合作的新格局。

3．连接中国梦与世界梦的战略纽带

习近平同志强调，中国梦是和平、发展、合作、共赢的梦，与各国人民的美好梦想息息相通；中国人民愿同各国人民一道，携手共圆世界梦。“一带一路”将中国梦与世界梦更加紧密地联系在一起，是相关国家人民筑梦的战略纽带。

（1）创造战略机遇的中国智慧。由于丝绸之路沿线具有重要的区位优势、丰富的自然资源和广阔的发展前景，相关国家近年来纷纷提出针对这一区域的战略构想，影响较大的有日本的“丝绸之路外加战略”、俄印等国的“南北走廊计划”、欧盟的“新丝绸之路计划”和美国的“新丝绸之路战略”。世界主要国家针对这一区域的贸易自由化战略或区域经济合作方案，为我国实施“一带一路”战略创造了机遇。习近平同志强调，要把世界的机遇转变为中国的机遇，把中国的机遇转变为世界的机遇，在中国与各国良性互动、互利共赢中开拓前进。建设“一带一路”，能够充分发挥上合组织、东盟“10+1”、中阿合作论坛等现有机制的作用，促进区域内经济要素有序自由流动和优化配置，带动沿线国家经济转型和发展。这既能为实现中国梦创造良好条件，又能向相关国家和地区辐射“中国红利”，实现战略机遇的对接、交汇。更为重要的是，“一带一路”建设可以与欧盟、北美自由贸易区形成“三足鼎立”态势，加快形成国际经济新格局，进而对经济全球化产生深远影响。

（2）建设世界命运共同体的中国担当。近年来，世界多极化、经济全球化深入发展，世界各国越来越紧密地联系在一起，形成了你中有我、我中有你的局面。我国公民和企业走向海外的数量屡创新高。“一带一路”不是中国利益独享的地带。建设“一带一路”，充分彰显了中国敢于担当的精神风貌和互利共赢的工作态度，有助于我国同沿线国家一道，推动政治、经贸、人文、安全领域合作再上新台阶，共同打造政治互信、经济融合和文化包容的利益共同体、命运共同体、责任共同体，真正使中国梦与世界梦交相辉映。

（3）推动践行正确义利观的中国道义。新形势下，中国积极倡导正确义利观，政治上秉持公道正义、坚持平等相待，遵守国际关系基本原则，反对霸权主义和强权政治，反对为一己之私损害他人利益、破坏地区和平稳定；经济上坚持互利共赢、共同发展。建设“一带一路”，是中国人践行正确义利观的实际举措，既维护了本国人民的根本利益，又兼顾相关国家和地区的共同利益。这样的主张与行动，顺应天下人心、彰显人间正道，赢得广泛认同，搭建起中国梦与世界梦息息相通的桥梁，谱写新的追梦华章。

“一带一路”是一条互尊互信之路，一条合作共赢之路，一条文明互鉴之路。只要沿线各国和衷共济，就一定能够谱写建设丝绸之路经济带和21世纪海上丝绸之路的新篇章，让沿线各国人民共享“一带一路”共建成果。

拓展阅读

推动共建丝绸之路经济带和21世纪海上丝绸之路的愿景与行动

“一带一路”建设是一项系统工程，要坚持共商、共建、共享原则，积极推进沿线国家发展战略的相互对接。

……

三、框架思路

“一带一路”是促进共同发展、实现共同繁荣的合作共赢之路，是增进理解信任、加强全方位交流的和平友谊之路。中国政府倡议，秉持和平合作、开放包容、互学互鉴、互利共赢的理念，全方位推进务实合作，打造政治互信、经济融合、文化包容的利益共同体、命运共同体和责任共同体。

四、合作重点

沿线各国资源禀赋各异，经济互补性较强，彼此合作潜力和空间很大。以政策沟通、设施联通、贸易畅通、资金融通、民心相通为主要内容，重点在以下方面加强合作：

（1）政策沟通。加强政策沟通是“一带一路”建设的重要保障。

（2）设施联通。基础设施互联互通是“一带一路”建设的优先领域。

（3）贸易畅通。投资贸易合作是“一带一路”建设的重点内容。

（4）资金融通。资金融通是“一带一路”建设的重要支撑。

（5）民心相通。民心相通是“一带一路”建设的社会根基。

五、合作机制

当前，世界经济融合加速发展，区域合作方兴未艾。积极利用现有双多边合作机制，推动“一带一路”建设，促进区域合作蓬勃发展。

强化多边合作机制作用，发挥上海合作组织（SCO）、中国-东盟“10+1”、亚太经合组织（APEC）、亚欧会议（ASEM）、亚洲合作对话（ACD）、亚信会议（CICA）、中阿合作论坛、中国-海合会战略对话、大湄公河次区域（GMS）经济合作、中亚区域经济合作（CAREC）等现有多边合作机制作用，相关国家加强沟通，让更多国家和地区参与“一带一路”建设。

六、中国各地方开放态势

推进“一带一路”建设，中国将充分发挥国内各地区比较优势，实行更加积极主动的开放战略，加强东中西互动合作，全面提升开放型经济水平。

（1）西北、东北地区。发挥新疆独特的区位优势和向西开放重要窗口的作用，深化与中亚、南亚、西亚等国家交流合作，形成丝绸之路经济带上重要的交通枢纽、商贸物流和文化科教中心，打造丝绸之路经济带核心区。发挥陕西、甘肃综合经济文化和宁夏、青海民族人文优势，打造西安内陆型改革开放新高地，加快兰州、西宁开发开放，推进宁夏内陆开放型经济试验区建设，形成面向中亚、南亚、西亚国家的通道、商贸物流枢纽、重要产业和人文交流基地。发挥内蒙古联通俄蒙的区位优势，完善黑龙江对俄铁路通道和区域铁路网，以及黑龙江、吉林、辽宁与俄远东地区陆海联运合作，推进构建北京—莫斯科欧亚高速运输走廊，建设向北开放的重要窗口。

（2）西南地区。发挥广西与东盟国家陆海相邻的独特优势，加快北部湾经济区和珠江-西江经济带开放发展，构建面向东盟区域的国际通道，打造西南、中南地区开放发展新的战略支点，形成21世纪海上丝绸之路与丝绸之路经济带有机衔接的重要门户。发挥云南区位优势，推进与周边国家的国际运输通道建设，打造大湄公河次区域经济合作新高地，建设成为面向南亚、东南亚的辐射中心。推进西藏与尼泊尔等国家边境贸易和旅游文化合作。

（3）沿海和港澳台地区。利用长三角、珠三角、海峡西岸、环渤海等经济区开放程度高、经济实力强、辐射带动作用大的优势，加快推进中国（上海）自由贸易试验区建设，支持福建建设21世纪海上丝绸之路核心区。充分发挥深圳前海、广州南沙、珠海横琴、福建平潭等开放合作区作用，深化与港澳台合作，打造粤港澳大湾区。推进浙江海洋经济发展示范区、福建海峡蓝色经济试验区和舟山群岛新区建设，加大海南国际旅游岛开发开放力度。加强上海、天津、宁波-舟山、广州、深圳、湛江、汕头、青岛、烟台、大连、福州、厦门、泉州、海口、三亚等沿海城市港口建设，强化上海、广州等国际枢纽机场功能。以扩大开放倒逼深层次改革，创新开放型经济体制机制，加大科技创新力度，形成参与和引领国际合作竞争新优势，成为“一带一路”特别是21世纪海上丝绸之路建设的排头兵和主力军。发挥海外侨胞以及香港、澳门特别行政区独特优势作用，积极参与和助力“一带一路”建设，为台湾地区参与“一带一路”建设做出妥善安排。

（4）内陆地区。利用内陆纵深广阔、人力资源丰富、产业基础较好优势，依托长江中游城市群、成渝城市群、中原城市群、呼包鄂榆城市群、哈长城市群等重点区域，推动区域互动合作和产业集聚发展，打造重庆西部开发开放重要支撑和成都、郑州、武汉、长沙、南昌、合肥等内陆开放型经济高地。加快推动长江中上游地区和俄罗斯伏尔加河沿岸联邦区的合作。建立中欧通道铁路运输、口岸通关协调机制，打造“中欧班列”品牌，建设沟通境内外、连接东中西的运输通道。支持郑州、西安等内陆城市建设航空港、国际陆港，加强内陆口岸与沿海、沿边口岸通关合作，开展跨境贸易电子商务服务试点。优化海关特殊监管区域布局，创新加工贸易模式，深化与沿线国家的产业合作。

七、中国积极行动

一年多来，中国政府积极推动“一带一路”建设，加强与沿线国家的沟通磋商，推动与沿线国家的务实合作，实施了一系列政策措施，努力收获早期成果。

高层引领推动。习近平主席、李克强总理等国家领导人先后出访20多个国家，出席加强互联互通伙伴关系对话会、中阿合作论坛第六届部长级会议，就双边关系和地区发展问题，多次与有关国家元首和政府首脑进行会晤，深入阐释“一带一路”的深刻内涵和积极意义，就共建“一带一路”达成广泛共识。

签署合作框架。与部分国家签署了共建“一带一路”合作备忘录，与一些毗邻国家签署了地区合作和边境合作的备忘录以及经贸合作中长期发展规划。研究编制与一些毗邻国家的地区合作规划纲要。

推动项目建设。加强与沿线有关国家的沟通磋商，在基础设施互联互通、产业投资、资源开发、经贸合作、金融合作、人文交流、生态保护、海上合作等领域，推进了一批条件成熟的重点合作项目。

完善政策措施。中国政府统筹国内各种资源，强化政策支持。推动亚洲基础设施投资银行筹建，发起设立丝路基金，强化中国-欧亚经济合作基金投资功能。推动银行卡清算机构开展跨境清算业务和支付机构开展跨境支付业务。积极推进投资贸易便利化，推进区域通关一体化改革。

发挥平台作用。各地成功举办了一系列以“一带一路”为主题的国际峰会、论坛、研讨会、博览会，对增进理解、凝聚共识、深化合作发挥了重要作用。

（摘自2015年3月28日《推动共建丝绸之路经济带和21世纪海上丝绸之路的愿景与行动》）

思考题

1．中国应如何在国际上更好地发挥负责任大国作用，并体现中国特色？

2．何为“一带一路”？结合实际谈谈，在“一带一路”建设中有哪些机遇？应如何抓住机遇？

参考文献

[1] 陈耀．“一带一路”战略的核心内涵与推进思路[N/OL]．中国共产党新闻网．[2015-01-28]．http://theory.people.com.cn/n/2015/0128/c83853-26465206.html．

[2] 剧锦文．“一带一路”战略的意义、机遇与挑战[R/OL]．中国共产党新闻网．[2015-04-02]．http://theory.people.com.cn/n/2015/0402/c40531-26788600.html．

[3] 国家发展改革委，外交部，商务部．推动共建丝绸之路经济带和 21 世纪海上丝绸之路的愿景与行动[EB/OL]．[2015-03-28]．http://www.sdpc.gov.cn/gzdt/201503/t20150328_669091.html．

专题九
两岸携手　互利共赢

推动两岸关系和平发展，是两岸社会和经济发展的客观需要，是两岸民众的共同愿望，更是中华民族的整体利益所在。尽管台湾当局拒不承认“九二共识”，不认同两岸同属一中，使两岸关系发展面临严峻挑战。但只要两岸双方有共同的基础，有彼此的诚意，相信海峡两岸的中国人有智慧和能力，求同存异地开创两岸关系和平发展新局面。

一、海峡两岸关系的发展

新中国成立以来，中国大陆的对台政策经历了武力解放、和平解放、和平统一与和平发展的几次大调整。相应地，台湾方面的大陆政策也经历了“武力反攻”“三民主义统一中国”“一中一台”和认同“九二共识”、反对“台独”等几次重大调整。

在国民党管理台湾的 8 年中，两岸关系稳步发展。民进党一直阻挠和破坏两岸关系和平发展。2016 年 1 月台湾领导人选举结果为民进党候选人蔡英文、陈建仁获胜。民进党至今尚未冻结“台独”党纲，这成为未来两岸关系的障碍。

（一）两岸经贸关系已有成果

1．两岸“三通”促进了经贸交流与合作

2008 年 12 月 15 日，两岸海运直航、空运直航、直接通邮三项协议正式实施，历经近三十年的努力，大陆与台湾通邮、通商、通航的直接三通构想由此实现，“两岸一日生活圈”概念成为实实在在的生活图景，两岸往来由过去的“单项间接”发展为“双项直接”。据统计，两岸空运直航后，北京至台北、上海至台北的单程飞行距离将分别缩短 1100 公里和 1 000 公里，约可节省航行时间 1 小时 20 分钟，以空中客车 330 机型为例，单程可节约航油约 8 吨。

两岸全面直接双向“三通”的实现，使两岸经济关系加快走向正常化、制度化和机制化。

两岸“三通”，对两岸同胞有利，对两岸经贸关系发展有利，尤其对台湾同胞有利，对台湾工商界有利，对台湾经济发展有利。

两岸“三通”的实现，利于两岸同胞便捷地进行经贸、交流、旅行、观光等活动。两岸双向投资得以实现，两岸互相开放金融市场，两岸股市联动性进一步增强等。

2．ECFA 的签署是两岸经济交流的重要里程碑

2010 年 6 月 29 日，时任大陆海协会会长的陈云林与时任台湾海基会董事长的江丙坤在重庆举行两会恢复协商后的第五次两会负责人会谈，正式签署了《海峡两岸经济合作框架协议》（ECFA）及附件。ECFA 的签署，是两岸经济制度化合作的重要突破，是两岸关系史上重要的里程碑，不仅对台湾经济发展至关重要，而且对两岸关系和平发展、东亚地区繁荣稳定具有重大而深远的意义。

（1）ECFA 的签署是两岸关系史上的一件大事。

1）ECFA 是两岸 60 年以来签订的最重要、最复杂、影响最广的协议。ECFA 的签署推进了两岸经济关系正常化进程，明确了两岸经济往来自由化目标，构建了两岸经济合作机制化平台。台湾一家媒体评论说，ECFA 规范了两岸经贸关系发展大方向，开启了两岸关系新纪元。

2）ECFA 为台湾经济再次起飞创造了有利条件。对于 ECFA 的签署，岛内舆论普遍认为，ECFA“打通了台湾经济的任督二脉”，为台湾经济“创造未来十年的发展机制”。ECFA 启动台湾加入 WTO 以来最大规模的经济改革工程，是台湾经济再次起飞的关键。

（2）ECFA 给台湾民众带来实实在在的实惠。

根据 ECFA 规定，两岸双方于 2011 年 1 月 1 日起全面实施货物贸易与服务贸易早期收获计划。ECFA 早期收获计划以更直接的方式造福更广泛的两岸社会群体，受到岛内各界高度肯定。

ECFA 货贸协议的早期收获产品从 2013 年 1 月 1 日开始已经全部降为零关税。截至 2015 年 12 月底，两岸货物产品每享受到的 10 美元优惠中，就有 9 美元是台湾业者和民众获得的，大陆自台湾进口的产品中，有相当一部分来自中小企业；服贸方面，共有 445 家台湾企业和机构利用早期收获优惠政策在大陆提供服务，其中有 240 家是投资额在 100 万美元以下的中小企业，占比超过一半。

（3）ECFA 有利于繁荣两岸经济，促进中华民族整体利益。

1）有助于台湾经济复苏与发展，提升竞争力。根据台“经济部”委托“中华经济研究院”所做的“两岸经济合作架构协议（即 ECFA）之影响评估”结果显示：ECFA 签署后，台湾的 GDP 提高 1.65%～1.72%、出口增加 4.99%、进口增加 7.07%，签署后台湾 7 年内可能增加的 FDI（即国际直接投资）流入规模将达 89 亿美元。美国知名智库皮特森国际研究院最新报告也指出，两岸签署 ECFA 后，台湾的 GDP 在 2020 年可增加 4.5%。

2）有利于两岸经济整合，促进中华民族整体利益。ECFA 的签署，有助于两岸逐步减少或消除贸易和投资障碍，创造公平的贸易与投资环境，增进两岸贸易与投资关系；有助于两岸更合理地加强产业布局，更有效地配置经济资源，使两岸在提升各自竞争力基础上，更好地携手应对日趋激烈的国际竞争；有助于两岸降低物流、人流和资金流的成本，让两岸同胞享受到更多物美价廉的商品和服务，为两岸同胞创造更多的就业机会；有助于两岸通过具有两岸特色的经济合作机制，最大程度地实现优势互补，共同维护和拓展中华民族的整体利益；有助于台湾逐渐摆脱美、日牵制，使台湾经济逐渐回归中华民族经济共同体。

3）有助于削弱“台独”社会基础，深化两岸关系和平发展格局。大陆在 ECFA 签署过程中释放善意，主动让利，提升了台湾民众对大陆的好感与认同。两岸经济关系进一步紧密，两岸大交流大合作格局进一步深化，认同两岸和平发展的岛内民众越来越多，有利于两岸同胞增进情感、加强认同，有利于削弱“台独”势力的社会基础。ECFA 的签署本身就是两岸关系和平发展框架在经济领域的具体体现。同时，两岸经济关系正常化、制度化，将为两岸关系和平发展提供更为坚实的物质基础，为两岸大交流大合作大发展创造有利条件，为推动两岸政治对话累积互信、营造氛围。

（二）两岸文化教育交流的突破

两岸统一，文化先行。同一种文字、同一种语音、同一个民族、同一种文明，中华文化的具体载体相同，两岸的文化交流成为不可阻挡的历史潮流。

长期以来，大陆高度重视文化教育交流在两岸关系发展中的基础性地位，主张两岸同胞继承和发扬中华文化的优良传统，开展各种形式的文化交流。在国民党管理台湾的 8 年中，两岸双方高度重视文化教育交流，尤其是两岸和平发展格局不断深化，为两岸文教交流提供了更为便利的条件和政策支持。两岸文化教育交流蓬勃发展，呈现“领域更宽、层级更高、影响更深”等特点，对于两岸进一步增进同胞情感、淡化心理隔阂、推动文化传承、增强文化认同、淡化“文教台独”影响发挥了重要作用。

1．两岸文教交流领域拓宽、规模扩大、内容丰富、形式多样

经文化部审批的两岸文化交流项目达 1 700 多项、13 000 多人次。两岸文化交流内容遍及教育、出版、宗教、民俗、新闻传播、民间艺术、地方特色等各个领域。文化交流的专业性、组织性、机制性不断加强，如两岸共同成立客家文化研究院、民间法律办公室，共同举办国学论坛、智库论坛，共同举办神农文化祭、抗战电影展、简体图书交易会、农博会、客家妇女山歌大赛、旅博会等。

2．两岸文教交流层级不断提升

2010 年，文化部部长蔡武以中华文化联谊会名誉会长身份在台展开“文化之旅”，创下两岸恢复交流 23 年来大陆文化界人士访台最高层级纪录。同时，在大陆的合理安排下，台湾全面参与上海世博会，这是台湾时隔 40 年后再度参与世博会。

3．两岸教育双向交流得到深化

大陆首度开放台湾“顶标级”学生入学，为其就读大陆一流高校开启了大门。台“立法院”于 2010 年 8 月 19 日正式通过陆生三法修正案，正式承认大陆学历，开放大陆学生赴台湾大专院校就学，开启了两岸教育的新纪元。两岸校际互动交流格外活跃，高校辩论赛、夏令营、冬令营活动日趋频繁。

（三）两岸政治关系从缓和到冰点

2008 年国民党执政台湾之后的 8 年，两岸关系在“九二共识”政治基础上，沿着和平发展的道路，稳步前行，取得了累累硕果。但 2016 年 5 月民进党重新执政以来，两岸关系面临着非常严峻的形势。

1．在国民党管理台湾的 8 年中，两岸政治关系不断缓和

（1）两岸执政党高层互动频繁。

1）“习朱会”。2015 年 5 月 4 日，习近平在北京会见中国国民党主席朱立伦，并提出坚持走两岸关系和平发展道路，“习朱会”上，国共两党领导人达成共识，面对新形势与新问题，国共两党和两岸双方要着眼大局，既要求同存异，更要聚同化异，不断增进政治互信。“习朱会”的成功举行，既有效遏制了国民党内呈现的所谓“台湾本土化”趋势，更为两岸关系和平发展注入了强劲动力。

2）“习马会”。2015 年 11 月 7 日，习近平总书记在新加坡会见台湾地区领导人马英九，双方就推进两岸关系和平发展深入交换意见。会面取得了多项重大成果，为今后两岸各层级的交流互动、各领域的密切合作和两岸关系的健康运行，打下了坚实基础。这是自 1949 年以来两岸领导人的首次会晤，具有划时代的重大历史意义。“习马会”的成功举行，进一步夯实了以“一个中国”原则为基础的两岸政治互信，奏响了两岸和平发展的主旋律和最强音，为推动两岸关系翻开了新的一页。

（2）两岸沟通平台多样化，双方互信逐渐增强。

随着两岸交往全面发展，两岸建立了越来越多的沟通平台，两岸已形成“政党主导，官民结合，多轨并进，多方位沟通”的协商合作机制，对两岸增进了解、累积互信、规划推进两岸关系和平发展进程起到了极其重要的作用。

大陆海协会和台湾海基会作为官方授权的民间组织，是两岸制度性协商的重要平台，两会自 2008 年以来共签署 27 项协议，达成多项共识。

国共经贸论坛等党纪交流平台是增进两党互信、引领两岸交流合作方向的推动器；海峡论坛等民间交流平台成为两岸民众开展交流合作的新方式；博鳌论坛、世博会、亚运会、APEC 峰会等国际合作平台，为两岸高层表达善意、诚意，讨论合作事宜提供重要舞台；两岸智库、学界频繁学术交流等智库沟通平台为两岸高层决策提供服务，特别是 2009 年 11 月在台北举行的“两岸一甲子”学术研讨会，是大陆重量级学者首次入岛就包括政治议题在内的多项议题进行综合性探讨，具有重要的积极意义。

2．民进党执政后两岸关系面临严峻形势

由于蔡英文当局拒不承认“九二共识”及其“两岸同属一中”的核心意涵，必然导致民进党与祖国大陆之间无法找到建立互信、开展交流互动的政治基础，严重影响两岸关系正常发展。

蔡英文执政后，两岸政治关系迅速呈现停滞不前的状况，两岸制度化沟通协商机制全面停摆，两岸执政党交流停止。两岸“两会”协商机制中断，只保留处理突发事件的联系机制，“两会”下设机构“经合会”停止运作，海旅会、台旅会运作也受到一定影响。两岸协议的执行面临困难，成效大打折扣，后续协商无以为继。国台办与台湾大陆事务主管部门常态化沟通机制被迫中止，国台办主任与台湾大陆事务部门主管之间的“两岸热线”暂停，两岸领导人会面更无进行的可能。

二、影响两岸关系发展的因素

海峡两岸求同存异，互信积极配合，使两岸关系稳步向前发展。然而不容否认的是，“台独”势力仍然不可小觑，民进党以及以其为代表的泛绿阵营是影响两岸关系和平发展的主要破坏力量。以美国、日本为代表的外部势力一直对两岸关系的发展进行牵制，这些因素都在一定程度上影响了两岸关系的发展进程。

（一）“台独”势力的存在阻挠两岸关系的发展

在两岸关系稳步发展的背景下，“台独”势力却仍在伺机而动，图谋制造新的对立，扭转两岸关系缓和的走势。从目前来看，台湾岛内希望台海和平、谋求两岸关系改善的民意结构仍有不稳定和脆弱性的一面，还需要较长时间的巩固和强化。尽管大陆方面真诚呼吁，岛内民意不断要求，但以民进党为代表的“台独”势力仍不愿意采取实质步骤缓和两岸关系。

“台独”势力在台湾岛内产生与发展有着极其复杂的历史、政治和社会原因。“台独”是帝国主义、外国反华势力侵略中国的产物。帝国主义列强侵略中国，策动少数中华民族的分裂分子搞所谓“台湾独立”“以华制华”，才有了今日的“台独”和“独台”分子，才有了“台湾独立”“两岸分裂分治”等分裂中国的方案。1950 年“台独”势力在日本东京正式成立了所谓“台湾民主独立党”。进入 20 世纪 60 年代，在美国、加拿大以及中国台湾岛内也出现了一些遥相呼应的“台独”团体。在这一时期，虽然各类“台独”团体众多，但是它们提出的分裂主张，为国民党当局所不容，因此，该阶段“台独”势力主要在海外开展活动，并未给台湾岛内政局造成深远影响。但是，进入 20 世纪 80 年代以后，尤其是台湾岛内民进党成立、蒋经国去世、李登辉上台以后，“台独”势力活动基地也迅速从海外转向岛内，其发展势头迅猛。

李登辉上台后，在两岸关系定位上，放弃“一个中国，两个对等政治实体”，公然走上“两个中国”“一中一台”道路。在李登辉的纵容下，民进党这支“台独”势力恶性膨胀，这也大大增加了两岸关系和平发展的复杂性。

2000 年，民进党在国民党分裂的情况下渔翁得利，意外地取得了执政地位。陈水扁任期内，不断抛出“一边一国论”“2003 年完成公投立法”“2004 年实施公投”等分裂言论，并开展一系列试图将台湾从祖国分裂出去的活动，这也将两岸关系推到了危险的边缘。

民进党执政的 8 年中，始终坚持“台独”路线，极力阻挠两岸关系的发展，企图通过打“台独”牌，赢得台湾岛内民众的支持。然而，随着两岸往来的日益密切，经济文化交流的不断升温，“台独”路线已经越来越不能适应时代潮流也不为台湾民众所接受。尤其是在 2005 年连战、宋楚瑜访问大陆以后，两岸和解已经成为大势所趋，和平发展成为两岸关系主流后，民进党以对抗性为基础的闭锁政策更是难以为继。也正是在此背景下，台湾民众对民进党的“台独”路线开始表现地相当冷漠。

2008—2016 年国民党执政的 8 年，进一步压缩了民进党的“台独”分裂操作空间，为巩固两岸关系和平发展成果，确保两岸关系和平发展方向再度赢得难得机遇。

2016 年 5 月 20 日，主张“台独”的民进党再度执政，蔡英文作为李登辉“两国论”的幕后推手和陈水扁“一边一国论”的忠实践行者，上台执政后，自然也想承继“李陈衣钵”，完成他们没有完成的“政见”，因而蔡英文以各种方式推行“柔性台独”，意图“以时间来换空间”，最后实现“事实台独”甚至是“法理台独”。比如：在对待具有“台独”色彩的“太阳花运动”人士处理上，民进党当局明显干涉司法，纵容“台独”。蔡英文上台后的第 4 天，台湾“行政院”院长林全签署的第二份公文就是撤回对“太阳花运动”人士的刑事告诉。林全认为“太阳花运动”是政治事件，而非单纯法律事件，“太阳花运动”具有正当性及社会贡献，因此决定撤告。这是对“太阳花”独派势力明显的放纵与支持。任命“深绿”分子田弘茂为“海基会”董事长。维持 1991 年创建的“‘台独’党纲”等。

（二）日本“以台制华”策略不利两岸关系发展

1．日本出于自身生存环境的利益考虑

日本作为一个岛国，缺乏经济发展所需要的资源和能源，日本要维持生存，就离不开贸易，因此日本一向把台湾看成是它东南的屏障，并且把台湾海峡看成是日本的“海上生命线”的重要组成部分，因为日本所需 90%以上的重要物资需通过台湾海峡运输。一旦台海运输中断，日本所需物资不得不转经其他航线，那么日本国内制成品的价格将上涨25%到 30%。中国解决台湾问题后台湾海峡势必在中国掌控之下，这将使日本的“生命线”被中国死死扼住，从长远的战略上威胁日本。

2．日本利用台湾问题从战略上牵制中国

日本一是利用台湾问题削弱东海大陆架及钓鱼岛问题上日本的不利势态；二是害怕一个统一而强大的中国的出现，将严重挑战其战略利益和远东称霸战略。日本安倍政府推行军国主义路线，在亚太实行强权霸权，正在把东海推向战争的边缘，并企图把美国绑到日本的战车上，拉美国下水。

3．“台湾情结”作祟

日本曾统治台湾 50 年之久，不少日本政要都有着浓烈的台湾情结。虽然这股势力在目前的日本并不占主流，但是由于这股势力都集中在政界、军界和财界，并身居要职，所以这些人数量不多，但能量大，影响力也大。这也从某些方面导致了日本对“台独”的纵容态度，甚至把台湾划入日美安全保障区域。

4．维护日本在台湾的巨大经济利益

日本在台投资几乎遍及台湾的衣食住行各个方面，虽然总体投资规模不及在中国内地，但日本企业或是日资在台湾市场的占有份额远远超过内地。日本担心两岸统一对其在台投资不利。

在日本的干涉下，海峡两岸的关系呈现出一定的复杂性，尤其是日本右翼对台湾“台独”势力的支持，都不利于中日关系以及海峡两岸关系的稳步发展。

（三）美国是阻挡两岸和平统一的主要障碍

正像邓小平同志所指出的，台湾问题归根结底是美国问题。美国视中国为自己的潜在战略对手，有意借助于各种政治、经济手段对中国进行战略牵制。所以，台湾成了美国战后手中用以对付和牵制中国大陆发展的一个“棋子”，通过对台湾问题的介入，来维护美国在亚太地区和全球的利益。

台湾问题本来纯属中国的内政问题，但由于历史的原因始终受到复杂的国际因素的影响。美国出于自身的利益需要，介入台湾问题、干涉中国内政是台湾问题产生、发展和至今尚未解决的主要因素。

美国在台湾问题上试图维持海峡两岸关系不统、不独、不战、不和的状态，最大程度地谋取美国的政治、经济和战略利益。在具体做法上，美国对海峡两岸实行“双规政策”，一方面发展与中国大陆的正式官方关系，另一方面又保持与台湾的非官方实质关系；一方面公开表示坚持一个中国原则，不支持台湾独立，另一方面又要求中国用和平手段解决台湾问题，并向台湾出售先进武器装备，阻挠中国统一进程。

美国虽然在多种场合表示“乐见两岸和平发展”，对两岸经济、文教等事务性、民间性、经济性交流干涉较少，但极力阻挠两岸在政治、安全与军事层面发展关系，阻挠两岸进行政治谈判、签订和平协议、建立军事互信机制，并以提升对台军售质量、强化美台军事关系、提升对台沟通层级、支持台湾扩大国际空间、支持民进党等“台独”势力为杠杆，甚至赤裸裸地要求台湾当局将两岸协商的情节和深度“充分告知美国”，不断给台湾当局施压，挑拨两岸关系，控制、遏制两岸关系发展的进程和速度，不断为两岸关系和平发展制造新的障碍。2010 年年初，美国以海地救灾为由，允许台湾军用运输机在美国本土军事基地过境加油，开创台湾军用飞机在美国本土过境的先例。2011 年 1 月，美国国务院不顾中国政府的严正声明与抗议，宣布向我国台湾地区出售价值达 64 亿美元的武器装备。奥巴马政权时隔 4 年后，2015 年 12 月 16 日决定向台湾出售包括两艘导弹驱逐舰在内的总额达 18.3 亿美元（约合人民币 118 亿元）的武器，并在议会正式通过。此举意在和台湾加强安全保障合作，制约大陆在东海、南海的海洋活动。美国奥巴马前政府 2016 年 12 月完成一批包括 AGM-88 型“哈姆”高速反辐射导弹在内的对台军售作业，但最后决定不送交国会，而留待特朗普新政府决定。而 2017 年，特朗普政府正在推动的是奥巴马政府卸任前喊停的军售案，具体项目可能包括具有攻击性能的火箭系统与反舰飞弹，军售规模将大于 10 亿美元。5 月 12 日，美国联邦参议院军事委员会通过 2017 年度国防授权法案，其中包括对台军售正常化、撤回邀请解放军参加环太平洋军演等修正案。该修正案说，台湾是美国长期的策略合作伙伴，修正案要求对台军售常态化，并支持台湾发展回应中国大陆军力现代化的能力，同时支持美台双边演训。

总体而言，今后一段时间内，由于美国对台的基本利益和战略目标不会发生根本改变，从“以台制华”的战略考虑出发，美国发展美台实质关系，尤其是大幅度强化美台军事关系，阻碍中国统一的做法不会改变。对此，两岸中国人民要有清醒认识。

三、两岸关系发展的前景

展望未来，尽管受到各方面的阻挠与干涉，但两岸交流合作深化趋势不可逆转，两岸关系和平发展格局不断深化，极大地促进了台海地区和平与两岸繁荣稳定，促使岛内民意和政治格局朝有利于两岸关系和平发展的方向调整，为构建两岸关系和平发展框架积累了有利条件。

（一）有利于两岸和平统一的积极因素

1. 中国政府对台工作方针是正确的、富有成效的

中国政府一再申明：坚持“和平统一、一国两制”的基本方针和现阶段发展两岸关系、推进祖国和平统一进程的“八项主张”，深入贯彻寄希望于台湾人民的方针，大力推动两岸直接“三通”，加强两岸人员往来和经济文化等领域的交流，不承诺放弃使用武力，坚决反对任何形式的“台独”分裂言论与行动。这些基本方针和政策，未来相当长时间内不会改变，扎扎实实地持续推进下去，必将取得更大成效。只要承认一个中国原则与“九二共识”，我们愿意为了两岸同胞的福祉与中华民族的根本利益，以宽阔的胸怀，既往不咎、面向未来的态度同包括台当局领导人在内的任何人打交道，也愿意“在双方共同努力的基础上寻求接触、交往的新途径”。中国对台方针政策正确，乃是和平统一台湾的基本保证。

党的十八大报告指出：“我们要始终坚持一个中国原则。大陆和台湾虽然尚未统一，但两岸同属一个中国的事实从未改变，国家领土和主权从未分割，也不容分割。两岸双方应恪守反对‘台独’、坚持‘九二共识’的共同立场，增进维护一个中国框架的共同认知，在此基础上求同存异。对台湾任何政党，只要不主张‘台独’、认同一个中国，我们都愿意同他们交往、对话、合作。”党的十八大首次将“九二共识”写入政治报告，显示祖国大陆方面对坚持“九二共识”重要性的高度重视。“九二共识”是两岸建立互信的基础，是两岸关系的宝贵资产。

2．祖国大陆的综合国力不断提升，这是最根本的因素

历经 30 多年的改革开放以后，祖国大陆综合国力持续上升，不仅经济总量在 2010 年超越日本位居全球第二，而且成为解决国际经济金融危机、引领世界经济向好的重要“引擎”，并由此使大陆因素日益成为影响与决定两岸关系走向的根本性因素。中共十八届三中全会胜利召开，规划了未来 10 年大陆深化改革新的“路线图”，不但对于大陆发展具有重要的现实意义和历史意义，由此产生的两岸意义也将同样是巨大的。

在两岸经济关系方面，台湾已越来越依赖大陆，台湾每年的贸易顺差主要来自大陆。从发展前途讲，台湾经济如果不与大陆更快更好地融合，不充分利用大陆这个越来越兴旺发展的巨大市场，它就没有出路，就势必会越来越边缘化。政治是经济的集中体现，两岸经济实力的此消彼长，以及两岸经济关系的日益紧密，必然对两岸政治关系的走向产生重大影响，成为推动两岸迈向和平统一的强大纽带。

3．深化两岸经济合作、增进两岸同胞互信

2008—2016 年是国民党执政的 8 年，两岸关系在“九二共识”政治基础上，沿着和平发展的道路，稳步前行，取得了累累硕果，两岸经济关系正常化、制度化取得重大突破。

中国大陆的改革开放和持续发展给世界带来了机遇，也为进一步推进两岸经济融合提供了强劲动力和广阔空间。不断推进两岸各领域交流合作，提供民间交流平台，促进两岸同胞深化合作、增进了解、融洽感情，促和平、求发展已经成为两岸民众的主流民意。

国民党执政以来，从“李萧会”（国务院总理李克强和台湾地区副领导人萧万长会面）到“张夏会”（大陆国台办主任张志军和台湾“陆委会”主委夏立言会面），从“习朱会”（中共中央总书记习近平与国民党党主席朱立伦会面）到“习马会”（海峡两岸领导人习近平与马英九会面），两党互信不断提升。

2016 年 10 月 30 日至 11 月 2 日，中国国民党主席洪秀柱率领中国国民党访问大陆，展开“和平之旅”。11 月 1 日，习近平总书记在北京会见洪秀柱一行，并就两岸关系发展提出六点意见。翌日，“两岸和平发展论坛”成功举行。“习洪会”是国共两党领导人在蔡英文当局不承认“九二共识”导致两岸关系形势趋于复杂严峻情况下的一次重要会面，对于两党交往和两岸关系发展具有重要意义。“习洪会”为台湾提供了两岸僵局下可以沟通的管道，维系了两岸和平曙光。

大陆将继续坚持“九二共识”政治基础，坚决反对“台独”，坚定维护一个中国原则，继续维护两岸关系和平发展与台海和平稳定。

大陆不断完善政策措施，为台湾同胞在大陆工作、生活提供了更多便利；积极支持大陆台资企业转型升级和参与“一带一路”建设，促进两岸产业融合发展；热忱欢迎广大台湾青年来大陆施展抱负，为他们在大陆学习、就业、创业、交流搭建更多平台，同时鼓励开展两岸科技研发合作，深化两岸学术交流。

（二）两岸关系展望

1．两岸关系发展面临更为复杂多变的新形势、新挑战

尽管 2008 年 5 月以来两岸关系发展不断迈上新台阶，但两岸关系发展总体上局限于经济、民生和文教层面，两岸在政治议题上仍处在“搁置争议，求同存异”的初级阶段。2016 年 5 月，民进党重返执政后两岸关系面临着更为复杂的挑战与隐患。

一是拒不承认“九二共识”，两岸关系陷入僵局。在竞选期间，民进党蔡英文提出“维持现状”的两岸政策，认为只有“九二事实”，而没有“九二共识”。自 2016 年 5 月 20 日担任台湾地区领导人之后，拒不承认“九二共识”内涵中的一个中国原则，其口头上模糊的两岸政策而实际上想要“台独”，给两岸关系带来了很多不稳定的变数。

二是“台独”势力日益坐大，“法独”“急独”转向“暗独”“渐独”。 蔡英文拒绝承认“九二共识”并声称维持海峡两岸关系现状，已成为蔡英文及民进党推行“台独”主张的挡箭牌。无论是对“太阳花运动”参与人士撤告、废除“微调课纲”“清算国民党党产”，还是冷处理“雄三导弹误射”、禁止祖国大陆学者查阅“国史馆”馆藏史料、区别对待“陆客团火烧车”事故两岸遇难者、提名主张“两国论”的亲绿人士担任“司法院大法官”，还是大力推动“新南向政策”，太平岛护权不力、拒绝两岸合作共同捍卫南海“祖产”和主权，都表明蔡英文当局正在利用“完全执政”的优势在岛内全面推行“渐进式台独”“柔性台独”路线。

三是台湾主体意识不断上升，“台独”趋于年轻化、“自然化”。对台湾社会而言，2014 年是一个分界点。在此之前，马英九当局推动的两岸政策，被台湾主流民意认为是正面的。但 2014 年爆发的“太阳花运动”改变了这一切，整个台湾的政治生态和社会氛围骤变，民进党在台湾地区领导人和民意代表选举中全线飘绿，就是这种政治生态持续发酵的结果。民进党执政后在岛内继续形塑“反中仇陆”“去中国化”的政治氛围，全力大搞“去孔化”“去祖化”“去中山化”“去蒋化”等，将导致台湾民众的“恐中拒统”心态持续发酵。

四是美日插手台海局势的风险增大。民进党执政后出于推动“去中国化”、拓展台湾国际生存空间的需要，势必强化同美日的经济和安全联系，将在客观上为美日插手台海事务、阻挠两岸和平统一创造条件。日本右翼同“台独”势力有着天然的政治联系，必然借助岛内“独派”力量，借机深化政治、经济和安全合作，在亚洲构建以日本为急先锋，包括台湾在内的所谓“民主价值观同盟”，以抗衡中国在亚太地区的影响力。“台湾牌”在美日同中国的互动中将被更多地使用。

两岸关系历经风雨坎坷，今天站在了新的历史起点上，既有两岸关系发展的契机，又要深刻认识到，错综复杂的两岸关系问题，不是短时间内能一一解决的。但只要两岸同胞紧紧把握和平发展的主题，两岸领导人都能妥善处理两岸关系，双方共同呵护两岸关系和平发展面临的难得的历史机遇与广阔前景，就能开创两岸和平发展的新局面，实现中华民族的伟大复兴。

2．“九二共识”是两岸关系和平发展的“定海神针”

作为一个专有名词，“九二共识”具有其独特意涵，是指在 1992 年 11 月大陆的海协会与台湾的海基会就解决两会事务性商谈中如何表明坚持一个中国原则的态度问题，所达成的以口头方式表达的“海峡两岸均坚持一个中国原则”的共识。过去20多年，“九二共识”虽然历经风雨考验，却为两岸关系的稳定和发展注入了无与伦比的强大动力。“九二共识”的核心是“一个中国”原则，精髓是求同存异，目标是国家统一。坚持一个中国原则，是两岸关系和平发展的政治基础，也是两岸关系和平发展的一条政治底线。只有承认“一个中国”，两岸才能建立起实现和平发展所必需的互信基础和政治环境，两岸的政治、经济、社会等领域的交流才能顺利推进。

3.“两岸一家亲”是化解两岸僵局的正能量之源

党的十八以来，习近平总书记先后发表十余次对台讲话，树立起了共圆“中国梦”这面团结两岸同胞共同奋斗的精神旗帜，并以“两岸一家亲”的温情召唤作为核心理念之一，提出了一系列对台工作新理念、新思想和新战略。“两岸一家亲”高频率地出现在习总书记的对台讲话中，表达了对台湾同胞的真切理解及共创美好未来的真诚心愿，虽然只有五个字，却意涵深厚：因为一家亲，我们没有什么心结不能化解；因为一家亲，我们愿意同台湾同胞分享发展机遇；因为一家亲，我们是命运共同体、有共同的民族使命。特别是在台湾蔡英文当局不承认两岸同属一中的“九二共识”而导致两岸陷入僵局的当下，“两岸一家亲”尤显珍贵。

拓展阅读

丰富“一国两制”实践和推进祖国统一

香港、澳门回归以来，走上了同祖国内地优势互补、共同发展的宽广道路，“一国两制”实践取得举世公认的成功。中央政府对香港、澳门实行的各项方针政策，根本宗旨是维护国家主权、安全、发展利益，保持香港、澳门长期繁荣稳定。全面准确贯彻“一国两制”“港人治港”“澳人治澳”、高度自治的方针，必须把坚持一国原则和尊重两制差异、维护中央权力和保障特别行政区高度自治权、发挥祖国内地坚强后盾作用和提高港澳自身竞争力有机结合起来，任何时候都不能偏废。

中央政府将严格依照基本法办事，完善与基本法实施相关的制度和机制，坚定支持特别行政区行政长官和政府依法施政，带领香港、澳门各界人士集中精力发展经济、切实有效改善民生、循序渐进推进民主、包容共济促进和谐，深化内地与香港、澳门经贸关系，推进各领域交流合作，促进香港同胞、澳门同胞在爱国爱港、爱国爱澳旗帜下的大团结，防范和遏制外部势力干预港澳事务。

我们坚信，香港同胞、澳门同胞不仅有智慧、有能力、有办法把特别行政区管理好、建设好，也一定能在国家事务中发挥积极作用，同全国各族人民一道共享做中国人的尊严和荣耀。

解决台湾问题、实现祖国完全统一，是不可阻挡的历史进程。和平统一最符合包括台湾同胞在内的中华民族的根本利益。实现和平统一首先要确保两岸关系和平发展。必须坚持“和平统一、一国两制”方针，坚持发展两岸关系、推进祖国和平统一进程的八项主张，全面贯彻两岸关系和平发展重要思想，巩固和深化两岸关系和平发展的政治、经济、文化、社会基础，为和平统一创造更充分的条件。

我们要始终坚持一个中国原则。大陆和台湾虽然尚未统一，但两岸同属一个中国的事实从未改变，国家领土和主权从未分割、也不容分割。两岸双方应恪守反对“台独”、坚持“九二共识”的共同立场，增进维护一个中国框架的共同认知，在此基础上求同存异。对台湾任何政党，只要不主张“台独”、认同一个中国，我们都愿意同他们交往、对话、合作。

我们要持续推进两岸交流合作。深化经济合作，厚植共同利益。扩大文化交流，增强民族认同。密切人民往来，融洽同胞感情。促进平等协商，加强制度建设。希望双方共同努力，探讨国家尚未统一特殊情况下的两岸政治关系，做出合情合理安排；商谈建立两岸军事安全互信机制，稳定台海局势；协商达成两岸和平协议，开创两岸关系和平发展新前景。

我们要努力促进两岸同胞团结奋斗。两岸同胞同属中华民族，是血脉相连的命运共同体，理应相互关爱信赖，共同推进两岸关系，共同享有发展成果。凡是有利于增进两岸同胞共同福祉的事情，我们都会尽最大努力做好。我们要切实保护台湾同胞权益，团结台湾同胞维护好、建设好中华民族共同家园。

我们坚决反对“台独”分裂图谋。中国人民绝不允许任何人任何势力以任何方式把台湾从祖国分割出去。“台独”分裂行径损害两岸同胞共同利益，必然走向彻底失败。

全体中华儿女携手努力，就一定能在同心实现中华民族伟大复兴进程中完成祖国统一大业。

（摘自中国共产党第十八次代表大会《坚定不移沿着中国特色社会主义道路前进为全面建成小康社会而奋斗》的报告第十部分）

思考题

1．为什么说只有坚持“一个中国”原则才能用和平的方式解决台湾问题，实现两岸的“和平统一”？

2．如何认识当前两岸关系？

参考文献

[1] 胡锦涛．站在全民族发展高度解决两岸关系问题[R/OL]．[2010-04-30]．http://www.china.com.cn/news/tw/2010-04/30/content_19939104.htm．

[2] 孙立机．海峡两岸经济关系步入制度化合作—解读[N]．人民日报，2010-06-30．

[3] 王毅．谋求两岸关系的稳定发展[R/OL]．[2010-10-20]．http://news.163.com/10/1020/17/6JF4K4EH00014AEE.html.

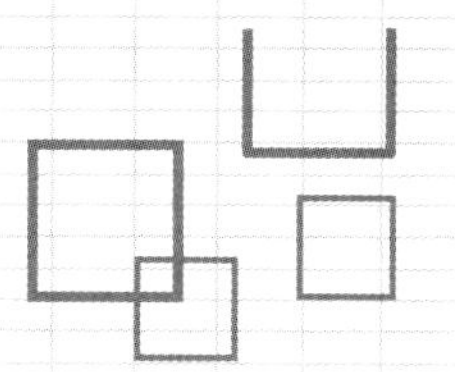

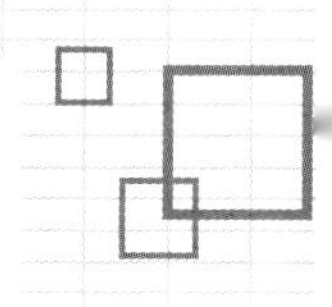

专题十

推进生态文明　建设“美丽中国”

胡锦涛同志在十八大报告中指出，必须树立尊重自然、顺应自然、保护自然的生态文明理念，“要把生态文明建设放在突出地位，融入经济建设、政治建设、文化建设、社会建设各方面和全过程，努力建设美丽中国，实现中华民族永续发展”。将生态文明建设提到更高的战略地位，体现了党中央对形势的准确判断与超强的应对能力，也彰显了以人为本、执政为民的理念，必将增强全党全国人民建设“美丽中国”的信心和决心。

一、“美丽中国”的内涵和特征

建设“美丽中国”是十八大提出的生态文明建设新目标、新概念。“美丽”一词是非常口语化、大众化、通俗化的用语，它代表了人们的美好愿望。“美丽中国”的基本含义就是：努力建设在生态文明基础上的社会主义中国，这样的中国是人人保护环境、人与自然和谐美好的中国。这个“美丽中国”是中国的天、地、人，自然、社会与人的身心之间达到均衡协调的一种社会状态。“美丽中国”绝不仅限于自然环境的美丽，这是中国经济发展从“快”到“好”、从“好”到“美”的重大转折，是从非均衡增长向均衡发展转变的重要宣示。由此来看，建设“美丽中国”的新要求，其经济与社会意义是积极而广泛的。

（一）“美丽中国”的深刻内涵

（1）“美丽中国”首重生态文明的自然之美。美好的环境能让人民生活舒畅，在此基础上国家繁荣才有意义，国家才会更美丽。十八大报告指出，“调整空间结构，促进生产空间集约高效、生活空间宜居适度、生态空间山清水秀，给自然留下更多修复空间，给农业留下更多良田，给子孙后代留下天蓝、地绿、水净的美好家园。”经济建设、政治建设关乎百姓的生存，固然具有战略地位；生态保护更是涉及13亿人民的生存根基，涉及民族的千秋大业，保护地球、节约资源、低碳发展是人民得以持续生存的基础。

（2）“美丽中国”体现科学发展的和谐之美。科学发展观是建设“美丽中国”的理论指导和保障，实现可持续发展、建设和谐社会的目标，归根结底是人与自然和谐地发展。提倡“美丽中国”是落实科学发展观的一种方式，可以说，“美丽中国”的提法既给我们指出了科学发展的具体方式，又给我们展现了经济社会发展的美好愿景。十六大以来，“绿色发展”的理念逐渐进入党的执政视野，绿色发展坚持以人为本，把社会公平、社会发展、社会分配、利益均衡等作为基本内容，把“经济效率与社会公平取得合理的平衡”作为绿色发展的重要指标和基本手段。一个国家或地区的“分配制度”“共同富裕”程度及其对于贫富差异和城乡差异的克服程度，是构成该国家或地区绿色发展的公平表征。“绿色发展”已经在中国生根发芽——从巴厘岛到哥本哈根、德班，历届气候大会上，中国带头许下并切实履行“绿色发展”的庄严承诺；从“十一五”首次设立约束性指标，到清理整顿钢铁等高耗能行业，从实施京津风沙源治理等系列生态工程到出台节能减排计划，从单位国内生产总值能耗下降 12.9%到生态补偿机制稳步推进，中国正逐渐告别“黑色发展”，走上“前人种树、后人乘凉”的绿色发展之路。我们有理由相信，在“美丽中国”理念的指导下，我们一定能实现“给自然留下更多修复空间，给农业留下更多良田，给子孙后代留下天蓝、地绿、水净的美好家园”的美好愿景。

（3）“美丽中国”展现温暖感人的人文之美。“美丽中国”让党代会报告一改以往工作报告用词严谨、中性，缺乏感情色彩的传统风格，运用如此柔软、悦耳、富有诗意的词汇，使工作报告充满亲切感，更加贴近基层、贴近普通群众，迅速拉近了党代会与民众之间的距离，透露出民生温度和民意期许。

（4）“美丽中国”体现执政之美。生态文明建设的重要内容，也是科学发展观的题中应有之义：“要全面落实科学发展观和正确政绩观，坚持环境保护基本国策，大力推动循环经济发展，积极倡导生态文明，构建资源节约型和环境友好型社会。”近几年，“民生”已成为各级党组织和政府的“高频词”。我们切身感受到了党中央对人民群众日常生活的关心和对改善民生问题的密切关注。“美丽中国”，美在山川，美在文化，美在历史，更美在人文。

（5）“美丽中国”体现发展之美。发展才是硬道理，中国特色社会主义建设从本质上就是要更好、更科学地发展。从建国初期万丈豪情地“人定胜天”，到“必须树立尊重自然、顺应自然、保护自然的生态文明理念”，再到可感、可知、可评价的“美丽中国”，说明我们党的执政理念越来越尊重自然，越来越尊重人民感受。改革发展让我们摆脱贫困，我们不要山清水秀却贫穷落后，国富民强但环境质量很差同样不是美丽的中国。中华文化最强调天、地、人的和谐相处，既要金山银山，也要绿水青山——这是百姓对“美丽中国”最直观的解读。

（二）建设“美丽中国”的思想理念

建立在生态文明基础上的“美丽中国”，是尊重自然、顺应自然、保护自然的文明中国，因此建设“美丽中国”的重要思想基础是树立尊重自然、顺应自然、保护自然的生态文明理念。只有基于这样的新的价值取向和生态伦理理念，才能实现人与自然和谐相处，实现人的全面发展，实现人与自然和谐的现代化。

党的十八大报告提出的“美丽中国”概念是新的，其理念是中国共产党执政思想的顺延。生态文明建设是对坚持和发展中国特色社会主义的重大理论创新。推进生态文明建设是与我们党一贯倡导和追求的理念一脉相承的，是我们党对自然规律及人与自然关系再认识的重要成果，是科学发展观的重要内涵，是对坚持和发展中国特色社会主义的重大理论创新。

十五大报告明确提出实施可持续发展战略；十六大以来，中央相继提出走新型工业化发展道路，发展低碳经济、循环经济，建立资源节约型、环境友好型社会，建设创新型国家，建设生态文明等新的发展理念和战略举措；十七大报告进一步明确提出了建设生态文明的新要求，并将到2020年成为生态环境良好的国家作为全面建成小康社会的重要目标之一。十八大报告再次论及“生态文明”，全国党代会报告第一次提出“推进绿色发展、循环发展、低碳发展”等，把生态文明建设摆在总体布局的高度来论述，表明我们党对中国特色社会主义总体布局的认识深化了，也彰显了中华民族对子孙、对世界负责的精神。

从概念变迁中，明显感觉到，发展的理念一以贯之，但具体目标更加明确，战略地位越来越高。将生态文明建设融入经济建设、政治建设、文化建设、社会建设各方面和全过程，清晰地表明生态文明建设不仅是单纯的生态保护、环境改善，而是一种发展理念的革新，影响着发展思路的转变。

提出建设生态文明的重要思想，说到底就是坚持以人为本，就是为了提高人民的生活质量，满足人民日益增长的对良好生态环境、优质生态产品的需求。用清华大学教授胡鞍钢的话说就是：“生态文明其实就是把可持续发展提升到绿色发展高度，为后人‘乘凉’而‘种树’。”

中国特色社会主义事业总体布局由经济建设、政治建设、文化建设、社会建设“四位一体”拓展为包括生态文明建设的“五位一体”，这是总揽国内外大局、贯彻落实科学发展观的一个新部署。建设生态文明，是关系人民福祉、关乎民族未来的长远大计。

（三）建设“美丽中国”的实质

建设“美丽中国”的实质，就是把生态文明建设放在突出地位，融入经济建设、政治建设、文化建设、社会建设各方面和全过程，是将社会主义建设推进到更完善、更完美的境界，也是对我国现代化建设提出的更新、更高要求。当前之所以要把生态文明建设放在突出地位，一个重要原因是只有推进生态文明建设，才能保持经济持续健康发展。一方面，我国经济发展面临的资源环境制约越来越凸显，石油、铁矿石等重要资源对外依存度快速上升，2/3的城市缺水，耕地逼近18亿亩红线；另一方面，环境污染严重，环境状况总体恶化趋势没有从根本上得到遏制，生态系统退化，由此带来的自然灾害频发。此外要意识到，资源环境问题的出现，背后有体制政策、发展方式等方面的原因，也有思想认识、自然观方面的原因，如生态文明的理念没有树立、生态不文明的做法普遍存在、自然的价值还不被承认等。要从源头上、根本上跨过资源环境这道坎，不仅要加快转变经济发展方式，还必须大力推进生态文明建设。

从历史上看，人类社会经历了原始文明、农业文明、工业文明等文明形态。原始文明的特点是淳朴但具有盲目性，对自然构不成伤害。农业文明勤勉但具有依赖性，靠天吃饭，随遇而安。农业文明会对自然造成伤害，但并非不可修复。工业文明的特点是进取但具有掠夺性。工业文明对自然带来的损害、破坏，具有较强的毁灭性，很难修复，倡导以预防为主的生态文明势在必行，但是工业文明发展中积累的问题也会严重制约生态文明的发展。

“给自然留下更多修复空间，给农业留下更多良田，给子孙后代留下天蓝、地绿、水净的美好家园。”十八大报告中少见的这种动情的叙述方式着实令人动容，也体现了对待自然的基本态度。生态文明要求在人与自然的关系上，强调尊重自然、顺应自然、保护自然，最终达到人与自然的共生。建设“美丽中国”，是社会主义的基本特征，是社会主义现代化建设的目标之一。中国搞好生态文明建设，也是对地球生态安全的巨大贡献。

改造自然、战胜自然曾经是家喻户晓的口号，然而发展中日益显现的问题使我们明白了，“人定胜天”只是一句豪迈的口号，要生存，必须保护自然。我们强调，不仅要保护自然，还要尊重自然，我们更急切地希望修复遭到破坏的自然。过去，我们对自然占用得太多、破坏得太重，而现在，我们需要给自然以修复、疗伤的机会。党的十八大报告提出，必须树立尊重自然、顺应自然、保护自然的生态文明理念，而且要坚持节约优先、保护优先、自然恢复为主的方针。

怎样才算是以自然恢复为主？首先就是要尊重自然界的各种规律。生态修复并不是强调建设。生态修复必须顺其自然，尽可能恢复原有生态面貌和功能。修复成功与否，取决于是不是真正停止或最大限度地减少了人为干扰，而不是搞了多少所谓的建设。

总之，党的十八大报告首次强调建设“美丽中国”，并把生态文明建设放在了突出地位，尤其强调了在经济建设、政治建设、文化建设、社会建设中生态文明的融入。“美丽中国”，是环境之美、时代之美、生活之美、社会之美、百姓之美的总和。生态文明与“美丽中国”紧密相连，建设“美丽中国”，核心就是要按照生态文明要求，通过生态、经济、政治、文化及社会建设，实现生态良好、经济繁荣、政治和谐、人民幸福。

二、“美丽中国”建设存在的问题

改革开放 30 多年来，一方面经济社会有巨大进步，另一方面也付出了沉重的经济、环境、社会与人文代价。在取得成就的同时，还要看到许多积累的矛盾和问题，需要不断地改善和建设。

（一）急功近利的建设观对“美丽中国”建设的制约

在生态文明建设中，存在着急功近利的建设观，表现为想通过政治运动式的方式建设生态文明，在实践中往往造成欲速则不达的危害。事实上，建设“美丽中国”是个长期的战略任务，必须遵循自然和社会发展的规律，循序渐进地实现。这是因为：

（1）科学发展需要一个过程。从人民的需求来看，迫切需要清新的空气、清洁的水、安全的食品、舒适的人居环境等公共生态产品和有效生态服务，同时，也迫切需要解决很多由于过度开发和污染引起的环境安全问题。这是百姓的期望，也是政府最先要解决的问题。解决这些问题，靠的只能是科学发展，但这需要一个过程，不可能一蹴而就。比如，我们的生产方式来源于传统工业化的路子，以往很多主要是靠拼资源、拼环境容量消耗得来的。转变经济发展方式，就是要从这样的传统发展模式中解脱出来，减少资源能源消耗，以最集约的方式达到最大的发展成效。我们迫切需要以此为主导思想的制度设计和产业设计，但这必须经历一个过程，需要付出时间成本。

（2）现在两个世界性难题需要破解：①如何走出增长停滞的魔咒。从世界上看，包括日本和“亚洲四小龙”，都没有逃脱这一魔咒。中国经济发展在实现了 30 多年的高速增长后，现在已经从高速，到了中高速，进入新常态。②如何跳出中等收入陷阱。跨入中等收入阶段，社会矛盾尖锐、社会管理成本增加，让许多国家陷入僵局。要破解这两个难题，我们需要新的发展动力。提出生态文明建设、提出“美丽中国”的概念，正是我们破解上述难题的新动力，反映了我们党的高瞻远瞩。这样的动力要靠制度设计、科技进步和社会整体生态文明意识的提高。

“十八大”报告指出，我们需要从空间格局、产业结构、生产方式和生活方式上推进生态文明建设，只有每个领域都实现突破，才能取得总体上的成功。这虽然是一个缓慢的长期过程，但是水滴石穿，有志者事竟成。有专家指出，到建国100周年的时候，我们生态文明建设的成果才能显著体现，“美丽中国”的雏形才会初见端倪。

（二）影响我国生态文明建设的主要问题

“美丽中国”的关键是实现生态文明。党的十六大提出了“以人为本”的“科学发展观”理念。党的十七大报告又明确提出“建设生态文明，基本形成节约能源资源和保护生态环境的产业结构、增长方式、消费模式，生态文明观念在全社会牢固树立”的发展目标。党的十八大将生态文明提高到社会主义总体布局组成的高度，这是对人类文明规律的历史性把握，又是对当代中国科学发展、共建和谐的实践性提升。这不仅是实现中国全面建设小康社会宏伟目标的基本要求，也是对日益严峻的环境问题国际化主动承担大国责任的庄严承诺。但是与发达国家相比，我国的生态文明建设还处在起步阶段，存在以下五个方面的问题。

（1）社会公平程度不高。生态文明与社会公平紧密相连，生态文明的实现有赖于社会的政治利益、经济利益和其他利益在全体社会成员中的合理分配，而我国生态文明建设的难点恰好是缺乏生态环境的民主治理和公共监督。

（2）缺乏足够的经济支撑。西方的环境治理建立在一定的经济基础之上，美国开始大规模治理环境问题时，人均国民生产总值达11 000美元。2015年我国人均GDP约合8 016美元，距离美国、日本、德国、英国等发达国家3.7万美元以上的水平仍有很大差距，人民的生活水平还不高，还要兼顾基础建设、交通、通信、文化教育等多方面的投资需求。

（3）生态文明建设体系还需不断完善。要把资源消耗、环境损害、生态效益纳入经济社会发展评价体系，建立体现生态文明要求的目标体系、考核办法、奖惩机制。我国正在深化改革创新和模式探索，用制度保障生态文明建设。

（4）环保法规制度和执法方式存在诸多漏洞，市场化手段尚未得到充分运用。在西方，完善的、严密的环境保护法规制度以及行之有效的执法程序，使得违法者不仅难以逃脱惩罚，而且一旦受到惩罚，轻则得不偿失，重则倾家荡产、身败名裂。而在我国，过去以GDP为中心的增长方式以及现行干部任用体制导致地方保护主义与利益集团出现，污染企业得不到应有的惩罚，反而获益匪浅。目前，对地方党政领导班子和领导干部政绩考核工作，正在改进，纠正“唯GDP论”，把民生改善、社会进步、生态效益等指标和实绩作为重要考核内容。

（5）环境保护缺乏民间文化基础。西方的民主传统、执政方式，以及民众的科技素养、人权意识、法制信仰和道德自律都为其环境保护事业和生态文明建设奠定了观念基础，营造了优良的生态文化环境，并由此形成了政府、企业和民众（尤其是非政府组织）共同参与和监督的模式；而我国则长期缺乏这些观念基础和文化环境。

（三）多年积累的问题对生态文明的制约

发达国家发展一两百年间出现的问题，在我国改革开放以来30多年的快速发展中就出现了，并呈现出结构性、叠加性、压缩性和复合性特征。中国环境保护状况可以用四句话来概括：局部有所好转，总体尚未遏制，形势依然严峻，压力继续增大。

（1）粗放型的经济发展模式制约着生态文明的发展。确立科学的发展观是生态文明建设取得成效的前提，就是要努力形成集约型、资源节约型和环境友好型的经济发展模式。我国经济的发展由于历史原因，属于高投入、高消耗和高污染的粗放型经济。长期以来，这种粗放型的发展是以资源环境的不可持续来换取经济增长的。我国的生态问题也是粗放型经济发展模式导致的恶果。而且我国的自然资本先天禀赋不足，人口基数过大，这种发展代价就更加惨重。推进生态文明建设，努力建设资源节约型、环境友好型社会，首先要实现科学发展、和谐发展，改变粗放型的经济增长方式。

（2）巨大的人口压力对生态文明建设的制约。新中国成立以来，我国人口政策经历了从鼓励生育到计划生育的曲折过程。在新中国成立初期和“大跃进”时期，鼓励生育、限制节育的政策导致我国人口剧增。巨大的人口压力加重了对自然资源的掠夺，吞噬了大量的经济发展成果，制约了社会主义优越性的发挥，增大了生态文明建设的压力，其消极影响至今仍然存在。20 世纪 80 年代以来，我国同时将计划生育和环境保护作为基本国策，开创了符合我国国情的生态建设之路。但是，我国的人口压力仍然巨大，对生态环境的影响仍然存在。特别是在老龄化日益严重的今天，“未富先老”的国情再次加重了人口对生态文明建设的压力。因此，进一步加强以少生、优生为主的计划生育政策是建设“美丽中国”的关键。

（3）制度建设对生态文明建设的制约。制度缺失既是生态文明建设的短板，又制约着生态文明建设的持续推进。我国生态文明制度体系本身还不健全、不完善。一是存在制度建设“碎片化”现象，中央和地方之间的环保规定还有不协调、不配套的地方，有的制度缺乏兼容性。二是具体制度不完善，如干部生态政绩考核制度存在指标体系不完善、考核模式单一、考核周期不合理等问题；生态补偿制度存在横向转移支付制度缺乏、地方政府配套资金难落实等问题。三是制度运行不顺畅，分散的监管模式导致对自然资源监管不力，自然资源纠纷处理机制缺乏；环境执法体制存在缺乏协调组织机构、环境管理部门的统一协调性不足等问题。

（4）参与生态文明建设的社会动力不足。生态文明离不开社会建设的有力支持，部队、共青团、妇联、工会、学校等组织和部门都是生态文明建设的主力军，生态非政府组织更是生态文明建设的积极力量。组织适龄公民直接参加义务植树活动、林木绿地养护、古树名木领养等生态建设活动，既鼓励大众参与又有利于广泛的生态文明宣传。但是，和西方发达国家比起来，我国公民建设生态文明的社会参与度远远落后，民间资源的调动极不充分。一些社区组织、环保非政府组织特别是环保专业精英组织没有得到应有的扶持和发展。这说明社会建设的各个方面与生态文明建设的对接还有待提高。比如，改变人们的生活方式、实现生态文明生活化要依靠社会建设；生态文明观念的牢固树立也要依靠社会建设。因此，在实践中如何借助社会建设的发展来推动生态文明建设取得实效，使之固化和扎根于社会生活中，仍是一个需要我们总结经验、不断探索的新课题。

（5）生态文明价值观缺失。生态文明价值观是建设生态文明的关键，它直接决定着人们对待自然的态度和行为方式。但从我国的现实来看，生态文明价值观还未能在广大民众中形成，我国民众对环境问题的敏感性不足，在改革开放以前很长一段时间内，人们的生活处于物质生活资料极度匮乏、生活难以为继的窘境，不可能关注环境问题。改革开放后人们内心深处的物质欲望被唤醒，但同时精神文化建设落后。尽管环境问题频发，我国民众的生态意识水平却并没有随之提高，即使意识到环境问题也是停留在功利层面上，这与生态建设宣传不到位密切相关。

生态价值观的缺失，在生产方式上表现为，虽然我们的能源结构从煤转向了石油、天然气和核能，但并没有从根本上解决资源的永续供应问题，仍然依赖于以不可再生资源为基础的污染严重的技术体系。循环经济、绿色产业在我国刚刚起步，但从总体上，远未摆脱高生产、高能耗、高污染的工业化老路，经济的增长仍然建立在对不可再生的稀缺性自然资源的消耗上。这也决定了化肥、农药的残留和工农产品的废弃物对环境和农产品的污染，严重危害着我们的生存和发展环境。生活方式上表现为消费主义、物质主义、享乐主义依旧盛行。

（6）环境执法不严。中国已有40余部环境法律法规，但在执法方面，由于受益者与承担者背后的社会力量悬殊，缺乏有效的社会监督等因素，造成执法不严、弹性执法、差别执法。而且，很多地方环保部门的执法经费严重不足，甚至基本是靠排污费运转。环保执法部门与污染企业之间共生共荣，反而出现了污染越严重、环保部门越富的怪现象。因此就很难做到执法必严、违法必究。法律法规形同虚设。此外，地方保护主义盛行，法律大不过 GDP。很久以来，我国以经济增长作为衡量官员政绩的重要标准，发展经济成了地方政府的重中之重。虽然有的地方政府将环境保护列入了政府规划，还把生态省、生态市作为建设目标，但一旦与经济数字增长相矛盾，就会牺牲环境、资源来换取GDP的增长。又由于地方政府的财政收入主要来自于税收，而许多高污染、高消耗的企业是纳税大户，所以有些地方政府置国家的环保政策于不顾，甘愿为这些企业提供种种保护性措施。更有甚者，为进口洋垃圾的企业大开绿灯，导致国内生态环境污染和破坏加剧。

三、建设生态文明，装点“美丽中国”

建设生态文明，是关系人民福祉、关乎民族未来的长远大计。十八大报告关于“努力建设美丽中国，实现中华民族永续发展”的表述，让社会各界为之振奋。面对当前资源约束趋紧、环境污染严重、生态系统退化的严峻形势，中国将以全方位的制度化建设，努力走向社会主义生态文明新时代。

（一）“美丽中国”目标：我们一直在努力

“十八大”报告首次单篇论述生态文明，首次把建设“美丽中国”作为未来生态文明建设的宏伟目标，把生态文明建设摆在总体布局的高度来论述，表明我党对中国特色社会主义总体布局认识的深化，把生态文明建设摆在“五位一体”的高度来论述，也彰显出中华民族对子孙后代、对世界负责的精神。

要实现真正的国富民强，必须守住“绿水青山”。那么，如何实现“美丽中国”的目标，报告也给出了答案：着力推进绿色发展、循环发展、低碳发展。这不仅是当今世界的主流观念，也越来越受到党中央的高度重视。

事实上，多年来，党中央一直在为建设“美丽中国”而努力。

——党的十五大报告明确提出实施可持续发展战略。

——党的十六大以来，在科学发展观指导下，党中央相继提出走新型工业化发展道路，发展低碳经济、循环经济，建立资源节约型、环境友好型社会，建设创新型国家，建设生态文明等新的发展理念和战略举措。

——党的十七大报告进一步明确提出了建设生态文明的新要求，指出到 2020 年成为生态环境良好的国家是全面建设小康社会的重要要求之一。

——党的十七届五中全会明确提出提高生态文明水平。绿色建筑、绿色施工、绿色经济、绿色矿业、绿色消费模式、政府绿色采购不断得到推广。绿色发展被明确写入“十二五”规划并独立成篇，表明了我国走绿色发展道路的决心和信心。

——绿色发展、循环发展、低碳发展，首次被写入党代会报告，就是向世界宣告：我们要发展环境友好型产业，降低能耗和物耗，保护和修复生态环境；我们要发展循环经济和低碳技术，使经济社会发展与自然相协调。

（二）顶层设计助力生态文明建设

在 2007 年召开的中共十七大上，“建设生态文明”首次写进了党代会报告。十八大报告则首次将生态文明建设纳入中国特色社会主义事业“五位一体”总体布局。同时，“优化国土空间开发格局”“增强生态产品生产能力”“加强生态文明制度建设”等新表述，体现了我们党对环境生态问题的高度重视和深刻理解。

生态文明是继原始文明、农业文明、工业文明之后的一种新的人类文明形态，既包括尊重自然、与自然同存共荣的价值观，也包括在这种价值观指导下形成的生产方式、经济基础和上层建筑。生态文明是人类社会文明的高级状态，不是单纯的节能减排、保护环境的问题，而是要融入经济建设、政治建设、文化建设、社会建设各方面和全过程。十八大党章修正案专门对生态文明建设做出阐述，包括总体要求、指导原则和工作着力点。这样的修改，使中国特色社会主义事业总体布局更加完善，使生态文明建设的战略地位更加明确，有利于全面推进中国特色社会主义事业。

生态文明的核心是人与自然和谐相处。在 21 世纪第二个十年的战略机遇期里，中国抓住了生态文明建设的关键机遇。中国高层对于生态文明建设的重视和努力，可以让中国避免重复西方走过的弯路，朝着正确的发展道路走下去，不仅能够实现自己国家的社会和谐与人民幸福，还能为世界生态文明做出贡献。

（三）刚性制度推进生态文明建设

多年来，为什么个别地方的环境还在恶化？为什么大气、水体、土壤的污染事件依然层出不穷？主要是因为缺乏制度方面的刚性约束，缺乏尊重自然、顺应自然、保护自然的理念。

长江是世界第三大河流，是华夏文明的发源地之一。然而近些年来，长江已渐渐失去它的生命特征和自然属性，呈现出渠道化的趋势。目前，长江的功能越来越局限于人工运河的功能。沿岸城市排污导致水体污染，密集的船只和滥捕滥捞破坏了野生水生动物的栖息环境，导致一些物种已经灭绝。

一方面，一些地方在发展 GDP 的冲动之下，保护环境的脚步放慢下来，破坏环境的经济项目引了进来，不达标的污水排了出去，这是建设生态文明的强大阻力。而另一方面的困境来自基层。很多人都有这样的感受：当回到故乡后，发现那里早已不是山清水秀的田园风光，取而代之的是垃圾围村，河流淤塞，水塘干涸；在城市，不难看到很多公共场所，人群一过便垃圾遍地；在一些自然保护区，珍稀动物被猎杀的新闻从未中断。

一面喊着要生态文明，一面又在破坏环境，呈现出严重的知行分离。追求经济利益的社会思潮让不少人都想把自己的经济利益最大化，而将生态文明建设的责任留给政府和他人。这是我国生态文明建设面临的思维挑战。

十八大报告强调要把生态文明建设“融入经济建设、政治建设、文化建设、社会建设各方面和全过程”。未来要落实这样的行动方案，就必须破解上述现实困境。十八大报告指出，“保护生态环境必须依靠制度”。

十八大报告提出了今后建设生态文明的一系列制度，如国土空间开发保护制度、资源有偿使用制度、生态补偿制度、生态环境保护责任追究制度、环境损害赔偿制度等。只要这些制度能够真正落实，长期发挥刚性约束作用，一定能够建设好“美丽中国”，中华民族也一定会实现永续发展。

（四）生态环保是新的经济增长点

十八大报告指出：“全面落实经济建设、政治建设、文化建设、社会建设、生态文明建设‘五位一体’总体布局。”把生态文明建设提升到了与经济、政治建设同样的地位。充分证明了党和国家对环保相关领域的重视提升到了空前的高度，释放了强烈的关注环境保护、资源循环利用、节能减排等相关领域的信号。

从生态建设与经济发展的关系，可以清楚地看到生态文明建设对于经济持续发展的重要性以及今后生态文明建设的方向。

中国经济经过最近 30 多年的高速发展，已经成为世界第二大经济体。然而我们也付出了巨大的环境代价。从全球范围看，节能、循环、低碳正成为新的发展方式，“绿色工业革命”已然拉开帷幕。而在中国，依靠投资、加工出口、国内消费为拉动力的经济发展模式也越来越难走下去。因为在三大拉动力中，最有效益的出口贸易是建立在相对中低档的中国制造业上的，而庞大的中低档中国制造业造成的资源大量消耗、环境污染严重、生态系统退化等，已使这种发展模式难以为继。另一方面，传统的中国投资拉动经济发展的模式也同样难以为继。过去相当部分的投资项目并没注意对生态环境的破坏，而且以投资为主要拉动力的经济发展所带来的后遗症，现在越来越显现出来。可以说，最近一次中国经济下行的主要原因，就是主要依靠投资和出口为拉动力的传统发展模式的弊病。

虽然中国经济的平稳发展是今后的常态，但是我们一定要在传统的经济发展增长点褪色后找出新的经济发展增长点。美国经济学家弗里德曼说过两句至理名言，第一句是，“只要有人类活动，就必定有污染”。第二句是，“世界上的好东西，都是要花钱的。蓝天白云碧水……说到底都是钱买来的”。本着这个道理，中国经济未来新的增长点就是生态文明建设。

生态文明建设不仅是解脱眼前的困境，消除和减轻多年来对生态环境的欠债，更重要的是可以继续促进我们的发展。首先，改善生态环境就是提高城乡居民的生活品质，就是扩大内需，提高内需在 GDP 中的比重。其次，只有在注重生态文明建设的同时，庞大的中国制造业才有可能持续发展，才有可能变中低档的中国制造业为高中低档齐全的中国制造业。而且，只有注重生态文明建设，才能使大规模的投资项目发挥更大的作用，而降低副作用和减少后遗症。

“十三五”时期，我国将建立环境质量目标指标、环境保护公众健康指标、生态保护目标指标、总量控制目标指标等多个方面的目标，对环境保护产业的依靠会越来越明显。在2015年十八届五中全会通过的“十三五”规划纲要中提出树立创新、协调、绿色、开放、共享的发展理念，其中最具特色的发展理念之一是绿色发展，最为显著的发展目标是绿色发展目标，最重大的发展任务是加快改善生态环境。进入全面建成小康社会决胜阶段的中国，正致力于在绿色发展上寻求新突破。

2016年3月10日上午，习近平总书记参加十二届全国人大四次会议青海代表团审议，再次以“眼睛”和“生命”为喻，强调推动形成绿色发展方式和生活方式。

“生态兴则文明兴，生态衰则文明衰。”十八大以来，生态文明建设摆上了中国特色社会主义“五位一体”总体布局的战略位置。绿色发展作为新发展理念的重要组成部分，在引导绿色生产的同时，也在倡导一种绿色生活方式。

（五）生态文明将开辟人民福祉新境界

十八大报告将生态文明提升为中国特色社会主义事业“五位一体”的总体布局中，生态文明其战略地位的提升让人振奋，相信其必将为进一步增进人民福祉注入更大力量，开辟人民福祉新境界。

生态文明建设的提出乃至其战略地位的提升，是党对中国特色社会主义事业发展规律认识进一步深化、把握进一步科学的结果。一段时期内，各地高度重视经济建设，快速做大了社会财富蛋糕，也显著提升了人民生活水平，但同时也带来一些不良后果。表现在生态层面，就是土地、水、能源等资源约束愈发趋紧，生态环境的承载力愈显脆弱。生态环境的破坏，最终损害的是人民群众的根本权益。传统经济发展方式已难以为继，走人与自然、经济与生态和谐发展的道路势在必行。

十七大报告首次提出生态文明建设之后，各地加快了经济发展方式转变的步伐。人们意识到，让人民群众过“一手拎着钱袋子、一手提着药罐子”的日子不是真正的小康社会；一些过去污染严重的城市，提出要打造“蓝天白云之城、青山绿水之城”；一些干部在招商引资过程中，也能自觉摈弃污染项目和落后产能，坚决提出不要“污染的GDP”。针对扭转生态恶化局面进行的调整产业结构、关停污染企业、淘汰落后产能、加大造林绿化力度、修复山水生态等一系列政策措施，也在各地加紧落实。

各级党委政府在生态文明建设方面做出的努力，让人民群众看到了希望、坚定了信心，也让人民群众初步受益。在一些过去生态环境持续恶化的地方，蓝天越来越多，森林越来越密，河水越来越清，人民群众的生活越来越舒适，对生态环境的满意度也越来越高。

十八大提出“建设生态文明，是关系人民福祉、关乎民族未来的长远大计”，将生态文明建设提到更高的战略地位，体现了党中央对形势的准确判断与超强的应对能力，也彰显了以人为本、执政为民的理念，必将增强全党全国人民建设“美丽中国”的信心和决心。

号角既已吹响，行动至关重要。人们期盼，各级党委政府要切实转变发展观念，不断总结过去生态建设的经验教训，采取更加果敢和有力的措施，同时在考核办法、奖惩机制等方面进一步加强生态文明制度建设，确保生态文明建设不要仅停留在口号上，而是贯穿到执政理念和实践中。

拓展阅读

大力推进生态文明建设

建设生态文明，是关系人民福祉、关乎民族未来的长远大计。面对资源约束趋紧、环境污染严重、生态系统退化的严峻形势，必须树立尊重自然、顺应自然、保护自然的生态文明理念，把生态文明建设放在突出地位，融入经济建设、政治建设、文化建设、社会建设各方面和全过程，努力建设美丽中国，实现中华民族永续发展。

坚持节约资源和保护环境的基本国策，坚持节约优先、保护优先、自然恢复为主的方针，着力推进绿色发展、循环发展、低碳发展，形成节约资源和保护环境的空间格局、产业结构、生产方式、生活方式，从源头上扭转生态环境恶化趋势，为人民创造良好生产生活环境，为全球生态安全做出贡献。

（一）优化国土空间开发格局

国土是生态文明建设的空间载体，必须珍惜每一寸国土。要按照人口资源环境相均衡、经济社会生态效益相统一的原则，控制开发强度，调整空间结构，促进生产空间集约高效、生活空间宜居适度、生态空间山清水秀，给自然留下更多修复空间，给农业留下更多良田，给子孙后代留下天蓝、地绿、水净的美好家园。加快实施主体功能区战略，推动各地区严格按照主体功能定位发展，构建科学合理的城市化格局、农业发展格局、生态安全格局。提高海洋资源开发能力，发展海洋经济，保护海洋生态环境，坚决维护国家海洋权益，建设海洋强国。

（二）全面促进资源节约

节约资源是保护生态环境的根本之策。要节约集约利用资源，推动资源利用方式根本转变，加强全过程节约管理，大幅降低能源、水、土地消耗强度，提高利用效率和效益。推动能源生产和消费革命，控制能源消费总量，加强节能降耗，支持节能低碳产业和新能源、可再生能源发展，确保国家能源安全。加强水源地保护和用水总量管理，推进水循环利用，建设节水型社会。严守耕地保护红线，严格土地用途管制。加强矿产资源勘查、保护、合理开发。发展循环经济，促进生产、流通、消费过程的减量化、再利用、资源化。

（三）加大自然生态系统和环境保护力度

良好的生态环境是人和社会持续发展的根本基础。要实施重大生态修复工程，增强生态产品生产能力，推进荒漠化、石漠化、水土流失综合治理，扩大森林、湖泊、湿地面积，保护生物多样性。加快水利建设，增强城乡防洪抗旱排涝能力。加强防灾减灾体系建设，提高气象、地质、地震灾害防御能力。坚持预防为主、综合治理，以解决损害群众健康突出环境问题为重点，强化水、大气、土壤等污染防治。坚持共同但有区别的责任原则、公平原则、各自能力原则，同国际社会一道积极应对全球气候变化。

（四）加强生态文明制度建设

保护生态环境必须依靠制度。要把资源消耗、环境损害、生态效益纳入经济社会发展评价体系，建立体现生态文明要求的目标体系、考核办法、奖惩机制。建立国土空间开发保护制度，完善最严格的耕地保护制度、水资源管理制度、环境保护制度。深化资源性产品价格和税费改革，建立反映市场供求和资源稀缺程度、体现生态价值和代际补偿的资源有偿使用制度和生态补偿制度。积极开展节能量、碳排放权、排污权、水权交易试点。加强环境监管，健全生态环境保护责任追究制度和环境损害赔偿制度。加强生态文明宣传教育，增强全民节约意识、环保意识、生态意识，形成合理消费的社会风尚，营造爱护生态环境的良好风气。

我们一定要更加自觉地珍爱自然，更加积极地保护生态，努力走向社会主义生态文明新时代。

（摘自中国共产党第十八次代表大会《坚定不移沿着中国特色社会主义道路前进为全面建成小康社会而奋斗》的报告第八部分）

思考题

1．建设“美丽中国”的实质是什么？
2．“美丽中国”建设存在的问题和制约因素有哪些？

参考文献

[1] 邓聿文．中国环境问题的急迫课题[J]．能源思考，2007（6）：64-70．
[2] 杨世华．生态文明建设的制约因素及其对策[J]．玉溪师范学院学报，2009（6）．
[3] 楚海虹．生态文明建设核心是转观念[N]．中国石油报，2010．
[4] 王福陈．社会主义生态文明建设的制约因素及对策研究[D]．广西师范学院，2011．
[5] 刘静．中国特色社会主义生态文明建设研究[D]．中共中央党校，2011．
[6] 兰明慧，廖福霖，罗栋燊．生态文明研究综述[J]．绿色科技，2012（12）．
[7] 周生贤．建设美丽中国 走向社会主义生态文明新时代[J]．环境保护，2012（23）．
[8] 郑震．制度建设是生态文明建设重中之重[J/OL]．人民日报，2015-6-18 [2015-6-18]. http://env.people.com.cn/n/2015/0618/c1010-27173981.html.

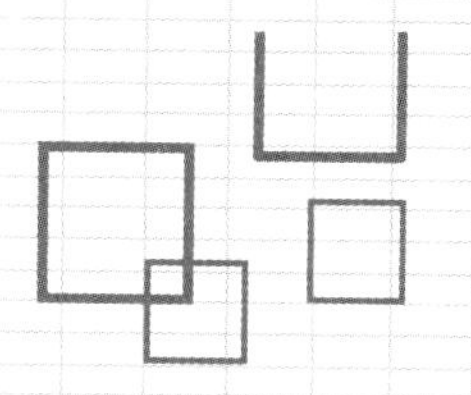

专题十一

全球化背景下的国家安全

维护国家安全是任何一个主权国家肩负的重要使命，是国家追求的最高战略目标。随着全球化进程的不断深入，国家安全面临的局势错综复杂，一方面，传统的军事安全、政治安全仍然严峻；另一方面，经济安全、文化安全、信息安全、生态安全等非传统安全日益突出，逐渐成为影响国家安全的重要因素。传统安全和非传统安全交织在一起，使得各国维护国家安全的任务变得更加复杂和艰巨。

一、国家安全观念的演变

在全球化的历史进程中，国家安全也受到重大的影响。总的趋势是，全球化使传统意义上的安全即军事安全的地位下降，而经济安全的地位上升。全球化趋势导致相互依赖性的增强和国家之间合作的必要性，使得靠武力占领别国领土、掠夺别国资源来扩大生存空间的代价和效果发生了变化，使用武力的代价越来越大而好处越来越小。第二次世界大战后日本和德国复兴的经验表明，它们不是作为军事大国，而是作为经济大国自立于世界民族之林的，它们从科学技术和商贸活动中得到的好处远比其前辈从侵略和征服中得到的要多得多。

（一）“国家安全”的概念

国家安全就是一个国家处于没有危险的客观状态，也就是国家既没有外来的威胁和侵害，又没有内部的混乱和疾患的客观状态，这是国家安全的基本含义。当前，国家安全是一个涉及政治、经济、军事、文化、科技、社会等全方位综合性的安全概念。其中“没有外来的威胁和侵害”和“没有内部的混乱和疾患”是国家安全的两个方面。维护国家安全，就是要维护国家和民族的生存、主权、领土、社会制度、社会准则、生活方式，以及社会政治、经济、科技、军事等利益不受威胁。

（二）从“传统安全”到“非传统安全”的演变

全球化时代，影响国家安全的因素除了传统的政治、军事外，经济对国家安全的影响越发具有决定意义，而科学技术、生态环境、文化等因素对国家安全的影响也越来越不容忽视。随着影响国家安全因素的不断增多，国家安全的构成也随之拓展，已从传统的政治、军事安全领域扩大到经济、科学技术、生态环境、文化等非传统安全领域。如果把国家安全看作一个系统的话，它是由政治安全、军事安全、经济安全、科技安全、生态安全、文化安全等要素构成。

1. 传统国家安全

传统安全观以主权国家为基本安全单元，以解决军事安全和政治安全为主要内容，以行使武力或以武力相威胁为基础，以加强军备为手段。这种安全观自主权国家诞生之日起出现，于两极格局对峙时期为盛。传统安全观认为国际社会处于无政府状态，国家是国际社会的主要行为体，国家的国际目标是谋取最高权力，国家安全也主要限于军事领域，军事实力是维护国家安全的主要手段，国家的军事力量越强大，维护国家安全的能力也越强。因此，国家所关注的焦点是如何应对外来的战争威胁和军事入侵，以军事力量支撑的国家生存安全更是构成了国家安全的主要方面。

2. 非传统国家安全

一般情况下，把不同于侧重军事、政治安全的新的安全称为非传统安全，它主要包括经济安全、环境安全、信息安全、人才安全、文化安全等。非传统国家安全提出的背景十分复杂，既是对安全问题认识不断深化的结果，也是全球化步伐加快、科学技术不断进步所导致的。目前，世界各国纷纷将非传统安全纳入国家战略范畴，予以高度重视。

第二次世界大战结束以来，随着科学技术不断进步，经济全球化趋向日益加深，传统安全对国家安全的威胁有所下降，非传统国家安全的影响和作用开始凸显，并在冷战结束后逐渐受到世界各国理论界及政界的关注。冷战结束后，一系列多元、复杂而又不为人们熟悉的安全议题，如种族冲突、大规模杀伤性武器扩散、艾滋病的蔓延，以及全球生态系统的破坏等，威胁着人类的生存和发展。尤其继美国“9·11”事件、我国“非典”事件以后，各国更将非传统安全问题提上了本国的安全战略议程。这些安全议题的出现，难以用传统的军事手段来解决。美国著名政治学家约瑟夫·奈深刻指出，“在当今全球化时代，我们比以往任何时候都无法通过保卫我国边境以保卫我们的祖国”。也就是说，虽然军事手段还是维护国家安全的重要手段，但已经不是唯一的手段了，使用军事力量的代价和效果已经发生了变化，经济相互依存、国际制度和非国家行为体等所起的作用可能会更大。经济、政治、科技、文化等多种手段的综合运用成为实现国家安全的重要保证。即使运用军事手段，也必须受到严格的限制。同时，国家不再是安全的唯一主体，联合国、国际红十字会、跨国公司等非国家行为体，甚至是个人，正在越来越多地卷入到世界重大政治问题中。国际恐怖主义活动就是集团、个人（而不是国家）在全球使用武力和暴力对主权国家的合法权利提出了挑战的一个现实例证。大量非国家安全行为体的出现，说明新的时期国家安全是由不同层次多种安全主体、多种安全要素构成的复杂的安全体系，维护国家安全理应从更大的视野、更宽的视角、更广的领域着手。

二、当前我国面临的安全形势

全球化已成为现代社会发展的一种不可逆转的趋势，全球化加速了资本、生产要素等在全球范围的优化配置，给我国提供了新的发展机遇，但同时也使我国的发展面对前所未有的冲击和挑战，这其中自然包括对国家安全的挑战。全球化不仅使传统的军事安全、政治安全仍然面临严峻挑战，而且随着全球化进程的不断深入，经济安全、文化安全、信息安全、生态安全等非传统安全问题日益突出，日益成为影响国家安全的重要因素。

（一）国防安全仍然是国家安全的支柱

随着全球化的发展，国家安全的内容发生着变化。但是，国防安全仍是国家安全的重中之重。它包括国家的主权、领土不受侵犯。领土完整是国家独立的重要标志，是国家主权、国家安全的重要组成部分。领土主权是国家主权的核心，是国家政治安全和建立独立平等的国际关系的基础。所谓领土安全，其内涵是指领土与领土主权不受侵犯和威胁，领土不被占领、不被分裂、不被分割或兼并，其外延包括国际法规定的专属经济区和大陆架的自然资源所有权与管辖权不受侵犯和威胁。

21 世纪中国面临的国防安全问题主要有南海问题、台湾问题还有钓鱼岛问题。对我国来说，最显著的就是海洋权益受到威胁，边界纷争不断。南海问题的国际化使得中国核心利益受到严重的威胁。尤其是美国高层所谓的重心向亚太地区的转移，使得亚洲以及南海局势越发复杂。东海方向由于安倍政府继续推行强硬政策，使钓鱼岛争端持续升温，引发冲突的可能性不能排除。中日双方围绕钓鱼岛的斗争，已经从初期的法理斗争扩展到实际维权斗争，从海上斗争扩展到空中斗争，从执法力量斗争扩展到军事力量斗争，从双方斗争扩展到多方斗争。南海问题“多边化”和“国际化”趋势继续发展，对我国利益构成严峻挑战。了解七国集团（G7）的人都知道，它是由七个主要发达经济体组成的俱乐部，重点讨论经济问题。然而，继 2015 年、2016 年后，2017 年在意大利举行的七国集团峰会联合公报再次提及东海、南海问题。对此，中国外交部表示强烈不满。

除了领土争端摩擦比较多，日益增长的恐怖主义和分裂主义的威胁也在增加不确定的因素，像“台独”“东突”“藏独”这样的内部分裂势力和外部的反华势力是形成国防安全威胁的主要因素。2017 年我国军费预算保持增长 7%左右，这是继 2011—2016 年，我国军费预算增幅分别为 12.7%、11.2%、10.7%、12.2%、10.1%、7.6%，连续多年保持两位数增长后，继 2016 年我国国防预算增幅再次保持个位数。国防费规模的确定，既要适应国家经济社会发展水平，也要适应国防需求。国家安全需要有多大，国防投入就有多大；国家利益延伸到哪里，国防投入就跟进到哪里，这是考虑国防投入必须遵循的规律。中国国防费增长需求是由不断上升的国家安全需求决定的，从某种程度上讲，国防费增长是“刚性需求”。这种“刚性需求”至少表现在以下 6 个方面：是维护国家主权、安全和发展利益的需要；是适应国家安全战略、军事战略发展的需要；是适应世界新军事变革的需要；是适应国家经济社会发展的需要；是适应深化国防和军队改革的需要；是适应军队任务拓展、承担更多国际义务的需要。我军正处于机械化、信息化复合发展的关键期，深化改革的攻坚期，必须保持国防投入的持续适度增长。中国作为一个负责任的发展中大国，正承担起越来越多的国际责任和义务，不断加大“走出去”步伐。国际维和、联合反恐、国际灾难救援、护航行动等，都需要更多的财力和物质保障。

尽管有了一定的增长，但相对于世界其他主要国家，我们的国防投入无论是占 GDP 的比重，还是国民人均、军人人均军费，都是比较低的。在联合国安理会五个常任理事国中，我国军费占 GDP 的百分比是最低的。美国大多数时候超过 4%，在阿富汗和伊拉克战争时期超过了 4.5%，俄罗斯和英国为 3%～4%，法国为 2%～3%，而我们国家只有不到 1.5%。

历史告诫我们：从大国到强国的转变，经济强国是基础，军事强国是根本。和平时期，经济建设是世界发展的主流，爆发世界大战的可能性越来越小，但人类社会战争的根源并没有消除，从伊拉克到阿富汗，从巴勒斯坦到以色列，从沿海到内陆，从东到西，当前局部战争仍然不断，各种政治力量及纷争不断，将来局部战争仍会发生。因此，发展国防科学技术，建立强大的国防，以应对可能的战争的需要，依然是各国的一项重要战略任务。

（二）经济安全是国家安全的基础

冷战结束后，世界范围内的军备竞赛被以发展经济为主的综合国力竞争所代替，经济安全取代政治安全、军事安全，成为国家安全的核心，如何维护国家的经济安全显得尤为重要。

所谓国家经济安全，是指经济全球化时代一国保持其经济存在和发展所需资源有效供给、经济体系独立稳定运行、整体经济福利不受恶意侵害和非可抗力损害的状态和能力，即一国的国民经济发展和经济实力处于不受根本威胁的状态。它包括两个方面：①国内经济安全，即一国经济处于稳定、均衡和持续发展的正常状态；②国际经济安全，即一国经济发展所依赖的国外资源和市场的稳定与持续，免于供给中断或价格剧烈波动而产生的突然打击，散布于世界各地的市场和投资等商业利益不受威胁。

中国目前的经济局势总体上还比较安全，近几年一直保持持续稳定的增长。但随着全球化进程的不断深入，在各国经济的相互依存和竞争中，中国的经济安全仍然面临着潜在的威胁。

1．民族产业面临着国际竞争的严峻考验

经济全球化使各国经济融为一体，要求各国遵守统一的经济运行规则。然而，我国大部分中小企业对世界贸易组织及其运行方式、规则不甚了解，再加上我国的产业体系存在着行业条块分割、企业规模小、科技水平和管理水平低等弊端，导致我国的民族工业正面临国际激烈竞争的严峻考验，有些企业可能被外资并购、整合。

2．发达国家引发人才争夺战略

掌握先进科学技术的科技人才是影响国家科技和经济安全的关键。这方面西方国家特别是美国与我国展开了激烈的人才争夺战。美国是当今世界上人才流动的最大聚集点。为了尽可能地吸引世界各国的优秀人才，美国建立起了一整套相当完善的、其他国家难以企及的吸引人才和使用人才的机制。2016 年 12 月 12 日，由中国与全球化智库（CCG）组织研究编著、社会科学文献出版社出版的国际人才蓝皮书《中国留学发展报告（2016）》在北京发布。蓝皮书指出，中国连续七年成为美国最大的留学生来源国，在美本科生超过同期研究生，留学低龄化现象更加明显，中小学留学生增多。

虽然，近几年由于中国经济持续稳定地增长，呈现出一定程度的人才回流，但仍有许多人滞留在国外。得人才者得天下。在这场人才大迁徙中，美国则是全球最大的受益者。由于发展中国家的教育滞后和人才外流，广大发展中国家普遍缺少科技和管理人才。科技人才流失正削弱我国自主科技创新的基础。近几年来，我国正发生改革开放以来的第三次移民潮。这次移民潮与前两次移民潮不同的是，第三次移民潮表明我国教育体系也被彻底纳入了不合理的国际分工体系，我国在国际教育体系中也被置于产业链的最底端，负责初级教育（小学、中学），而大学以上教育则开始由美国等发达教育体系所垄断。由此可见，我国的人才资源流失日趋严重，这将对我国的经济安全造成巨大的威胁。

3. 金融安全面临着严峻考验

金融安全可以说是经济安全的核心，它已成为与传统海权和陆权同样重要、影响地缘政治的战略要素。金融动荡对一个国家造成的打击不亚于一场战争。早在一个世纪以前列宁就曾经说过，摧毁一个国家政权最有效的手段之一就是摧毁它的货币体系。东南亚金融危机就是很好的例证。历史上，美国曾利用各类金融手段牵制苏联、遏制日本以及应对欧洲一体化的挑战。如今，以金融“敲打中国”正成为美国遏制中国崛起的一项战略选择。目前，由于我国银行资产质量恶化，不良贷款比重较高，一些地方金融市场秩序混乱、运行不够规范，以及金融体制不完善和金融监管经验不足等问题，导致我国金融市场存在较大的隐患。

（三）全球化对我国政治安全的挑战

政治安全是指在一定的环境和条件下，国家主权、领土疆域、民族尊严、意识形态、国家制度和权力体制等方面的国家利益和国家安全的自主和免受各种干扰、侵袭、威胁和危害的状态。一般认为，政治安全的内涵主要包括国家主权安全、政治制度安全、意识形态安全和社会政治秩序安全等四个要素。政治安全是国家安全的根本，任何一个国家只有在其国家主权和意识形态不受颠覆和危害的前提下，才能得到更好的发展。我国的国家安全环境中，政治安全的核心是党的领导的有效性（权威性）和执政地位的稳定。

对社会主义国家来说，影响政治安全的因素，可以按矛盾性质分为两大类：敌我矛盾和人民内部矛盾。敌我矛盾，包括西方敌对势力以及国内颠覆势力和国家政权之间的矛盾。人民内部矛盾，包括人民群众之间的利益矛盾，以及人民群众与党和政府之间的关系问题。

我国正处于社会发展的重要战略机遇期，同时又是利益格局深刻调整、思想观念深刻变化、矛盾问题多发期，这就决定了正确认识和处理人民内部矛盾，密切党群关系，是巩固我们党的执政地位和实现国家政治安全的一项根本任务。另一方面，以美国为首的西方国家借全球化的名义，散布“政治多元化”“经济私有化”“军队非党化”“领土分治化”“生活西方化”“人权高于主权”等论调，企图“西化”“分化”中国。它们不愿意看到一个社会制度、意识形态与西方完全不同的中国发展壮大，一直采取各种手段对我国实施“西化”“分化”战略。近年来，美国利用台湾问题、西藏问题、人权问题等，屡屡发难，其根本目的就在于实现其“西化”“分化”中国的政治图谋。尤其值得注意的是，随着中国在新世纪越来越深地融入全球化，以美国为首的西方国家利用经济手段来达到政治目的的倾向会进一步加强。它们利用中国在资金、技术等方面对发达国家的需求，提出种种政治要求，并时不时以经济制裁相威胁，企图通过经济手段干涉中国的内政。因此，今后我们在与西方大国发展合作关系的同时，对西方敌对势力在渗透与反渗透、颠覆与反颠覆方面的斗争是长期和复杂的，有时甚至是十分尖锐的。

（四）文化安全是国家安全的前提

文化安全是指保护本国优秀的传统文化和价值观免遭异国有害文化的渗透和侵犯。国家文化安全是主权国家安全体系的重要而特殊的组成部分，维护国家文化安全，促进民族文化认同，对于形成和增强民族凝聚力，增加综合国力，提升我们战胜各种困难的信心和勇气，防止各种各样的文化渗透和侵略，稳定国内政治环境都具有非常重要的意义。

文化全球化，主要是美国文化，借助于这些新的机制，成功地渗透到全球的每一块地方，对其本土文化造成缓慢的然而却是重大的影响，从根本上起着重塑人们文化经验、文化认同和生活方式的作用。因此，从后果方面来看，文化全球化明显是强势文化，主要是美国文化在世界范围内的不断扩展，而不是多元文化的平等交流与互动，以至于从总体上对国家文化安全构成了一种挑战和威胁。

正如著名文学理论家萨义德所说："在我们这个时代，直接的控制已经基本结束。我们看到，帝国主义像过去一样，在具体的政治、意识形态、经济和社会活动中，也在一般的文化领域中继续存在。"

20 世纪 80 年代以来，西方国家利用我国改革开放、社会转型发生深刻变化的时机，不断加大"和平演变""文化渗透"的力度。一方面，它们通过新闻媒体以及交流几乎不受地理意义上国界限制的网络，构筑对华文化包围圈，全方位、立体化地加强文化攻势，宣扬美化西方的人权、民主、价值观和生活方式，并在经济、文化、宗教交流中进行文化渗透，其本质就是要通过文化殖民，对中国进行和平演变，通过"麦当劳"式的"文化新殖民主义"，传播西方价值观、西方的民主、人权，鼓吹拜金主义、享乐主义和个人主义，企图通过潜移默化的影响，使中国人特别是年轻一代失去精神支柱，失去凝聚力和向心力。另一方面，它们在美化自己的同时，通过支持出版政治性非法图书，污蔑破坏我国领导人的形象，极力丑化中国的国际形象，进而否定中国共产党领导的合法性，最终否定社会主义制度。而且，西方对中国的文化渗透的力度会不断增大，其渗透的途径会更加多样，文化领域、意识形态领域的争夺会更加激烈。

20 世纪 80 年代末苏东事件的爆发在很大程度上被认为是以美国为首的西方国家从文化上长期对苏联及东欧社会主义国家实行渗透、宣传和颠覆的"硕果"。当前，威胁中国国家安全的"三独"势力（"台独势力""疆独势力"和"藏独势力"）在图谋分裂国家的战略和策略上也采用了不同形式的文化分裂主义。与主要诉诸极端文化本土化的"文化台独"不同，海内外的一些"疆独势力"和"藏独势力"主要选择了极端的民族主义和文化原教旨主义作为解构和重塑广大新疆维吾尔自治区人民和西藏自治区人民民族认同和国家认同的思想武器。

台湾岛内的"台独"势力为了达到分裂祖国的目的，不断地制造"文化台独"。早在 20 世纪五六十年代，"台独"分子在海外就出版了《台湾人四百年史》这类宣传品。自蔡英文当局上台以来，在"法理台独"前途渺茫、无路可走的情况下，"文化台独"愈演愈烈，引起海峡两岸人民广泛关注。废止课纲微调、撤除台北故宫南院十二兽首陈列、拆除台湾抗战纪念碑、重建"原民史观"…… 作为海峡两岸最大公约数的文化认同，可以说是两岸和平发展的稳固基石。蔡英文当局推行"文化台独"，对这一基石造成了重大损害。

（五）信息安全是国家安全的保障

国际社会普遍认为，网络空间现已成为领土、领海、领空和太空之外的第五空间，是国家主权延伸的新疆域。当前，全球正处于网络空间战略的调整和变革时期，多个国家调整信息安全战略，明确网络空间战略地位，并提出将采取包括外交、军事、经济等在内的多种手段保障网络空间安全。美国明确提出将战略威慑作为未来重点，声称保留使用所有必要手段的权力，对网络空间的敌对行为做出反应。俄罗斯、英国、法国、德国等国家也都将网络攻击列为国家安全的主要威胁之一。可以预见，全球新一轮网络空间备战将逐渐加快，网络空间主导权的争夺将更加激烈，世界将进入一个网络争霸的新时代。

众所周知，互联网发源于美国，体现的主要是美国的价值观，并且被美国所掌控：互联网域名和 IP 地址分配由美国的一个私人组织垄断，全球 13 个根服务器上的 IP 地址信息，它都可以掌握。从技术角度上讲，它可以监控或中止特定使用者的通信。美国在互联网管理上的“一股独大”，实际上令其他国家接入互联网、享受便利的同时也拱手让出了部分通信主权。

在匿名网络攻击逐渐被看作“国家威胁”的趋势下，各国政府纷纷将战略眼光投向网络安全。作为世界上第一个引入“网络战”概念的国家，美国率先建立了新军种“网军”，并于 2010 年 5 月正式建立了“美国网络司令部”。4 个月后，美国即与 12 个国际伙伴开展了为期 3 天的网络攻击联合演习。2012 年，北约更是大力投入网络安全：德国制定了《德国网络安全战略》，并成立了国家网络防御中心；美国首次发布了《网络空间国际战略》；英国国务大臣发表文章首次承认英国在加强“网络战”的力量，建设和研发网络武器。而自 2011 年 10 月发布《国家网络安全计划》后，英国政府随即拨付了超过 10 亿美元的专项资金。据美媒 2015 年 4 月 23 日报道，美国国防部公布了新版网络安全战略概要，在概要中首次公开表示美国军方将把“网络战”用作针对敌人的作战方法。这一长达 33 页的概要指出，“美国国防部可以开展网络行动来破坏敌人的指令和与军方相关的关键基础设施、武器”。

在发达国家紧锣密鼓扎紧本国网络篱笆的同时，它们却以领导者的姿态，鼓吹网络自由，要求别国网络全面开放。其中，最卖力的是美国，其领导人多次发表讲话支持互联网自由，宣扬互联网是推广民主、自由等“核心价值观”的重要工具。为推动互联网“自由”，美国国务院在 2008—2010 年批准了 2 100 万美元、2012 年还追加 2 500 万美元支持一项“弹弓”计划。这项计划能识别被审查的内容，像弹弓一样把被屏蔽的内容发射出去，实现逃避网络监控的目的。

2013 年美国的“棱镜门”事件再次证明世界网络安全的严峻性。在此事件的催化下世界各国都加快投入巨资优先发展信息安全技术和产业。如德国总理默克尔与法国前总统奥朗德探讨建立欧洲独立互联网，拟从战略层面绕开美国以强化数据安全。作为中国的邻国，日本和印度也一直在积极行动。日本于 2013 年 6 月出台《网络安全战略》，明确提出“网络安全立国”。印度于 2013 年 5 月出台《国家网络安全策略》，目标是“安全可信的计算机环境”。

面对全球网络戒备的态势，建设“坚固可靠”的国家网络安全体系，是中国必须做出的战略选择。2014 年 2 月 27 日，中央网络安全和信息化领导小组成立，中共中央总书记、国家主席、中央军委主席习近平亲自担任组长，李克强、刘云山任副组长。这是中国共产党落实十八届三中全会精神的又一重大举措，既表明了网络信息安全目前面临的形势任务复杂和所处地位的重要，也标志着中国已把信息化和网络信息安全列入了国家发展的最高战略方向之一。

毋庸置疑，网络安全和信息化建设作为一种国家战略，在某种意义上看，势必左右中国信息化的未来发展方向。因此，党中央着眼于中国未来发展，高瞻远瞩，深谋远虑，对网络安全和信息化建设进行了与中央全面深化改革领导小组和中国国家安全委员会同规格的顶层设计，有着非常重要的战略意义。而网络安全与信息化建设对“中国梦”的顺利实现和中华民族的全面复兴，必将发挥出“保护伞”和“助推器”的巨大作用。

（六）环境安全是国家安全的重要组成部分

环境安全是指因环境问题使国民的生存和发展受到威胁。随着人类征服自然活动的加剧，以及全球生态环境问题的全面爆发，由于生态环境退化引发的自然灾害对区域和国家安全的威胁，其危害的严重性不亚于战争的威胁或金融危机、经济危机的威胁。国防安全、经济安全、金融安全所受到的威胁，时间往往是较短暂的。但一次生态危机，其危害的时间却往往持续许多年。2011 年日本地震中的核事故所造成的危害绝不是几年、几十年就可以消除的。因此，环境安全问题已被世界各国普遍关注，并与政治安全、军事安全、文化安全等国家安全因素一起构成了国家安全体系。

目前，我国水、土地、能源、矿产等资源的开发利用潜力已接近极限，资源环境问题日趋严重，对国际资源市场的依存度越来越高，这些问题已经演变为威胁我国国家安全的重要因素。受复杂的自然环境条件影响，以类型多、频率高、强度大为特征的自然灾害自古至今一直是威胁我国国家安全的重要因素，这种威胁将随着全球环境变化的加剧而进一步增大。同时，我国全面小康社会的建设将面临能源结构性匮乏、矿产资源短缺、水危机、耕地与粮食风险及环境质量进一步恶化等诸多挑战，全球环境变化引起的资源和灾害变化将使我国国家安全面临着前所未有的挑战。

综上所述，当前我国的国家安全面临严峻挑战，一方面，传统的军事安全、政治安全、国土安全仍然严峻；另一方面，随着全球信息网络的迅猛发展，随着全球生态环境的恶化，经济安全、文化安全、信息安全、生态安全等非传统安全日益突出。传统安全和非传统安全交织在一起，使得我国维护国家安全的任务变得更加复杂和艰巨。

三、大学生国家安全教育

大学生是社会主义事业的建设者和接班人，是国家的未来和希望，同时也是西方敌对势力推行“和平演变”战略争夺的目标。因此，大学生的国家安全意识如何将直接决定着国家的前途和命运，意义重大。高校担负着为国家培养人才的历史重任，也是对大学生进行国家安全教育，增强大学生国家安全意识的主阵地。多年来，高校在党中央相关部门的领导下，认真贯彻落实中共中央关于加强大学生国家安全教育的方针，不断加强对大学生进行国家安全教育，并取得了可喜的成绩，但由于我国的国家安全教育起步较晚，国家安全教育研究尚显不足，大学生国家安全教育仍存在一些亟待解决的问题。

（一）当代大学生的国家安全意识现状

当代大学生的国家安全意识现状决定对其进行国家安全教育具有紧迫性。

1. 当前大学生国家安全知识缺乏，对国家安全的概念存在模糊认识

当前，国家安全是一个涉及政治、经济、军事、文化、科技、社会等全方位综合性的安全概念，既包括领土安全、政治安全、军事安全等“传统安全”，也包括经济安全、文化安全、科技安全、信息安全、环境安全等“非传统安全”。只有全面认识、理解国家安全的概念，才能帮助大学生增强国家安全意识。但是，当前相当一部分大学生对国家安全存在一些模糊认识，主要表现在：①对国家安全还停留在军事、战争、国防等一些传统的局部的认识上，对信息安全、环境安全等“非传统安全”在维护国家安全中的地位缺乏认识。②对国家安全机关的职能、性质或一无所知，或知之甚少，甚至还有错误认识。很多大学生把国家安全等同于情报、间谍机关的活动，一谈到国家安全，很多大学生就会联想到美国的中央情报局、联邦调查局，苏联的克格勃以及我国的国家安全部等。③大部分大学生不清楚自己在维护国家安全方面应承担什么义务，因此缺乏防范心理和斗争方法。综上所述，目前我国的大学生的国家安全知识比较缺乏，对国家安全认识不足，这种状况会导致大学生不能自觉地把维护国家安全与自身的责任联系起来。因此，加强大学生的国家安全教育，培养大学生的国家安全意识已刻不容缓。

2．自我意识膨胀，奉献精神低迷

改革开放和社会主义市场经济的发展，带来物质的丰富和市场的繁荣，但对人们的理想、信念、价值取向也带来了强烈的冲击。市场经济中的追逐利润、等价交换原则不同程度地使一些人出现消极的价值取向，在为人为己、奉献与索取等问题的选择上，思想天平明显向个人倾斜，这种风气势必影响到大学生们的价值取向。很多大学生消费欲望不断膨胀，刻意追求享乐、拜金主义盛行、奢靡之风日盛，居安不思危，社会责任感趋于淡薄。这些在客观上起到了削弱国家安全的作用。

3．保密意识不强

当前我国的大学生保密观念淡薄是不争的事实。大学生在校期间，特别是高年级学生和研究生，在导师的指导下，会参与一些保密项目的研究，他们毕业后要走向社会甚至流向国外，由于个人的保密意识不强，国家保密有效管理机制尚不健全，保密体系不健全等，这种人才流动将对国家秘密和学校内部技术秘密造成侵害，其中最大的影响是流向国外。同时，随着我国改革开放和科学技术事业不断取得辉煌成效，不少国家针对我国实施的情报工作愈演愈烈，窃取手段五花八门，或是广泛采取我国公开发行的报纸、杂志、刊物、官方报告等材料，从中获取所需情报，或是以学术交流、朋友交往的名义来收集信息，在谈笑风生、觥筹交错间，大量的国家机密就泄露出去了。针对当前情报工作的复杂局势，加强大学生的保密意识，也是做好大学生国家安全教育的重要内容之一。

（二）加强大学生的国家安全教育

1．构建多渠道、全方位的大学生国家安全教育格局

加强大学生的国家安全教育，不是一时一事的突击性活动，也不仅仅是一种单纯的知识传授和情况通报，而是一种政治性、战略性和实践性很强的思想政治教育活动，需要多渠道、全方位地对大学生实施国家安全教育。首先，在内容上，将国家安全教育的相关内容融入相关课程中，发挥课堂主渠道的作用，注重增强教育的针对性，包括：①将国家安全教育与形势政策教育相结合。目前，高校普遍开设“形势与政策”课，很多高校利用“形势与政策”课，在对当前国际、国内形势的热点和重点问题的宣讲中，渗透国家安全教育，使大学生了解我国的安全局势，增强对国家安全的忧患意识。②将国家安全教育与法律基础课教学相结合。把宣讲《国家安全法》和相关的法律、法规作为法律基础课教学的一项内容。使学生了解、掌握《国家安全法》的相关内容，增强国家安全的法制意识，自觉遵纪守法，并依法同一切危害国家安全的犯罪活动做斗争。③将国家安全教育与职业道德教育相结合。把引导大学生树立职业道德意识与国家安全意识结合起来，自觉遵守职业道德、职业纪律，无论将来从事何种工作，都将以国家安全利益为重，自觉承担起维护国家安全的责任与义务。其次，在教学环节上，将国家安全教育与入学教育、毕业教育，以及在校期间的日常教育活动相结合，把国家安全教育渗透到学生在校期间的全过程。最后，在方法上，注重理论讲解与案例分析相结合、配套文字教材与现代教育技术的运用相结合，以及课堂教学与课外活动相结合等，努力探索灵活多样的课堂教学方法，提高大学生国家安全教育的实效性。

2. 大学生的国家安全教育目标

大学时代是一个人知识增长和积累的黄金时代，也是一个人世界观、价值观、人生观形成的重要时期，因此大学生时代的国家安全教育是国家安全意识养成的最重要的时期。在这一阶段，大学生的思维已发展为具有一定的深度和广度的理论思维和辩证思维，思维的独立性和批判性显著提高，情感发展上内容日趋丰富，体验日趋深刻，更具社会性，自我意识发展已具“成人感”，不断认识自我和发展自我。大学国家安全教育要针对大学生思想及心理发展的特点，遵循主体探究、知行统一、理性升华的规律，对大学生进行国家安全理论知识教育，使其从理性上对国家安全的内涵和外延有较全面的理解和掌握；要全面提高大学生国家安全意识，包括增强国防意识、风险意识和危机意识，使大学生能够始终树立国家主权和国家利益高于一切的信念，具有忠于祖国、献身人民的自觉性和责任感；帮助大学生熟悉有关国家安全的活动、政策、法律、法规，使其善于识别各种伪装，自觉抵制不良思潮的侵袭；培养大学生逐步学会运用辩证唯物主义和历史唯物主义的立场、观点、方法，认识、分析国际安全形势以及本国国家安全中的各种问题；通过心理教育和实践，使学生在面对国家安全威胁时能保持良好心态，做出独立的判断和决定，减少从众心理，敢于承担困难和挫折，具有较强的心理调适能力和抗挫折能力。

拓展阅读

大安全时代 国家安全须全民守护

2014 年 4 月 15 日，习近平总书记在中央国家安全委员会第一次会议上首次正式提出“总体国家安全观”。2015 年 7 月 1 日，十二届全国人大常委会第十五次会议审议通过国家安全法，将每年的 4 月 15 日定为全民国家安全教育日。2017 年 4 月 15 日，我们迎来第二个全民国家安全教育日，总体国家安全观正在以各种形式深入民心。

大安全时代，必须以全民国家安全教育日为契机，以总体国家安全观为指导，全面实施国家安全法，深入开展国家安全宣传教育，才能切实增强全民国家安全意识。目前，“总体国家安全观”构建的国家安全体系，主要涉及政治安全、国土安全、军事安全、经济安全、文化安全、社会安全、科技安全、网络安全、生态安全、资源安全、核安全、海外利益安全等多个方面。坚持“总体国家安全观”，要以人民安全为宗旨，以政治安全为根本，以经济安全为基础，以军事、文化、社会安全为保障，以促进国际安全为依托，走出一条中国特色的国家安全道路。

国泰民安是人民群众最基本、最普遍的愿望。实现中华民族伟大复兴的中国梦，保证人民安居乐业，国家安全是头等大事。当前我国国家安全内涵和外延比历史上任何时候都要丰富，时空领域比历史上任何时候都要宽广，内外因素比历史上任何时候都要复杂。但是，一直以来一提到国家安全，大多数人首先想到的往往是反间谍、加强军事保障等等，感觉十分神秘，离我们的日常生活有些遥远。其实，夯实国家安全的社会基础，防范化解各类安全风险，不断提高人民群众的安全感、幸福感，必须要坚持国家安全一切为了人民、一切依靠人民。唯其如此，才能汇聚起维护国家安全所需的物质、技术、装备、人才、法律、机制等保障方面的强大力量。

全民学习国家安全、守护国家安全的必要性在现实面前显得尤为迫切。2017 年 4 月 14 日，江西省国家安全机关披露了一批危害国家安全的真实案件。日本公民来江西进行非法测绘活动，采集的坐标点位数据中有 2 个绝密级、4 个机密级、1 个秘密级军事秘密；多家省直单位的外网邮件服务器系统存在被境外间谍情报机关远程攻击窃密的情况，危害极为严重；2015 年 8 月，央视《焦点访谈》节目中首次曝光中国渔民在某港外海打捞的某国无人潜航器；2009 年，澳大利亚力拓集团驻上海办事处的胡士泰等 4 名员工，在中外进出口铁矿石谈判期间，采取不正当手段，通过拉拢收买中国钢铁生产单位内部人员，刺探窃取了中国国家秘密，对中国国家经济安全和利益造成重大损害。这些真实发生在我们身边的事情，让国家安全不再神秘、遥远，它与我们的日常生活息息相关，需要我们时刻自觉守护。

现今，“国家安全”四个字早已有了更加丰富的时代内涵和深刻含义，但是坚持以民为本、以人为本，坚持国家安全一切为了人民、一切依靠人民的原则始终没有改变。夯实国家安全的群众基础，需要人人参与；守护国家安全，人人有责。

思考题

1. 国家安全观念在全球化背景下发生了怎样的演变？
2. 我国国家安全形势面临怎样的挑战？

参考文献

[1] 跃进．国家安全学[M]．北京：中国政法大学出版社，2004．

[2] 李宣良．解析“建议国防预算今年增长约 10%”[N/OL]．新华每日电讯，2015-03-05（02）．http://news. xinhuanet.com/mrdx/2015-03/05/c_134039408.htm．

[3] 宿景祥．现阶段我国国家经济安全的核心问题[J]．国际关系学院学报，2006，(1)：15-17．

[4] 戴维・赫尔德．全球大变革——全球化时代的政治、经济与文化[M]．杨雪东，等译．北京：社会科学文献出版社，2001．

[5] 王晓德．美国文化与外交[M]．北京：世界知识出版社，2000．

[6] 葛全胜，方修琦，张雪芹，等．20 世纪后半叶中国地理环境的巨大变化[J]．地理研究，2005，24（3）：345-358．

[7] 秦大河．进入 21 世纪的气候变化科学—— 气候变化的事实、影响与对策[J]．科技导报，2004，(7)：4 7．

专题十二

中国外交新发展

近两年，中国外交的确很忙。从“一带一路”连接世界到亚投行开业，从推动 APEC 利马会议为亚太自贸区建设进程注入新的动力到成功主办二十国集团（G20）领导人杭州峰会，引领世界经济和全球治理的前进方向，全球外交舞台上，中国理念、中国方案正为构建新型国际关系提供新思路。世界看到了一个坚持自己外交原则，更加坚定捍卫自身利益的中国，一个立足亚太、布局全球，以新战略谋取新格局的中国，一个积极参与全球治理、主动承担大国责任的中国。

2016 年是中国外交攻坚开拓的重要一年，而且交上了一份亮眼的成绩单，包括成功主办二十国集团（G20）领导人杭州峰会、坚定维护南海主权权益并让中菲关系实现转圜、中挪关系实现正常化，更不用说，还有中外领导人之间的频繁互访。2016 年的中国外交更加主动，更加进取，更加自信，更加成熟。

一、遍布全球的中国“伙伴关系”

伙伴关系是指在国际交往中，国家间为寻求共同利益而建立的一种合作关系。中国一直沿用“伙伴关系”定位双边关系。自 20 世纪 90 年代以来，随着中国经济实力的增强，中国的外交工作也迈上了新台阶，“伙伴关系”这一外交工具的地位也愈发重要。

（一）何为国家间伙伴关系

“伙伴关系”概念始于冷战结束后。冷战结束后，北约推行“和平伙伴关系计划”，与非北约国建立伙伴关系。

中国国际问题研究基金会拉美研究中心研究员，前驻厄瓜多尔、智利、古巴大使刘玉琴表示，伙伴关系是指国家与国家（地区、组织）之间因为信任而在政治、经济、科技、文化等领域展开合作的一种国际合作关系。

《人民日报》曾刊登文章表示，大国之间的关系可以归纳为三种基本模式，即伙伴关系、结盟关系、非结盟非伙伴关系。大国伙伴关系最本质、最核心的特征是：伙伴国之间平等、不结盟、不针对不损害第三国。与冷战时期大国之间的结盟和敌对关系相比，伙伴关系是国家关系的进步，是推动平等合作的正常国家关系。

“伙伴外交”与西方的“盟友外交”是不同的。中国的伙伴关系外交不同于集团外交、势力范围外交，后两者的合作成员间一般签署具有国际法意义的条约，要承担约束力强的责任，并针对某些目标而合作。

而中国与伙伴方不签署任何条约，彼此不受结盟条约和义务约束，行为自由。中国“伙伴关系”的确立一般以双方元首联合声明为标志，在声明中确定合作领域，还建立交往和磋商机制保障伙伴关系。

（二）伙伴关系分为多少种

目前，中国一共与97个国家和国际组织建立了不同形式、不同程度的伙伴关系，基本覆盖了世界上主要国家和重要地区。其名称主要包括伙伴关系、全面伙伴关系、合作伙伴关系、全面合作伙伴关系、战略伙伴关系、战略合作伙伴关系、全面战略伙伴关系、全面战略合作伙伴关系、全面战略协作伙伴关系等。

名称不同表明合作领域和关注点不同。简单地说，“全面”或“全方位”指的是合作领域多、范围广；“战略”指的是在双边或多边国际事务中，在重大国际和地区问题上有交集，关系重要，领域高端；“合作”指的是政策相互协调、相互配合、相互支持，其中不加战略修饰语的合作多指经济合作；“友好”指的是政治关系良好。这些词汇的排列组合构成不同侧重点，形容强调点不同的伙伴关系。

全面合作伙伴关系是指国家与国家或地区之间因为信任将在政治、经济、科技、文化等各个感兴趣的领域都能展开合作的一种国际合作关系，区别于战略合作伙伴关系。二者相比较，战略合作伙伴关系建立在国家的安全利益上，而全面合作伙伴关系则是基础性和建设性的。

大国间的“战略伙伴关系”则意味着从战略高度着眼于全球，影响本国外交整体布局的国与国关系。此外，“战略伙伴关系”还暗含着双方有深远的共同利益和相近的战略目标，彼此需要并视对方为可靠的合作对象之意。战略伙伴关系要求双方的合作建立在国家安全利益的基础之上，在整体上、全局上、核心利益上都具有一致性。全面战略伙伴关系意味着双方在合作领域上更加广泛，是战略关系中的较高级别，涉及面比较全面。

需要指出的是，伙伴关系可以针对两国，也可以用于中国与某个国际组织。比如中国与阿拉伯国家联盟的关系定位是“新型伙伴关系”，与非盟、东盟的定位则均为“新型战略合作伙伴关系”。同时，中国与欧盟的伙伴关系达到了最高级别的“全面战略合作伙伴关系”。

战略伙伴关系不是战略协作关系，后者在双边关系具体化后需要有后续活动。这两种关系没有亲疏之别，只是后者会增加国家间的信任感。

（三）构建全球伙伴关系网络是中国外交的一个特色

我们构建的伙伴关系有三个基本特征：首先是平等性，国家不分大小贫富，都要相互尊重主权、独立和领土完整，相互尊重各自选择的发展道路与价值观念。第二是和平性，伙伴关系与军事同盟最大的区别是不设假想敌，不针对第三方，排除了军事因素对国家间关系的干扰，致力于以合作而非对抗的方式，以共赢而非零和的理念处理国与国关系。第三是包容性，超越社会制度与意识形态的异同，最大限度地谋求共同利益与共同追求。同时，我们在国际事务中仍将坚持独立自主的外交方针，根据事情本身的是非曲直决定自己的立场，做出自己的判断。

（四）“好伙伴”越来越多的中国外交

中国“要在坚持不结盟原则的前提下广交朋友，形成遍布全球的伙伴关系网络”，秉承的是亲、诚、惠、容的理念，追求的是合作共赢、互利共赢目标，不仅在观念引领上具有先进性，具有史无前例的创新性，而且更易于广交朋友，更易于包容性塑造利益共同体、责任共同体、命运共同体。2016 年我国同 7 国新建伙伴关系，同 11 国提升伙伴关系定位，其中绝大多数是发展中国家。

全面战略协作伙伴关系：俄罗斯。

全天候战略合作伙伴关系：巴基斯坦。

全面战略合作伙伴关系：越南、老挝、柬埔寨、缅甸、泰国。

战略合作伙伴关系：印度、韩国、土耳其、阿富汗、斯里兰卡、孟加拉国。

全方位战略伙伴关系：德国。

全面战略伙伴关系：欧盟、英国、法国、意大利、西班牙、葡萄牙、哈萨克斯坦、希腊、丹麦、南非、巴西、秘鲁、墨西哥、马来西亚、印度尼西亚、白俄罗斯、阿尔及利亚、阿根廷、委内瑞拉、澳大利亚、新西兰、蒙古、埃及、沙特阿拉伯、伊朗、波兰、乌兹别克斯坦、塞尔维亚、智利、厄瓜多尔。

战略伙伴关系：东盟、非盟、加拿大、尼日利亚、安哥拉、爱尔兰、阿联酋、吉尔吉斯斯坦、塔吉克斯坦、土库曼斯坦、乌克兰、卡塔尔、哥斯达黎加、苏丹、约旦、捷克。

创新战略伙伴关系：瑞士。

全方位友好合作伙伴关系：比利时。

全方位合作伙伴关系：新加坡。

全面友好合作伙伴关系：罗马尼亚、保加利亚、马尔代夫。

全面合作伙伴关系：埃塞俄比亚、克罗地亚、尼泊尔、坦桑尼亚、刚果（布）、肯尼亚、荷兰、东帝汶、加蓬。

友好合作伙伴关系：匈牙利、塞内加尔。

合作伙伴关系：斐济、阿尔巴尼亚、特立尼达和多巴哥、安提瓜和巴布达、芬兰。

友好伙伴关系：牙买加。

新型合作伙伴关系：格鲁吉亚、芬兰。

创新全面伙伴关系：以色列。

二、构建新型大国关系

新型大国关系，意味着对传统大国关系模式的摒弃，是国际关系理论和实践的重大创新。它准确命中了中美关系发展的现实需要，也为中国发展与其他大国关系以及其他大国之间发展关系提供了思路。2012 年 11 月，中共十八大报告明确指出：“我们将改善和发展同发达国家关系，拓宽合作领域，妥善处理分歧，推动建立长期稳定健康发展的新型大国关系。”新型大国关系由此成为中国外交战略的重要内容。

（一）中美新型大国关系

何谓“新型大国关系”，按照中方的说法，它是以相互尊重、互利共赢的合作伙伴关系为核心特征的；按照美方的说法，它是对“崛起国与守成国必然冲突”这一历史魔咒的打破，是以“新答案”解决“老问题”。尽管双方并未使用相同的概念，两国学术界尚未对其进行系统的理论阐释，双方对其的理解和期待也不尽相同，但双方业内已存在的基本共识在于：21 世纪的中美关系必须避免大国对抗和零和博弈的历史覆辙，切实走出一条新路。

1．新型大国关系说法的由来

20 世纪 90 年代，面对世界多极化和经济全球化趋势，时任国家主席江泽民明确提出，要建立以互信、互利、平等、协作为核心的新安全观，积极致力于发展以“不结盟、不对抗、不针对第三方”为特征的新型大国关系。在这一原则指导下，中国与俄罗斯建立战略协作伙伴关系，并相继同法国、美国、加拿大、墨西哥、德国、埃及、韩国等国以及欧盟、东盟等地区组织建立不同类型的伙伴关系。

2010 年 5 月第二轮中美战略与经济对话期间，时任国务委员戴秉国提出，中美应“开创全球化时代不同社会制度、文化传统和发展阶段的国家相互尊重、和谐相处、合作共赢的新型大国关系”。观察人士指出，作为世界上最大的发展中国家和最大的发达国家，中美如何相处，不仅关乎双边，更关乎全人类。传统新兴大国和守成大国猜疑、对抗、冲突的关系模式显然不适合中美。走出一条新型大国关系之路是中美两国的必然选择。

2012 年 2 月，时任国家副主席习近平访美。在这次广受关注的访问中，习近平提出，推动中美合作伙伴关系不断取得新进展，努力把两国合作伙伴关系塑造成 21 世纪的新型大国关系。

三个月后，第四轮中美战略与经济对话在北京举行。时任国家主席胡锦涛发表了题为《推进互利共赢合作　发展新型大国关系》的致辞。他强调，无论国际风云如何变幻，无论中美两国国内情况如何发展，双方都应该坚定推进合作伙伴关系建设，努力发展让两国人民放心、让各国人民安心的新型大国关系。

中国国家元首就中美发展新型大国关系进行的阐述，受到各界高度关注。此后，“新型大国关系”一词在中美关系语境中越来越多地出现，成了中美高层交往的必谈话题。

2．新型大国关系的内涵

关于中美新型大国关系的内涵，习近平在庄园会晤中用三句话做了精辟概括：

一是不冲突、不对抗。就是要客观理性看待彼此战略意图，坚持做伙伴、不做对手；通过对话合作而非对抗冲突的方式，妥善处理矛盾和分歧。

二是相互尊重。就是要尊重各自选择的社会制度和发展道路，尊重彼此核心利益和重大关切，求同存异，包容互鉴，共同进步。

三是合作共赢。就是要摒弃零和思维，在追求自身利益时兼顾对方利益，在寻求自身发展时促进共同发展，不断深化利益交融格局。

3．新型大国关系的创新之处

新型大国关系的主要特征是“挑战与利益同在”“竞争与合作并存”，合作与共赢构成相互关系的主要方面；传统大国关系的主要特征是“敌我分明”“对抗与冲突”，“你输我赢、你兴我衰”的零和博弈构成相互关系的主要方面。

中国国家领导人率先提出的构建新型大国关系的基本主张，创新之处在于：

第一，突破了以往有关崛起大国必然会挑战现有国际秩序、颠覆传统大国既有地位的理论框架，认为在全球化背景下，传统大国不称霸，新兴大国不争霸，两者能够做到既竞争又合作，和平共处。

第二，认为人类社会不愿再次经历也无力承受大国严重冲突或剧烈对抗，大国之间必须将和平与合作置于相互关系中的头等重要地位。

第三，认为近代以来，大国关系从第二次世界大战之前霸权国和崛起国之间的冲突与战争关系，过渡到冷战时期以政治制度和意识形态画线的结盟与对抗关系，最终发展到始于今天的竞争与合作关系，深刻反映出人类历史发展的内在逻辑。

4．现状：困难不少，但仍需坚持

构建中美新型大国关系，无先例可循，无前车可鉴，可谓前无古人，后启来者。在构建过程中遇到困难，出现曲折，应在预料之中。双方在一些重大问题上发生摩擦和冲突，更不可避免。很明显的是，奥巴马政府后期在构建中美新型大国关系上从原先的“不说少做”到“不说不做”，形成一头热一头冷，一头积极一头消极，一头主动一头被动的局面。美国政界、决策层、精英层和智库在构建中美新型大国关系的认知上没有得到统一，没有取得共识。这两年构建中美新型大国关系的现状虽有收获，但并不理想，主要纠结在三个问题上：

第一，“安全困境”。中美在朝鲜半岛核问题和部署“萨德”导弹问题，以及美国继续向台湾出售武器问题上，基本上处于一种非良性的安全困境。

第二，“威斯特伐利亚体系”。“威斯特伐利亚体系”的现代含义仍是主权问题。中美在南海问题上的冲突，实质是主权的冲突，即中美两国在主权问题和“航行自由原则”上处于对立，互不相让。美国指责我国南海岛礁“军事化”问题，不承认中国在南海地区的主权拥有，中国也不认可美国的“航行自由”“飞越自由”等。美方强调美国在南海有重大利益，中方则坚持南海问题涉及中国的核心利益。

第三，“修昔底德陷阱”。2010 年以来，随着中国迅速崛起成为第二大经济体，美国认为其世界领导地位遭到挑战，中美之间的结构性矛盾加剧，导致新一轮的相互战略猜疑。2015 年习近平主席在访美时说：“世界上本无修昔底德陷阱，但大国之间一旦发生战略误判，就可能自己给自己造成修昔底德陷阱。”现实是，中美之间确实存在战略误解和误判，但麻烦的是双方难以确定哪些是战略误判，如中国提出的“一带一路”倡议和亚投行是不是挑战美国、挤压美国？美国的亚太再平衡战略是不是针对中国、遏制中国？如果中美之间存在的一些战略误判发展下去，两国有朝一日就有可能跌入“修昔底德陷阱”。

2016 年美国大选，共和党候选人特朗普在竞选过程中，对中国态度强硬。在 2016 年 11 月当选后他和他的执政团队又连续在台湾问题、两国贸易关系和南海问题上发表一些错误的挑衅言论。中美关系面临的不确定性让国际社会充满担忧。

5．新型大国关系：挑战与前景

挑战与机遇、冲突与合作、困难与希望并存是中美关系的一种常态，特朗普政府强势上台后，中美关系增添了一份危机感。然而，危险中往往会隐含着机遇。

从全局和长远来看，中美构建新型大国关系是顺应时代潮流、符合两国根本利益、反映人民意愿之举，建设不冲突不对抗、相互尊重、合作共赢的中美新型大国关系不仅对中美两国有利，而且对世界各国也有利。“归根到底中美关系是要好起来才行，这是世界和平和稳定的需要。”特朗普当选美国总统后，习近平主席先发贺电，后打电话，在通话中，习近平主席表示，中美建交 37 年来，两国关系不断向前发展，给两国人民带来了实实在在的利益，也促进了世界和地区的和平、稳定、繁荣。事实证明，合作是中美两国唯一正确的选择。

2017 年 4 月 6 日到 7 日，中国国家主席习近平和美国总统特朗普，在海湖庄园实现了首次会晤，引发举世瞩目。这次会晤增进了两国元首之间的熟悉度与信任度，特朗普还接受了习近平的访华邀请。中美关系从“良好开局”到“良性发展”的总体趋势得以延续与强化。会晤中，习近平强调的“合作是中美两国唯一正确的选择”，就为中美关系稳步发展指明了战略性方向。而“我们有一千条理由把中美关系搞好，没有一条理由把中美关系搞坏”等朴素表达，强调了稳定中美关系在双边、区域及全球意义上的必要性。在事关亚太安全与繁荣的地区热点议题上，中方积极倡议的标本兼治与综合施策，解决朝核问题的“双轨并行”思路和“双暂停”建议，对化解安全困境颇具指向性。

“日月不同光，昼夜各有宜。”中美两国分居太平洋两岸，历史文化、发展水平、社会制度不尽相同，在一些问题上存在分歧在所难免。但是，认知的分歧不是合作的鸿沟，局部利益的冲突也并非不可逾越的高山。如今，每天平均 1.4 万人往来中美之间，每 17 分钟起降一个航班，而这还只是中美之间人员和贸易往来的一个简单缩影。对当今世界而言，中美关系的重要性更可谓是“大到不能倒”。中美合作拥有重要机遇和巨大潜力，拓展各领域交流合作，努力加强战略互信，有效管控分歧，才能避免落入大国冲突的“修昔底德陷阱”，推动中美关系更好地向前发展。对此，中国给出了最大的诚意，美国也应当敞开胸怀、放下偏见，主动融入到合作共赢的历史主流中来。

“罗马不是一天建成的。”一次元首会晤的成功，未必能彻底解决中美关系中长期存在的所有问题。值得一提的是，2017 年是中美两国政府发表《上海公报》45 周年。45 年前以尼克松总统访华和中美《上海公报》发表为标志，中美关系驶入正常化轨道。如今，面对纷繁复杂的世界形势和层出不穷的地区挑战，中美两国携手合作、同向而行，对两国人民和国际社会都是一件幸事。

（二）中俄打造“新型大国关系”样板

在国际形势急剧变化、全球格局深刻调整的背景之下，2016 年中俄两国继续保持最高水平的双边关系，经贸合作稳步发展，人文合作也达到了新的水平。

1. 中俄关系已超过战略协作伙伴关系

2016 年是《中俄睦邻友好合作条约》签署 15 周年，也是中俄建立战略协作伙伴关系 20 周年。2016 年，中俄最高层会晤继续进行。中国领导人与俄罗斯总统普京一年内会晤了 5 次，和 2015 年一样。在两国元首的见证下，双方签署了约 30 份贸易、金融、能源、基础设施、技术创新和农业等领域国家间协议。普京 2016 年 12 月 23 日在年度记者会上指出：“众所周知，俄罗斯和中国之间的关系达到了非常高的水平，我们已经习惯使用战略协作伙伴这一词组，但俄中两国近年来建立的协作关系，超过一般战略协作伙伴关系的范畴。”目前，两国领导人定期举行会晤，20 多个政府间合作机制高效运行。

普京表示：“我们与中国在国际舞台上就很多问题持有相同的立场。当然，我深信，现在和将来这都是一切国际事务的稳定因素。我们珍惜与中国建立的关系，我们希望进一步发展双边关系。”

中俄战略协作伙伴关系不仅体现在双边层面，也体现在全球事务上。2016 年，中俄在联合国、上海合作组织、金砖国家、二十国集团等多个多边平台上鼎力合作，积极应对重大挑战。中俄作为有影响力的大国，共同致力于构建以合作共赢为核心的新型大国关系，在双方关切的重大国际和地区问题上密切协调配合，不仅为双边友好合作提供强大支撑，而且为维护国际公平正义、维护世界及地区和平稳定发挥了重要的建设性作用。

2. 中俄关系处于历史最好时期

中俄战略互信不断深化。两国相互尊重国家主权、安全和领土完整，相互尊重各自选择的国家发展道路，支持对方致力于保持稳定、繁荣经济、改善民生的努力。两国元首高频率的会晤，建立起良好的工作关系和深厚的个人友谊，通过“顶层设计，战略引领”推动两国关系进入新阶段，不断取得新成果。

（1）突破创新成为合作亮点。

2016 年，突破和创新成为中俄务实合作的主旋律。除传统能源领域合作取得积极进展外，两国在贸易、金融、基础设施建设、跨境电商等各领域合作不断取得突破，亮点纷呈。中国已成为俄罗斯第一大贸易伙伴和重要外资来源国，俄罗斯则是中国进口能源、机电以及高新技术产品的主要来源地之一。尽管近年来受到一些外部因素影响，中俄双边贸易额有所下降，但双边贸易规模和总量并没有减少，反而在提升。金融合作与基础设施建设也正在成为两国经贸合作的助推器。继 2015 年 11 月上海证券交易所和莫斯科证券交易所签署合作谅解备忘录后，2016 年 9 月，上海证券交易所与莫斯科证券交易所又签订了数据合作框架协议。两国金融合作从政府间逐步扩大到市场间。2016 年，中国已超越土耳其成为俄罗斯食品的主要买家。基础设施建设方面，中俄首条跨境公路大桥正式开工；而正在建设中的中俄首条跨境铁路大桥（同江大桥），将于 2018 年夏天按期完工。两国着力推进“一带一路”和“欧亚经济联盟”战略对接以及俄远东发展战略与中国振兴东北老工业基地战略对接，为优化两国经贸结构提供了良好契机，也为中俄贸易拓宽合作找到了新的突破点。

（2）人文交流开创未来。

2016 年，旅游已成为增进中俄民间交往、促进民众感情交流的重要载体。在闻名遐迩的贝加尔湖畔，黄皮肤、黑头发的中国游客越来越多。同样，从北戴河、青岛到海南三亚的海滩上，来自俄罗斯的游客比比皆是。

根据中国国家旅游局提供的数据，中国国庆黄金周期间，俄罗斯接待中国游客量比 2015 年大幅上涨 103%。历史游、红色游成为中国游客赴俄旅游的新热点。中国传统医药也开始走出国门，受到越来越多俄罗斯人的认可，北京中医药大学圣彼得堡中医中心成立，成为俄罗斯第一所获得法律认可的中医院。

2016 年，中俄人文合作继续积极发展。这一年，汉语进入俄国家统一考试的问题得到了研究，俄全国中学都举行了汉语测试。2016 年举办了“媒体交流年”。双方举行了首届中俄媒体论坛、新华社和塔斯社建立合作关系 60 周年联合摄影展、丝路中国全媒体采访中国行等上百项活动。

中俄关系已成为当今世界上最稳定、最健康、最成熟的国家关系典范，两国在文化领域的合作与交流功不可没，“世代友好”的理念正深入人心。

3．2017 年仍将是中俄关系继续深入发展的重要一年

2017 年仍将是中俄全面战略协作伙伴关系继续深入发展的重要一年。首先，双方高层交往仍是各界关注的焦点，也是推动两国关系发展的重要动力。中国国家领导人将相继访俄并出席双边和多边交流机制下的多场重要活动，俄罗斯总统普京将应邀来华出席“一带一路”国际合作高峰论坛和金砖国家领导人第九次会晤，中俄总理第二十二次定期会晤也将在华举行。

其次，中俄经贸合作正加快实现从规模速度型向质量效益型的转变。农产品、油气设备等日益成为两国经贸领域新的合作增长点，中俄跨境电商发展迅猛，已占俄跨境电商贸易总额的 50%以上。

再次，在“一带一路”建设和欧亚经济联盟建设对接合作的大背景下，两国有关部门抓紧时间落实，相关企业积极参与其中，双方在能源、航空、航天、基础设施等领域的战略性大项目合作有望在 2017 年取得更多进展，使双方战略互信的基础更加牢固。

最后，2017 年是“中俄媒体交流年”收官之年，两国新闻媒体抓住这一难得机遇，将继续通过举办论坛、交流互访、联合采访等形式，深挖创新合作潜力，拓展交流合作渠道，深化战略合作内涵，为推动中俄关系深入健康发展、促进两国发展战略对接、增进两国人民相互了解和友谊发挥自身独特的作用。

（三）中欧新型大国关系

中欧关系是新时期构建新型大国关系的重要组成部分。中国和欧盟作为世界上两支重要力量，互为全面战略伙伴，中欧关系稳定发展具有重要意义。中欧将着眼互利共赢，聚焦发展合作，深化利益融合，排除各种干扰，巩固和发展中欧关系的良好势头，推动中欧务实合作开创新局面，开辟新境界，提升新水平。

1．“一带一路”将重塑中欧关系

欧洲始终对“一带一路”倡议保持密切关注。在欧盟层面，中欧已决定对接中国“一带一路”和欧洲投资计划。双方商签建立了互联互通合作平台备忘录，并于 2016 年 1 月举行首次工作组会议。中方还同欧方就建立中欧共同投资基金进行商讨。在经贸方面，9 条中欧货运班列线路将 9 座中国城市和 11 座欧洲城市紧密联系起来，每周都有若干班列在上述线路上往返于中欧之间。在区域层面，“16+1 合作”作为中欧关系的有益补充正成为中东欧国家参与“一带一路”建设的重要平台。中东欧 16 国全部是“一带一路”沿线国家，目前已有 7 个与中国签署了共建“一带一路”政府间谅解备忘录。实现“一带一路”与“16+1 合作”的有效对接，为中国-中东欧合作列车装载了“超级引擎”，2016 年 6 月，习近平主席在亚欧三国之行中先后出访了塞尔维亚、波兰和乌兹别克斯坦，这是习主席首次到访中东欧国家，此访堪称是中国与中东欧国家合作的一次“提速之旅”。

中国和欧洲虽远隔万里，但都生活在一个相互依存的时代。世界从来没有像今天这样紧密相连，中欧也从来没有像今天这样需要合作共赢。中欧深化互利共赢的全面战略伙伴关系，将进一步造福各自人民，也将为世界和平、发展、合作做出更大贡献。

随着国家“一带一路”建设的逐步展开，中国与“一带一路”沿线国家和地区的经贸合作更加紧密，文化交流和友好往来的新通道也更加顺畅，加之这些国家和地区对丝绸之路经济带建设的重视和参与程度不断增加，中欧班列迎来历史发展机遇。截至 2016 年 10

月底，中国已开行 1 058 趟中欧班列，直通欧洲 7 个国家的 11 个城市。

第七轮中欧高级别战略对话于 2017 年 4 月 19 日在北京举行。在当前国际秩序深刻变革、世界经济增长乏力的背景下，中国和欧盟举行战略对话，被认为是中欧两支重要力量向外界发出的维护多边机制和自由贸易的积极信号。双方保持年度高级别战略对话，体现了中欧全面战略伙伴关系的高水平。

2．中欧全面战略伙伴关系的全球性、战略性和示范性特点将愈加鲜明和突出

作为和平伙伴，中欧致力于带头走和平发展道路。双方承诺尊重彼此自主选择的社会制度，尊重彼此核心利益，支持彼此走和平发展道路。双方决定利用中欧高级别战略对话机制，加强在战略、政治和安全问题上的沟通和协调，为维护世界和平稳定发挥关键性作用。中欧和平发展、合作发展、和谐发展、共同发展，有助于推动和平发展成为一种世界性战略文化，有利于构筑相互尊重、平等互利、和平共处的多极格局。

作为增长伙伴，中欧将努力成为拉动亚欧和世界经济增长的双引擎。中欧将以更加开放和创新的思维拓宽务实合作，寻找更多利益契合点和合作增长点，推动彼此合作由量向质跨越。在中欧层面，加快投资协定谈判，尽早启动中欧自贸区可行性研究，通过对话协商解决贸易争端。在加强传统领域合作的同时，培育科技创新、城镇化等合作新亮点。在亚欧区域层面，积极推动丝绸之路经济带建设，携手打造亚欧大市场。在国际层面，共同坚持市场开放，维护多边贸易体制，在二十国集团、国际货币基金组织、世界银行等多边框架内，加强宏观经济政策沟通协调。中欧务实合作将继续成为促进各自经济发展和创新的主要动力，并为构建包容开放、发展创新、增长联动、利益共享的世界经济新格局提供“正能量”。

作为改革伙伴，中欧将在互学互鉴治国理政经验方面开风气之先。中国和欧盟都在走前人没有走过的路，各自改革都进入了深水区。中欧改革的内容和方式不尽相同，但双方愿本着互利精神，就宏观经济、公共政策、区域发展、农村发展、社会民生等领域开展对话和合作，尊重双方的改革道路，借鉴双方的改革经验。中欧承诺加强双边、地区和全球层面的对话与协调，推动国际秩序和国际体系朝着公正合理方向发展。中欧围绕改革的交流，将有益于双方共同提高改革与治理水平，也有益于改进和完善国际规则与机制。

作为文明伙伴，中欧将为人类文明互容互鉴做出积极贡献。中欧将本着平等友好原则，广泛和深入推进双方人文交流。在交流过程中，中方希望欧方以客观、历史、多维的眼光，感知全面、真实、立体的中国。中方也将在平等和相互尊重的基础上，以博大胸襟、谦逊态度加强与外界沟通交流，潜移默化，滴水穿石，化解偏见，消除误解。总之，中欧双方将共同推动不同文明相互尊重、和谐共处，让文明交流互鉴成为增进各国人民友谊的桥梁、推动人类社会进步的动力、维护世界和平的纽带。

3．英国脱欧对中国的影响

2016 年 6 月 24 日，英国脱欧公投最终结果出炉，脱欧派获得最终胜利，英国成为首个投票脱离欧盟的国家。英国于 1973 年加入欧盟。此次投票结果意味着欧盟和英国长达 43 年的“婚姻”宣告结束。

（1）英国脱欧的原因。

英国是欧盟 28 个成员国中对欧盟怀疑态度最强烈的国家。

信念上，很多英国人感觉自己在欧洲一体化进程中受到了拖累，认为英国与欧洲其他国家没有共同的政治抱负。

相互“好处”上，一些英国人认为，英国每年为欧盟会费贡献 80 亿英镑，欧盟规章制度给英国造成的负担多于英国从这个单一市场获得的好处。

市场开放上，不少英国人认为英国向来比欧洲其他国家更依赖全球市场，让英国接受开放的全球市场比限制在欧盟市场更好一些。

地缘政治上，隔着一条海峡，很多英国人完全没有欧洲人的感觉。难民、欧债等问题让不少英国人对欧盟产生了更大的怀疑和反感。

（2）对中国的影响。

英国脱欧对中国的影响主要体现在中英关系、中欧关系上，由于这两组关系均以经济为主，前述影响也主要体现在经济方面。同时，英国脱欧对中国国际战略环境的影响也不可忽视。

关于中英关系，在经济领域的影响可谓利弊兼有。弊在于，英国近年来一直是中国对外投资的理想目的地之一，而对于中国投资者、中国企业来说，英国的吸引力不仅仅限于英国自身 6 500 万人口的市场，很多企业将英国作为通往更大的欧盟市场的门户。英国脱欧后，中国公司将需要重新考虑这一策略，并做出相应调整。利在于，离开欧盟后，英国将可以不受欧盟束缚加速与中国建立更紧密经贸合作制度。正如清华大学李稻葵教授所言，中国作为世界上最重要的新兴市场之一，英国对中国市场的依赖性将增大，与中国加强经贸合作的必要性增强。而脱欧后英国在对华贸易和投资方面也拥有更大自主权。作为坚定的贸易自由捍卫者，英国在欧盟内一直对承认中国市场经济地位、建立中欧自贸区持积极立场。预料脱欧后英国将会积极寻求与中国建立自贸区，而这必将对欧盟产生较大的压力。

关于中欧关系，总体上双方经济、政治等各方面的关系都将不会发生很大变化。近年来，中欧关系成为大国关系的亮点，双方均表现出强烈的合作意愿，经济合作成效尤其明显。在全球经济增长普遍乏力的情况下，中欧贸易仍维持在高位水平，2016 年双边贸易额达到 5 469 亿美元。同时，中国对欧投资增长迅猛。中国“一带一路”倡议为中欧关系的发展注入了新动力。17 个欧洲国家申请成为“亚投行”创始国。中东欧国家突出其作为“一带一路”进入欧洲的枢纽，并积极利用“16+1”框架与中国开展合作。西欧国家则寻求将各自发展战略与“一带一路”倡议相对接，并联手开发第三方市场。很显然，中欧强烈的合作意愿不会因英国脱欧而发生改变。

英国脱欧改写了欧洲地缘政治版图，大国关系出现新变化，而这一切也势必将影响到中国的国际战略环境。乌克兰危机以来，欧亚大陆成为大国博弈的焦点之一。美国出于制衡俄罗斯的考虑，利用英美“特殊关系”、波兰以及波罗的海国家对俄罗斯的担忧，力推欧盟与美国共同对俄罗斯实施制裁。但随着英国脱欧，以及欧洲地缘政治版图的改变，新一轮大国关系调整也已开始。欧美均强调加强合作的重要性。从欧盟方面来看，其对美国的需求包括反恐、应对中东乱局、对付俄罗斯明显增大。从美国方面来看，维持其在欧洲的影响力至关重要，因此美国一方面力促英欧和气分手，另一方面正将对欧盟外交重点悄然由英国转向德国。在欧美重新靠近的同时，俄欧关系也开始发生微妙变化。为扩大自身影响力，俄罗斯创建欧亚经济联盟，并积极在欧盟内发展“挺俄国”。俄罗斯一直认为英国是欧盟内对俄罗斯强硬派头子，因此在俄罗斯看来，英国脱欧将有利于欧俄关系实现转圜。预料俄罗斯将利用这一有利变化，推动欧盟尽早解除对俄罗斯制裁。欧俄关系走出低谷可期。

三、中国周边外交格局

中国有俄罗斯、蒙古、越南等 14 个陆上邻国，隔海相望的有韩国、日本、菲律宾等 6 国，是世界上邻国最多的国家之一。我们同周边国家山水相连、血脉相通、人文相亲，有着天然的亲近感。

“邻居好，赛金宝”“远亲不如近邻”，从中国的民谚俗语可见，中国文化的根子里对邻里关系格外重视。一家如此，一国也不例外，与周边国家建立长期稳定的睦邻友好合作关系，对一国的政治经济社会健康发展至关重要。

2016 年，首脑外交在维护周边和平发展大局方面取得一系列非常重要的成果：

中菲关系转圜，南海问题重回对话协商解决的正确轨道。

习近平主席成功访问柬埔寨、孟加拉国；李克强总理对老挝进行正式访问，巩固了战略互信，深化了传统友谊；习近平主席出席上合组织峰会，以上合组织成立 15 周年为契机，推动上合组织发展进入新阶段；李克强总理成功出席东亚合作领导人系列会议，举行中国—东盟建立对话关系 25 周年纪念峰会，推出系列务实合作新举措。

（一）中国外交理念是亲、诚、惠、容

21 世纪是亚洲世纪，亚洲和平发展同人类前途命运息息相关，亚洲稳定是世界和平之幸，亚洲振兴是世界发展之福，这正逐渐成为共识。如今周边在中国对外关系布局中最为重要：构建健康稳定的大国关系始于周边，加强同发展中国家团结合作始于周边，推进多边外交以及推动国际体系和全球治理改革始于周边。

1．“亲、诚、惠、容”定调周边外交理念，打造命运共同体

在 2013 年 10 月周边外交工作座谈会上，习近平总书记首次提出中国周边外交的“亲、诚、惠、容”四字理念。他还要求“多做得人心、暖人心的事，增强亲和力、感召力、影响力”“让命运共同体意识在周边国家落地生根”。

从为邻居捧场，专程赴俄罗斯参加冬奥会开幕式，到“走亲戚式”专程到访韩国和蒙古国，习近平的周边路线无不凸显邻里之亲；从提出“一带一路”战略到倡导“亚洲新安全观”，中国一再释放以诚相待、承诺必践的周边外交诚意；从与周边国家签署诸多合作协议，到欢迎周边国家“搭便车”，与周边互惠共赢始终被习近平强调；从访俄期间提出的“鞋子论”，到倡导中印做地区和平的稳定双锚，与周边包容发展亦是习近平的周边外交理念之一。

从建设丝绸之路经济带、孟中印缅经济走廊到打造 21 世纪海上丝绸之路，从倡议筹建亚洲基础设施投资银行到打造中国-东盟自贸区升级版。中国正以实际的行动，与周边邻国一道，努力打造一荣俱荣的关系。一项项举措具体而务实：中国同土库曼斯坦、吉尔吉斯斯坦建立战略伙伴关系，与印度尼西亚、马来西亚双边关系提升为全面战略伙伴关系。

人们注意到，中国与许多周边国家和地区已经确定了新的贸易发展目标，比如，到 2020 年力争使中俄双边贸易额达到 2 000 亿美元，使中国-东盟双方贸易额达到 1 万亿美

元。2012—2020的9年中，中国仅从东盟的进口累计将达3万亿美元。实际上，中国已成为许多周边国家和地区的最大贸易伙伴。中国巨大的进口需求有力地带动了本地区的经济发展。中国对亚洲经济增长的贡献率超过50%。

国之交在于民相亲。近年来，中国政府奖学金惠及越来越多的周边国家青年人，使他们获得到中国学习知识、亲身体验中国发展成就、分享中国发展经验的机会。2014—2016或2018年的3到5年间，中方将向东盟国家提供1.5万个政府奖学金名额；2014—2023年的10年间，中方将向上海合作组织成员国提供3万个政府奖学金名额。

良好的周边环境给中国和周边国家带来了实实在在的好处：双边关系进一步提升，经贸联系更加紧密，人文交流空前密切。着眼未来，中国提出了更为长远的规划和蓝图：中国呼吁同东盟国家商谈缔结睦邻友好合作条约，携手建设更为紧密的中国-东盟命运共同体。习近平关于命运共同体的说法引起东盟国家强烈共鸣。

2．“一带一路”串联周边实现发展战略对接

2013年9月和10月习近平主席访问哈萨克斯坦和印度尼西亚时，分别提出建设丝绸之路经济带和21世纪海上丝绸之路合作倡议。随着“一带一路”理论一步步付诸实践，与我国“亲、诚、惠、容”的周边外交理念相呼应，可谓实践与理念并行，开辟了中国周边外交的新模式。

纵观世界版图，“一带一路”沿线大多是新兴经济体和发展中国家，总人口约44亿，经济总量约21万亿美元。习近平提出的“一带一路”战略构想无疑是从中亚、南亚两个方向上串起中国与周边利益的纽带。

目前，已经有100多个沿线国家和国际组织对参与“一带一路”建设表达了积极态度。这些国家之所以积极响应，是由于中国提出来沿线各国共同繁荣发展的理念，秉持了共商、共建和共享的共同目标。“一带一路”建设秉持的是共商、共建、共享原则，不是封闭的，而是开放包容的；不是中国一家的独奏，而是沿线国家的合唱。

“一带一路”建设不是另起炉灶、推倒重来，而是实现战略对接、优势互补；我们同有关国家协调政策，包括俄罗斯提出的欧亚经济联盟、东盟提出的互联互通总体规划、哈萨克斯坦提出的“光明之路”、土耳其提出的“中间走廊”、蒙古提出的“发展之路”、越南提出的“两廊一圈”、英国提出的“英格兰北方经济中心”、波兰提出的“琥珀之路”等；2016年10月，习主席先后访问了柬埔寨、孟加拉国，并赴印度果阿出席金砖峰会。中柬同意把柬埔寨的“四角战略”与“一带一路”倡议对接；中孟决定借助“一带一路”和孟中印缅经济走廊建设，做强互联互通，推动“一带一路”建设和“环孟加拉湾多领域经济技术合作倡议”有机对接等，促进基础设施建设，实现共同发展。4年来，全球100多个国家和国际组织积极支持和参与“一带一路”建设，联合国大会、联合国安理会等重要决议也纳入“一带一路”建设内容；“一带一路”建设逐渐从理念转化为行动，从愿景转变为现实。在“一带一路”国际合作高峰论坛上习近平承诺中国将加大对“一带一路”建设资金支持，向丝路基金新增资金1 000亿元人民币，鼓励金融机构开展人民币海外基金业务，规模预计约3 000亿元人民币。中国国家开发银行、进出口银行将分别提供2 500亿元和1 300亿元等值人民币专项贷款，用于支持“一带一路”基础设施建设、产能、金融合作。

当今“一带一路”的沿线所及，已远超通常意义上与我国山水相连的接壤周缘。“一带一路”经济圈之辐射，已经跨洋越洲，其高铁十个小时的跨度，将重构我们的周边概念。随着地球村的缩小，中国的影响力正在与日俱增，欧亚大陆板块将前所未有地紧密相连，传统的地缘概念也必将相应调整。这是新世纪中国对人类文明的重大贡献，我国也将因此走过经济新常态的历史阶段，步入引领世界风云的核心地带。

（二）中国周边外交新挑战

从十八大到现在，中国的大外交战略已经基本形成，中国的外交环境也发生了很大的变化。崛起的中国与外在世界的互动，使得中国外交将在继续丰富完善发展的同时，面临以下挑战。

1．萨德事件

萨德是美国弹道导弹防御系统的关键组成部分，目的是保卫美国部队、同盟部队、人口密集地区和重要基础设施不受短程、中程弹道导弹的袭击。“拦截高度达到150千米，是美国在20世纪90年代为战区导弹防御（TMD）计划重点开发研制的第一个专门的地基系统。

早在2012年，美国国防部就曾提出要构建亚太反导系统。2013年，美方开始向韩国施压，要求其加入美国反导系统。但鉴于中方强烈反对的态度，韩方在此问题上一直持摇摆不定。

在韩国民众的抗议声中，韩国国防部2017年2月27日确认，乐天集团理事会当日批准同韩军方的“萨德”系统部署地土地置换协议。部署“萨德”走上危险“快车道”。

韩美部署“萨德”系统，“萨德”入韩破坏地区平衡损人不利己。将“萨德”反导系统部署在韩国境内，比起部署在日本，能向西、向北推进300千米的探测距离，能更方便地监视中国大部分地区，以及俄罗斯远东地区大部分的中远程导弹发射活动。俄罗斯《生意人报》报道称，此举将使解决东北亚地区最紧迫问题的整个国际调停机制陷入危机。俄罗斯专家认为，“萨德”反导系统将导致全球战略平衡被打破，同时对中俄战略安全造成威胁。

一国安全不应建立在损害别国安全的基础上。在国家核心利益面前，中国反对在韩部署“萨德”系统的意志是坚定的，将坚决采取必要措施维护自身安全利益，由此产生的一切后果要由美韩来承担。

韩国总统文在寅曾在竞选时多次表示，新政府必须重新审视“萨德”入韩问题。因此，新政府有可能重新检查上届政府引进“萨德”反导系统的决策过程。

2．朝核问题

朝鲜半岛核问题由来已久。20世纪90年代初，美国以其卫星照片为据，怀疑朝鲜有用于研制核武器的设施，扬言要对朝鲜的核设施实行检查。朝鲜反复声明它没有制造核武器的打算和能力，同时指责美国在韩国部署核武器威胁它的安全。

追根溯源，朝鲜半岛的核危机是冷战的产物。朝鲜半岛被人为地一分为二，埋下了南北双方冲突的种子。美国为了对付所谓的“共产主义威胁”而在南方布置核武器，其矛头所向，路人皆知。北方强烈要求美国撤出部署在半岛南部的核武器，其意图也是明显的。北方为了自身的安全和发展需要而建立了自己的核设施。

目前朝核问题的僵局在于，朝鲜将美国给予安全保障作为放弃核计划的前提，而华盛顿则将平壤首先放弃核计划作为展开谈判的关键。而在美国提供安全保障的框架下，朝鲜同时也希望获得能源、粮食和其他经济援助。美国认为这是勒索，而朝鲜则认为这是自己做出重大让步之后美国就应给予的回报，是美国应尽的义务，而不是施舍。

为使朝核问题和平解决，中国政府积极斡旋，于 2003 年 4 月促成有朝鲜、中国、美国参加的朝核问题三方会谈。2003 年 8 月，中国在北京举行有中国、朝鲜、韩国、美国、日本、俄罗斯参加的朝核问题六方会谈，并确立了通过谈判和平解决朝核问题的原则。截至 2008 年 6 月，六方会谈已进行到第 6 轮。2009 年 4 月 13 日，联合国安理会针对朝鲜试射通信卫星的问题通过了一份主席声明，要求朝鲜遵守联合国安理会禁止进行此类发射的 1718 号决议。第二天（4 月 14 日），朝鲜外务省即发表声明，宣布退出六方会谈并将重启核设施建设。

朝鲜一共进行过七次核试验，时间从第一次 2006 年 10 月 9 日开始到今天。朝鲜已具备一定的核武器制造能力。从朝鲜的基本国力来看，其要进一步发展核武器和导弹武器，显然还存在一定困难。朝方工业基础仍较为薄弱，关键技术的可靠性较差。在核武器方面，其核原料的质量、设计水平、制造工艺等尚有薄弱之处，尚不能“运用自如”。在导弹方面，其中程以上导弹的发射成功率较低，远程导弹的技术尚未完全“过关”。这些因素都决定了朝方核与导弹的实战效能和威慑能力有限。

中国在朝鲜半岛核危机问题上的基本立场是明确的，也是一贯的。中国政府对于解决朝核问题的基本态度是：坚持维护朝鲜半岛的和平与稳定，支持半岛实现无核化，不赞成朝鲜半岛出现核武器，主张通过对话和平解决问题。中国的态度是真诚的，并采取积极行动，尽力协助相关各方化解危机。

拓展阅读

盘点 2016 外交部十大经典回应

发言人

王　毅（外交部部长）

陆　慷（外交部新闻司司长兼外交部新闻发言人）

洪　磊（前外交部发言人　现中国驻芝加哥总领事）

华春莹（外交部新闻司副司长兼外交部发言人）

耿　爽（外交部新闻司副司长兼外交部发言人）

对公众而言，外交部发言人是了解中国外交政策最直接的窗口。在舆论场上，发言人的一言一行经常成为讨论热点。以下为 2016 年外交部十大精彩回应，每一条都有理有据，有力有节。

“日方若想反省，中方很多场所可向其开放。”

经典指数：★★★★★★★★

12 月 7 日，陆慷就“安倍访问珍珠港”一事回应称：“美方是否期待日本方面对偷袭珍珠港道歉，我不做评论……如果日方想深刻反省、真诚道歉，无论是南京大屠杀纪念馆，还是‘九一八’事变纪念馆，或是‘731’部队遗址，中方有很多场所可供其凭吊。”

“你想和我谈谈中英谁的外交更加独立自主？”

经典指数：★★★★★★★★★

12 月 7 日，针对“英国驻联合国代表质疑中国是‘跟随’俄罗斯否决了叙问题决议”，陆慷回应：“英国常驻代表上述说法确实很奇怪。当然，如果他是想比较一下，在国际事务特别是多边事务中，中国和英国的外交政策哪个更加独立自主，这会是个很好的问题。”

“‘限韩令’升级？没有听说所谓‘限韩令’。”

经典指数：★★★★★★★★★

11 月 21 日，针对“限韩令”不断升级的言论，耿爽回应称：“首先，我没有听说所谓的‘限韩令’。第二，中方对中韩之间的人文交流一直持积极态度。但相信大家也能理解，两国之间的人文交流是需要有民意基础的。第三，中方坚决反对美国在韩部署‘萨德’反导系统，这一立场也是众所周知的。中国民众也对此表达了不满，相信有关方面应该注意到了这种情绪。”

“美国人自称世界老大，这点自信都没有？”

经典指数：★★★★★★★★★

9 月 5 日，针对“美国总统奥巴马专机抵达杭州机场时，中美工作人员发生争执”一事，华春莹回应：“作为东道国，我们尽可能在确保现场采访安全和秩序的情况下给予媒体提供便利和服务。同时，到访的代表团也应该尊重和服从东道国符合国际惯例的做法和安排，这些都是常识和惯例，也是基本礼貌。美国人经常说自己是世界老大，怎么这时候连这点自信都没有？我们为什么要故意给美国代表团制造麻烦呢？”

“日本没有资格对中方说三道四。”

经典指数：★★★★★★★★★★

7 月 24 日，关于“日本外相称在东亚系列外长会期间同王毅外长谈及南海问题”一事，陆慷回应：“菲律宾南海仲裁案自始非法无效，中方不接受裁决。我们敦促日本不要炒作介入南海问题，日本不是南海问题的当事国，还有一段不光彩的历史，更没有资格对中方说三道四。”

“个别西方媒体数数有问题。”

经典指数：★★★★★★★★★

6 月 21 日，华春莹就“个别西方媒体称仅 8 国支持中国南海立场”一事回应：“我们以前知道个别西方媒体有时会把白的说成黑的，现在才知道它们有时居然连简单的数数都有问题和加减法也有问题……越来越多的国家清楚南海问题历史及南海仲裁案实质后都对中方有关立场表示理解和支持……大家看见听见的已经有几十个国家了。”

"中国拒绝毫无根据和没有理由的指责。"

经典指数：★★★★★★★★★★

6月1日，在渥太华加外长记者会上，加拿大记者借人权问题向中国发难，王毅外长立刻强势回应："你的提问，充满了对中国的偏见，和不知道从什么地方来的傲慢，我是完全不能接受的。最了解中国人权状况的，不是你，是中国人自己。你没有发言权，而中国有发言权。请你不要做这种不负责任的提问。中国欢迎善意的建议，但是我们拒绝无端的指责。"

"日本在南海刷'存在感'，无非刷出二战的不良记录。"

经典指数：★★★★★★★★★

5月4日，关于"安倍在意法等国领导人会见时，反复提到南海问题"一事，洪磊回应："在南海问题上，日本是域外国家，但近期日本在南海问题上近乎偏执地刷'存在感'。不过，这又刷出了什么呢？无非是刷出了日本在二战期间非法侵占中国南海岛礁的不良记录，刷出了日本当前在南海问题上的不良居心。"

"历史终将证明谁才是南海真正的主人。"

经典指数：★★★★★★★★★★

3月8日，在两会外长记者会上，有外媒记者提问南海问题，王毅外长回应："在南海这个舞台上，曾经有过殖民侵略，有过非法侵占，现在又有人兴风作浪，还有人炫耀武力。但是就像潮水来了又退去一样，这些图谋最终都不会有结果。历史终将证明，谁才是匆匆过客，谁才是真正的主人。"

"这是捍卫领土主权的'意志长城'。"

经典指数：★★★★★★★★★

2月23日，关于"美媒声称警惕中国在南海修筑'沙岛长城'声索"一事，华春莹回应："中国在南海的主权和相关权利是在长期的历史过程中形成的，并为历代中国政府所长期坚持，有充分的历史和法理依据，我们无意扩大也不会允许缩小。如果非想用'长城'这个词，建议他们更加重视中国人民坚定捍卫自身领土主权和正当合法权益的'意志长城'。"

思考题

1. 试述中美构建新型大国关系的背景、内容及意义。
2. 中国特色大国外交"特"在何处？

参考文献

[1] 崔小粟，李源．如何理解习近平一再强调的中美新型大国关系[N/OL]．中国共产党新闻网，

[2015-5-19]. http://cpc.people.com.cn/xuexi/n/2015/0519/c385474-27021248.html.

[2] 袁鹏. 新型大国关系是创建中美关系下一个辉煌 35 年的唯一途径[N/OL]. 新华网，[2014-12-9]. http://news.xinhuanet.com/world/2014-12/09/c_127288151.htm.

[3] 2016 年中俄关系：两桥在建、贸易回升、比战略伙伴更铁[N/OL]. 搜狐财经，[2016-12-30]. http://mt.sohu.com/business/d20161230/123084350_463946.shtml.

[4] 廖伟径. 中俄全面战略协作伙伴关系不断迈入新阶段[N/OL]. 中国经济网，[2015-5-4]. http://intl.ce.cn/specials/zxgjzh/201505/04/t20150504_5266039.shtml.

[5] 外交部发言人：中欧保持年度高级别战略对话体现关系高水平[N/OL]. 人民网，[2017-4-18]. http://world.people.com.cn/n1/2017/0418/c1002-29217082.htm.

[6] 洪鹄. 中国特色周边外交的四字箴言：亲、诚、惠、容[N/OL]. 新华网，[2013-11-08]. http://news.xinhuanet.com/world/2013-11/08/c_118063342.htm.

[7] 习近平 2016 出访成果盘点："一带一路"扎实推进"互联互通"辐射亚太[N/OL]. 网易，[2016-11-26]. http://money.163.com/16/1126/09/C6PNGOBF00254TI5.html.

[8] 张忱，徐惠喜. 英国"脱欧"引发强烈冲击波[N/OL]. 经济日报，2016-06-25（6）[2016-06-25]. http://paper.ce.cn/jjrb/html/2016-06/25/content_304505.htm.